John Harrison, 1950 in Weymouth, England, ge-
boren, studierte südamerikanische Soziologie und
Geschichte. Aber sein eigentlicher Beruf ist das
Reisen. Mit zwanzig trampte er von London nach
Johannesburg, doch dann zog es ihn in die USA
und vor allem nach Südamerika, in das er seither
immer wieder zurückkehrt.
Vier Monate im Jahr arbeitet er als Reiseführer,
wobei er kleine Gruppen auf Abenteuerreisen
durch Peru, Bolivien, Brasilien und Chile führt.

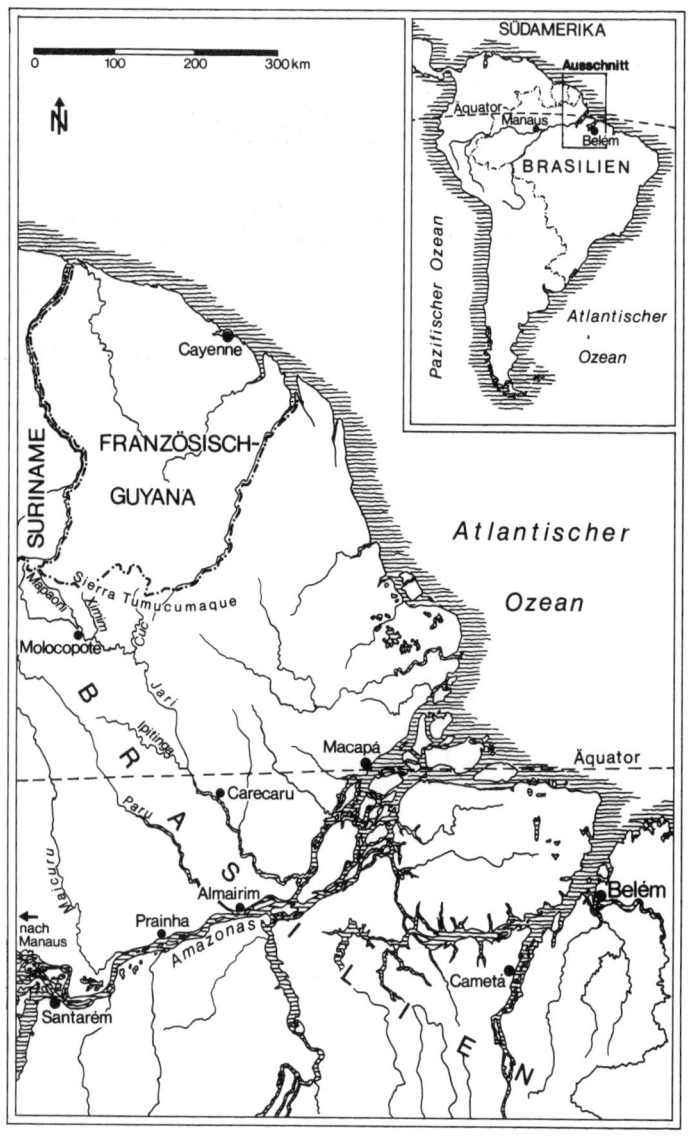

John Harrison

Piranhas zum Frühstück

Durch den Dschungel Amazoniens mit dem Kanu

Frederking & Thaler

CIP-Titelaufnahme der Deutschen Bibliothek
Harrison, John:
Piranhas zum Frühstück : durch den Dschungel Amazoniens mit dem Kanu /
John Harrison. [Übers. aus d. Engl. von Julia Edenhofer. Fotos: John Harri-
son]. – München : Frederking u. Thaler, 1989
    (Reisen, Menschen, Abenteuer : Amazonien)
    Einheitssacht.: Up the creek ‹dt.›
    ISBN 3-89405-042-X

REISEN · MENSCHEN · ABENTEUER
herausgegeben von Susanne Härtel

© 1989 Frederking & Thaler GmbH, München
Alle Rechte dieser Ausgabe vorbehalten
Übersetzung aus dem Englischen von Julia Edenhofer
Originaltitel: UP THE CREEK
erschienen bei Bradt Publishing, England
© 1986 by John Harrison
Titelfotos: Georg Zenz
Fotos: John Harrison
Karte: Isolde Notz-Köhler
Illustration: Peter Strub
Redaktion: Annemarie Bruhns
Produktion: Tillmann Roeder
Gesamtherstellung: Presse-Druck Augsburg
ISBN: 3-89405-042-X

Inhalt

Prophezeiungen und Vorbereitungen	7
Abreise	15
Die ersten Tage	25
Langsame Fortschritte	50
Von Malaria und Schlangenbissen	56
Camp des verbrannten Fußes	64
Noch einmal von vorn	86
Den Cuc hinauf	114
Wieder auf dem Jari	142
Fluß mit Hindernissen	155
In größten Schwierigkeiten	169
Der Rückweg	202
Das lange Warten	213
Weihnachten	227
Die letzten Tage	237
Reisetips	245

Der wasserarme Cuc – wie Peter ihn sah

Prophezeiungen und Vorbereitungen

„Ich bin endlich Vater geworden", strahlte er mich an und versperrte mir den Weg, „und hier ist es Brauch, einen völlig Fremden zu einer Mahlzeit einzuladen, damit das Kind groß und stark wird."

Das schien mir eine nette und lobenswerte Sitte zu sein, und so begleitete ich ihn und hatte dabei nichts als das Wohl seines Sohnes im Sinn.

Wir machten an einem Straßencafé halt, wo er mir eine Tasse Kaffee und einen staubbedeckten Honigkuchen spendierte. Danach erbot er sich, mich durch die Straßen von Kairo zu führen. Um dabei zu einer Provision zu gelangen, versuchte er mich in jeden Laden zu locken. Er bot mir Haschisch, Mädchen, Knaben und wertlose Edelsteine an, und als wir an einem alten Mann vorbeikamen, der in einem Hauseingang saß, drängte er mich, mir die Zukunft aus der Hand lesen zu lassen. Nachdem wir einen Preis ausgehandelt hatten, setzte ich mich nieder.

„Dieser Mann ist sehr weise. Er kann in die Zukunft blicken. Er kann dein Leben im nächsten Jahr sehen, in den nächsten zwanzig Jahren, sogar in den nächsten fünfzig Jahren", sagte mein Führer.

Der alte Mann schwieg und strich über meine Handfläche. Ich erwartete keine besonderen Enthüllungen, und diese angebliche Gründlichkeit bedeutete für mich nur eine langweilige Verzögerung.

Schließlich richtete sich der Alte auf, blickte kurz in mein Gesicht, erhob sich mühsam von den Stufen und sagte etwas in Arabisch.

„Was hat er gesagt?" fragte ich.

„Er sagt, daß die Dinge, die er gesehen hat, besser nicht ausgesprochen werden", erklärte mir mein Begleiter und sah höchst verwirrt aus, als sich der alte Mann schlurfend in Bewegung setzte.

Ich wette, daß das nur ein Trick ist, um den Preis in die Höhe zu treiben, dachte ich im stillen und bedrängte meinen Führer so, wie ich einen Arzt bedrängen würde, der mir nach dem Röntgen meines Brustkorbs eine ausweichende Antwort gibt.

„Sag ihm, daß ich es wissen will, ganz egal, was es ist."

Die beiden tuschelten miteinander. Ich beobachtete ihre Gesichter aufmerksam: Wenn sie mir das alles nur vorspielten, dann waren sie ausgezeichnete Schauspieler.

Schließlich drehte sich mein Führer zu mir um. „Er sagt, daß es besser sei, es nicht zu wissen. Du bist ein sehr junger Mann. Wie alt bist du?"

„Zwanzig."

„Zwanzig. Das ist sehr jung. Wenn man jung ist, braucht man Hoffnung, und man glaubt, daß man für immer und ewig leben wird. Es ist nicht gut, in diesem Alter schlechte Nachrichten zu hören. Du vergißt es am besten."

„Sag ihm, daß ich es wissen will. Ich bestehe darauf."

„Du wirst es bereuen."

„Das ist meine Sache – also komm, erzähl mir alles!"

„Du wirst jung sterben, und du wirst durch Wasser sterben."

„In welchem Alter?" fragte ich und hoffte dabei halb und halb, daß er sich diesmal weigern würde, mir zu antworten.

„Mit dreiunddreißig", übersetzte mein seltsamer Freund, während der Wahrsager in der Menschenmenge verschwand. Er hatte nicht einmal meine Bezahlung angenommen – in Ägypten Grund genug, sich große Sorgen zu machen. Und so stand ich in Kairo auf der Straße und hatte trotz der Hitze eine Gänsehaut.

Man sollte sich nie mit einem Wahrsager einlassen. Wie kann man jemals eine derartig bedrohliche Prophezeiung wieder vergessen? Man zieht die Vorstellung, in die Zukunft sehen zu können, ins Lächerliche und bezeichnet sie als Spinnerei, Aberglauben und Blödsinn – aber die Erinnerung daran bleibt haften und verändert ganz langsam das Leben. In meinem Fall führte sie zu einer vergeudeten Jugend. Ich machte nie irgendwelche Pläne für einen längeren Zeitraum, und das bezog sich auf eine Karriere. Warum sollte ich sechs oder sieben Jahre meines Lebens damit verbringen, einen Beruf zu erlernen, wenn ich bereits mit dreiunddreißig meinen „Wassertod" erleiden würde? Oder würde es *in* meinem dreiunddreißigsten Lebensjahr sein? Dieser feine Unterschied schien nicht sonderlich wichtig zu sein, als ich gerade zwanzig war. Aber am 21. März 1983, als ich meinen dreiunddreißigsten Geburtstag feierte, gewann er plötzlich große Bedeutung. War ich schon sicher, oder fing das schicksalhafte Lebensjahr gerade erst an?

Meine Freunde waren jedenfalls davon überzeugt, daß es ganz bestimmt nicht die richtige Zeit dafür war, in Amazonien Kanu zu fahren. Warum, zum Teufel, wollte ich mich in eines der wasserreichsten Gebiete der Welt begeben, wenn ich eigentlich schon meine Badewanne nicht mehr als ein paar Zentimeter hoch mit Wasser füllen sollte?

„Bleib daheim", wurde mir geraten, „geh nicht schwimmen, nimm keine Vollbäder, und trink kein Mineralwasser, dann wird's dir noch lange gutgehen."

Ich versuchte alle und mich davon zu überzeugen, daß es reiner Zufall war, daß ich gerade in diesem besonderen Jahr das dringende Bedürfnis hatte, nach Amazonien zurückzukehren. Mir war natürlich klar, daß mir das Zuhausebleiben keinerlei Schutz gewähren würde, wenn mich mein Schicksal ereilen sollte. Ich könnte wahrscheinlich ein Jahr lang voller Furcht in London leben, nur um dann auf dem Heimweg von einer Party hinzufallen und in einer Pfütze zu ertrinken. In einer Stromschnelle in Amazonien zu ertrinken, das schien mir doch etwas mehr Stil zu haben. Das war, zugegebenermaßen, ein etwas zweifelhafter Unterschied, und als ich meine Vorbereitungen für meine Reise traf, versuchte ich mein Bestes, um die Prophezeiung aus meinem Gedächtnis zu verbannen.

Das sollte meine fünfte Reise auf einem Fluß in Amazonien werden, und ich hatte eine sehr genaue Vorstellung davon, welche Art von Fluß ich erforschen wollte. Die vorherigen Trips waren zunächst Fahrten auf unkomplizierten Flüssen wie dem Branco und dem Guapore gewesen, um Erfahrungen zu sammeln. Sie wurden anschließend gefährlicher, wie die auf dem Verde und dem Teles Pires. Dieses Mal wollte ich einen Fluß befahren, an dessen Ufern nur sehr wenige Menschen leben, einen Fluß, wo es noch reichlich Tiere gibt und der Dschungel noch wild ist. Und das bedeutete einen Fluß mit Stromschnellen.

Vor dem Straßenbauprogramm der siebziger Jahre pflegte die Bevölkerungszahl an den Ufern der Flüsse in Amazonien davon abzuhängen, wie einfach oder schwierig der Fluß zu befahren war. An Flüssen, die im unteren oder mittleren Teil ohne Stromschnellen waren – wie zum Beispiel der Madeira, Purus, Tocantins, Jurua, Branco, Amazonas und Solimoes –, lebten auf beiden Uferseiten Menschen, wobei etwa alle Kilometer ein Haus stand. Durch Schiffe hatten sie Verbindung mit nahegelegenen Städten. Das war zwar eine sehr geringe Bevölkerungsdichte, aber genug, um gegen die für mich wichtigsten Bedingungen zu verstoßen, nämlich Abgeschiedenheit und die Möglichkeit, viele wilde Tiere zu sehen. Inzwischen haben natürlich die neuen Straßen die Bevölkerung auch entlang der Flüsse anwachsen lassen, auf denen vorher Stromschnellen das Befahren zu gefährlich machten und dadurch Siedler abschreckten.

Eine andere wichtige Überlegung war für mich die Breite des Flusses. Ich persönlich finde es langweilig, auf riesigen, breiten Strömen zu paddeln, und in Amazonien ist eine Breite von einem Kilometer normal. Man kann immer nur ein Ufer klar sehen, die Strömung ist oft wechselhaft – und es gibt nur wenige Dinge, die, psychologisch gesehen, niederschmetternder sind, als vor sich einen Fluß zu sehen, der sich ins Endlose erstreckt und kilometerweit entfernt mit dem Himmel verschmilzt. Biegungen, Krümmungen, Inseln, seichte Stellen, Verengungen und ein paar Stromschnellen sind genau das, was ich brauche, um mein Interesse wachzuhalten.

Da die Staaten Mato Grosso, Rondonia, Amazonas und der größte Teil von Pará schon zu gut erschlossen sind, um diese Bedingungen zu erfüllen, konzentrierte ich meine Aufmerksamkeit auf den nördlichen Teil Brasiliens zwischen Amazonas und den Grenzen von Venezuela und den drei Guyanas. Hier gab es mehrere Flüsse, die in Frage kamen – den Trombetas, den Paru d'Oeste und den Jari –, die alle in der guyanischen Hochebene entspringen, einer der erdgeschichtlich ältesten Hochebenen Südamerikas. Sie alle haben Stromschnellen, die eine Besiedlung verhindert haben. Sie fließen aus einem der letzten, wirklich unberührten Regenwaldgebiete in Brasilien, und es sind relativ kleine Flüsse im Vergleich zu den Strömen im Süden und Osten von Amazonien. „Klein" in bezug auf Amazonien: Der Trombetas ist 750 Kilometer lang, und der Jari 600.

Der Endpunkt dieser Reise verursachte mir Kopfzerbrechen. Ich hatte keine Lust, einen Fluß hinaufzupaddeln, nur um dann die ganze Strecke wieder hinunterzuschwimmen. Aber da es im Norden, wo ich den Fluß verlassen wollte, weder Städte noch Straßen gab, begann ich eine noch wesentlich ehrgeizigere Sache in Betracht zu ziehen.

Die Quellen entspringen auf der Sierra Tumucumaque, und diese Hügelkette ist eine Wasserscheide für die Flüsse, die nach Norden oder nach Süden fließen. Wenn ich es zum Beispiel schaffen würde, bis zum Ursprung des Jari zu paddeln, könnte ich vielleicht von dort aus das Kanu über die Hügel von Tumucumaque transportieren und auf der anderen Seite den Litanie nach Französisch-

Guyana hinunterfahren oder vom Paru d'Oeste zum Tapanahoni, der nach Surinam fließt, wechseln.

Diese Idee war ungemein aufregend. Sie würde dem Trip ein richtiges Ziel geben und eine enorme Herausforderung sein. Die Entfernung zwischen den Flüssen schien nach der Landkarte nur 15 Kilometer zu betragen, und von einem englischen Lehnstuhl aus waren derartige Entfernungen eine Lappalie. Eine oder zwei Wochen Auskundschafterarbeit, um den anderen Fluß zu finden, eine oder zwei Wochen, um einen Pfad durch den Dschungel zu schlagen, und ein paar Tage, um das Kanu und die Ausrüstung auf dem Buckel hinüberzubringen. Ganz einfach!

Ich entschloß mich schließlich für den Jari. Er schien alle Voraussetzungen für einen aufregenden Trip zu erfüllen, und er hatte ein paar Stromschnellen weniger als die anderen. Zudem hatte er „Verbindung" mit Flüssen in Französisch-Guyana, einem Land, das politisch stabiler war als Surinam oder Guyana.

Ein großes Problem war, einen entsprechenden Begleiter zu finden. Bei meinen vorherigen Exkursionen hatte ich in England nur ein paar Vorbereitungen getroffen und war dann nach Brasilien geflogen. Dort trieb ich mich in kleinen, billigen Bars und Hotels herum, bis ein interessierter Reisender auftauchte. Auf diese Weise hatte ich Kanu-Trips mit einem Chilenen, einem Australier und einem Italiener unternommen, die alle sehr gut gelaufen waren.

Keiner meiner Begleiter hatte jemals zuvor in einem Kanu gepaddelt – auch ich hatte vor meinem ersten Trip keinerlei Erfahrung damit –, aber irgend etwas hatte sie nach Amazonien gezogen. Sie waren alle auf eigene Initiative dorthin gefahren, und die wenigen Eindrücke, die sie auf ihrem Weg nach Manaus auf einem Schiff oder auf den transamazonischen Straßen gewinnen konnten, hatten ihnen allenfalls eine Vorahnung verschafft, was sie erwarten würde.

Da ich mich auf eine lange und ehrgeizige Reise vorbereitete, entschied ich mich, diesmal nicht erst in Brasilien darauf zu warten, daß der Richtige aufkreuzen würde. Bei einem derartigen Unternehmen gab es zu viele Vorbereitungen, die in England getroffen werden mußten, und das machte zusammen mit dem zukünftigen Begleiter viel mehr Spaß. Außerdem gab es Ausgaben, die ich nicht allein tragen konnte, und es war einfach zu riskant, sich darauf zu verlassen, zufällig den idealen Partner zu treffen.

Dieser Jari-Trip würde extrem anstrengend werden. Ich mußte jemanden finden, der das durchhalten konnte. Gegen die Strömung den Fluß hinaufzupaddeln würde eine endlose Plackerei bedeuten, von den Stromschnellen, die längeres Tragen des Kanus und der Ausrüstung erfordern würden, ganz zu schweigen. Der Trip konnte fünf Monate, möglicherweise sogar ein Jahr dauern. Wo sollte ich den Wahnsinnigen finden, der dabei begeistert mitmachte?

Lustlos nahm ich Kontakt zu ein oder zwei Kanu-Clubs auf und fand mich gerade mit der Notwendigkeit ab, ein paar Anzeigen aufzugeben, als mir Mark vorgestellt wurde.

Mark war ein zäher, über zwei Meter großer Australier, der auf dem Landweg von Australien nach England gekommen war und deshalb mit den Reisebedingungen in der dritten Welt vertraut war. Das schien aber auch schon alles zu sein, was er an wichtigen Qualifikationen mitbrachte. Aber er war von meinem Vorhaben begeistert und ganz versessen darauf loszufahren – was sonst niemand war. So entschloß ich mich, ihn mitzunehmen.

Ich hatte von Anfang an Mark gegenüber Bedenken und das Gefühl, daß es mit ihm nicht ganz einfach werden würde. Aber er schien ausdauernd genug zu sein, und das war für mich das wichtigste. Ich wies ihn immer wieder auf die körperliche Anstrengung hin, die diese Expedition mit sich bringen würde, wollte keinesfalls, daß er sich falsche Vorstellungen machte. Ich schilderte ihm die Monotonie des Paddelns, die Hitze, die Insekten, die kargen Mahlzeiten, das langsame Vorankommen und die langen, zermürbenden Transporte des Kanus in finsteren Farben. Aber er schien davon nicht sonderlich beeindruckt zu sein, er vertraute unerschütterlich auf seine Widerstandskraft und sein Durchhaltevermögen.

Meine Bedenken bezogen sich vor allem auf die Unvereinbarkeit unserer Charaktere. In den Monaten vor unserer Abreise trafen wir uns einmal wöchentlich in einer Kneipe in London. Ich glaube, daß wir dabei feststellten, daß wir beide die Gesellschaft des anderen als etwas anstrengend empfanden. Unsere Unterhaltung war zäh, und es war schwierig, Themen zu finden, die uns beide interessierten. Es war einfach dumm, mit solchen Zweifeln das Projekt anzupacken, aber die Zeit lief mir davon. Also schob ich es auf unser unterschiedliches Alter – Mark war zweiundzwanzig – und machte mit den Vorbereitungen weiter.

Ein weiteres Problem war, ob wir ein geeignetes Kanu finden würden. Bei meinen vorherigen Trips hatte ich entweder Einbäume der Einheimischen verwendet, die ich für ein paar Dollar direkt am Fluß gekauft hatte, oder ich hatte ein Kanu aus Brettern benutzt, das ich mir in Sägemühlen zusammengebaut hatte. Das waren zwar alles sehr einfache Konstruktionen gewesen, aber sie hatten sich als unverwüstlich und stabil erwiesen.

Der große Nachteil dieser Boote war ihr beträchtliches Gewicht. Jeder Transport über eine längere Distanz oder durch unwegsames Gebiet war für nur zwei Männer undurchführbar. Und ich wußte, daß wir am Jari ziemlich häufig das Kanu um Stromschnellen herumtragen mußten – dazu kamen dann noch die 15 Kilometer, die wir das Kanu auf der Sierra Tumucumaque zum anderen Fluß hinübertragen mußten. Außerdem würde ich zum ersten Mal strom*aufwärts* paddeln, und je leichter das Kanu war, desto einfacher würden wir gegen die Strömung ankommen.

Wir entschlossen uns, ein Kanu aus England mitzunehmen.

Nach langem Suchen glaubten wir, das geeignetste gefunden zu haben: einen „Kanadier" aus Holz von fast sechs Meter Länge, der die Form einer kleinen Tonne hatte.

Da er nur ungefähr 200 englische Pfund kostete, würde es uns auch nicht das Herz brechen, wenn wir ihn am Ende unserer Reise zurücklassen mußten. Außerdem lagen seine Maße noch innerhalb der Grenzen für den Transport im Flugzeug.

Da beim Zusammenbau des Kanus Polyesterharz verwendet worden war, tauchte die Frage auf, ob wir dieses Material in Amazonien für anfallende Reparaturen auftreiben würden. Ins Flugzeug darf man das leicht entflammbare Harz nicht mitnehmen, man kann es nur als Frachtgut verschicken. Doch ein kurzer Briefwechsel mit einem Bekannten in Brasilien bestätigte uns, daß wir das Kunstharz in Manaus und Belem bekommen würden.

Abreise

Jedesmal bevor ich eine Reise antrete, werde ich ungeheuer unternehmungslustig. In den letzten Tagen machte ich die größten Anstrengungen, um Freunde, die ich sonst selten sah, zu treffen, benutzte meine Abreise als Vorwand, um Partys zu feiern, üppige Gelage in Restaurants abzuhalten und das Londoner Nachtleben auszukosten.

In den meisten Büchern über derartige Expeditionen ist zu lesen, wie monatelang vorher hektische Vorbereitungen getroffen werden: Der Leiter ist unermüdlich auf der Suche nach irgendwelchen Ausrüstungsgegenständen; er gibt ständig Pressekonferenzen, sucht nach Leuten, die Geld für die Expedition zur Verfügung stellen, und peitscht die anderen Mitglieder seines Teams durch ein Trainingsprogramm zwecks körperlicher Ertüchtigung. Ich fahre leider immer mit Übergewicht und völlig untrainiert weg, gehe einfach davon aus, daß mich zwei Wochen auf dem Fluß rank und schlank und fit machen werden und die tropische Hitze in kürzester Zeit meinen Wanst dahinschmelzen läßt.

Auch meine sonstigen Vorbereitungen sind in keiner Weise hektisch. Ein paar Briefe, ein paar Telefonanrufe und ein paar Tage zum Einkaufen, das ist alles. Es ist alles so unkompliziert, daß ich nachts wach im Bett liege und mir Gedanken mache über all die Dinge, die ich wahrscheinlich vergessen habe.

Es wäre zwar angenehm, einen Sponsor als Rückendeckung zu haben, aber das Leben ist ohne einen solchen sehr viel einfacher. Um eine entsprechende Summe an Geld oder Material herauszulocken, muß man gewaltig Werbung für sich treiben. Ich habe es daher immer vorgezogen, meine Reisen selbst zu finanzieren. Alles in allem kosteten sie nie mehr als 2000 englische Pfund, und das ist eine Summe, die in ein oder zwei Jahren gespart werden kann.

Ende Juni machten wir uns schließlich auf den Weg. Mit uns kamen Martin und Tanis Jordan, zwei alte Freunde, die mit einem Schlauchboot etliche Flüsse in Venezuela, Peru und Surinam befahren hatten. Dies sollte ihr erster Trip nach Brasilien werden. Sie hatten vor, den Mapuera-Fluß hinaufzufahren, einen Nebenarm des Trombetas.

Besucher, die mit dem Flugzeug nach Manaus kommen, sind oft von der Stadt enttäuscht. Aufgrund ihrer Lage – rund 1400 Kilometer oberhalb der Amazonas-Mündung – erwarten sie eine Fluß-Siedlung vorzufinden, die eine verlorene Schlacht gegen den wuchernden Dschungel und die Termiten führt. Die Wirklichkeit sieht natürlich ganz anders aus: Manaus ist eine blühende Stadt mit über 600 000 Einwohnern, ein Freihafen mit Geschäften, die vor Kameras, Taschenrechnern und Stereo-Anlagen überquellen, und natürlich hat Manaus auch die üblichen Verkehrsprobleme – und Wolkenkratzer.

Der Hafen am Rio Negro ist noch das Interessanteste von Manaus

Die Hafengegend am Rio Negro entspricht dagegen in etwa den Erwartungen eines Neuankömmlings am Amazonas. Dort wimmelt es vor Menschen, Flußschiffe drängen sich aneinander, es stinkt penetrant nach verfaultem Fisch, Gemüse und Früchten, und auf den Hausdächern sitzen aufgereiht die Urubus – die schwarzen Rabengeier, die mehr dafür sorgen, daß der Hafen nicht im Unrat erstickt, als es die Stadtverwaltung tut.

Manaus muß so gesehen werden, wie es ist: ein Zentrum, in dem es um schnelle Profite geht, und ein Platz zum Ausruhen und Erholen für diejenigen, die sich durch das Landesinnere gekämpft haben oder es planen.

Wir hatten in Manaus noch eine ganze Menge Vorbereitungen zu treffen und Einkäufe zu tätigen, was bedeutete, daß wir viel zu Fuß gehen mußten. Die Hitze war unglaublich und unsere Aktivitäten zu hektisch, um sich in Ruhe akklimatisieren zu können.

17

Wir schleppten uns mit Hemden, die am Körper klebten, und schweißüberströmten Gesichtern durch die Gegend. Abkühlung verschafften wir uns dadurch, daß wir unter irgendeinem Vorwand eine klimatisierte Bank betraten. Unser Appetit wurde weniger und weniger, und in den folgenden zwei Wochen fielen wir geradezu vom Fleisch. Danach waren wir nicht nur schlanker, sondern fühlten uns auch wohler.

Während unseres Aufenthalts schienen nur sehr wenige Reisende durch Manaus zu kommen, und ich war froh, daß ich Mark mitgenommen hatte und nicht rumsitzen und auf einen Begleiter warten mußte. Wir trafen zwar ein paar interessante Leute, aber wir hatten nie viel Zeit zum Plaudern, denn wir mußten unsere Einkäufe erledigen: Wir mußten das Polyesterharz besorgen, Werkzeuge, um das Kanu zusammenzusetzen, Seile und Macheten, Plastikbecher, Messer, Hängematten, Moskitonetze, Munition und ein Gewehr. Den Einkauf der Nahrungsmittel verschoben wir auf später.

Mark, Tanis, Martin und ich aßen unsere Hauptmahlzeit am Abend in einem der besseren Restaurants von Manaus und tranken dazu ein paar Bierchen. Wir genossen die letzten Tage mit Komfort, abwechslungsreichem Essen, eiskaltem Bier – und vor allen Dingen mit unserer Gesellschaft.

Wir ertappten uns dabei, wie wir nach Ausreden suchten, um unsere Abfahrt hinauszuschieben, und gaben zu, daß wir ein bißchen Angst hatten vor dem, was vor uns lag. Zwar waren wir gut vorbereitet, hatten auch einige Erfahrung, aber das Unternehmen war zweifellos riskant. Wir würden so weit von jeglicher Hilfe entfernt sein, daß selbst ein kleiner Unfall sich als fatal erweisen konnte. Wenn wir Pech hätten, würden wir das Kanu in einer Stromschnelle zu Bruch fahren oder den größten Teil unserer Ausrüstung verlieren; wir konnten ernsthaft krank werden, uns irgend etwas brechen – und wir konnten auch von Indianern angegriffen werden. Zwar machten wir uns über unsere Ängste lustig, aber unser Aufenthalt in Manaus dauerte zehn Tage statt der fünf, die wir anfangs eingeplant hatten.

Schließlich zwangen wir uns, auf ein Schiff zu gehen, das stromabwärts fuhr. Mark und ich wollen die ganze Strecke bis nach Santarem fahren, Martin und Tanis dagegen bereits in Obidos aussteigen.

Wir erreichten Obidos um zwei Uhr morgens in der zweiten Nacht an Bord und sagten Martin und Tanis Lebewohl. Es war ein trauriger Augenblick. Ich würde die beiden vermissen. Als wir uns in der kühlen Nacht auf dem Kai umarmten, umgeben von ihren Gepäckhaufen, wurde mir plötzlich klar, auf was wir uns da einließen: Es ging nicht mehr einfach um einen Ausflug. Wir alle wußten, daß wir uns eine lange Zeit nicht mehr sehen, im schlimmsten Fall vielleicht nie mehr wiedersehen würden.

Mark und ich kamen in der Morgendämmerung des nächsten Tages in Santarem an. Wir mieteten uns in einem Hotel ein und begannen nach einem geeigneten Platz für den endgültigen Zusammenbau des Kanus zu suchen. Bei ein paar Häusern mit Gärten, die für unsere Zwecke groß genug zu sein schienen, klopften wir an und erklärten unser Vorhaben, doch wir bekamen nur Absagen. Unverdrossen machten wir uns zu einem großen College auf, das auf dem Hang eines Hügels lag, und sprachen mit einem Mann, der dort im Garten saß. Er ließ mich unsere Wünsche in Portugiesisch vortragen, ehe er uns enthüllte, daß er ein amerikanischer Priester sei.

Das College wurde von etwa fünfzehn Amerikanern vom Heilig-Kreuz-Orden geleitet. Sie boten uns die Benutzung eines strohgedeckten Schuppens an, der nach allen Seiten offen war. Er hatte eine flachen Boden aus gestampfter Erde und war für unsere Zwecke ideal. Die Ordensbrüder stellten uns auch einen Gepäckraum zur Verfügung, in dem wir unsere Werkzeuge und Materialien über Nacht einsperren konnten. Wir hätten uns keinen besse-

Marc bei der Arbeit am Kanu

ren Platz wünschen können, und da das College gerade wegen Ferien geschlossen war, würden uns bei der Arbeit auch nicht Hunderte von Kindern umringen.

Mark und ich gingen sofort an die Arbeit. Keiner von uns beiden hatte vorher mit Fiberglas gearbeitet, und wir machten uns Sorgen, daß wir eine ganze Menge des Harzes verschwenden würden, bis wir damit richtig umgehen konnten.

Das richtige Mischungsverhältnis von Harz und Bindemittel war das wichtigste: Zuviel Bindemittel, und die Mixtur würde im Topf fest werden, noch ehe wir Zeit zum Auftragen hatten. Das richtige Mischungsverhältnis hing auch von der Lufttemperatur ab. Wir kauften ein Baby-Milchfläschchen, das man erhitzen konnte, und vergeudeten bei unseren Versuchen nur etwa einen Viertelliter des kostbaren Materials. Uns war klar, daß die Tüchtigkeit des fertigen Bootes von unserem handwerklichen Geschick abhängen würde, und so ließen wir uns entsprechend viel Zeit.

So ein Boot ist einfach konstruiert. Die vorgeschnittenen Teile des Rumpfs müssen zusammengesteckt, mit Draht umwunden und mit Fiberglasstreifen umwickelt werden. Um das Kanu besonders haltbar zu machen, verkleideten wir auch die Innenseite mit einem Belag aus Kunstharz. Es ist vorteilhafter, diesen Belag innen anzubringen, da er dadurch weniger leicht abgelöst werden kann.

Die Arbeit machte Spaß, war interessant und schritt schnell voran, obwohl sie ziemlich schweißtreibend war und wir uns mit unzulänglichen Werkzeugen herumärgern mußten. Nach sechs Tagen hatten wir ein recht anständiges Boot zusammengebaut. Es gab nur ein Problem: Wir hatten die Menge von Harz, die wir benötigten, unterschätzt. Zwar hatten wir für Reparaturen während der Reise zwei Liter mehr gekauft, aber der innere Belag saugte so viel auf, daß wir auch diese Extramenge verbrauchten.

In Santarem konnten wir nirgendwo weiteres Kunstharz auftreiben, so daß wir uns auf das Pech verlassen mußten, das wir uns ebenfalls besorgt hatten. Aber das war nur ein schlechter Ersatz. Damit würden wir zwar kleine Löcher und Kratzer abdichten können, aber wenn etwas Schwerwiegendes passierte, wenn zum Beispiel das Kanu auseinanderbrechen sollte, würde es wertlos sein.

Als wir fertig waren, transportierten wir das Boot zum Ausprobieren an den Amazonas hinunter. Es sah mit seiner Schicht aus glänzendem Lack sehr hübsch aus. Würde es schwimmen? Wenn nicht, würden wir vor der Menschenmenge, die sich dort eingefunden hatte, ganz schön dumm dastehen.

Wir ließen das Kanu ins Wasser gleiten, und zu unserer Freude und unserem Stolz schwamm es, ohne leck zu werden oder

Erste Berührung mit dem Wasser

„Jungfernfahrt" mit unseren kleinen Freunden in Santarem

Schlagseite zu bekommen. Leider erwiesen sich die wasserdichten Kammern nicht als vollkommen undurchlässig, und da wir kein weiteres Fiberglas mehr hatten, beschlossen wir, dort statt der Kameras unsere Konserven zu lagern.

Bei der Arbeit an dem Kanu hatten uns fünf oder sechs Kinder, ein Haufen liebenswerter kleiner Strolche, geholfen. Für ihre Hilfe entschädigten wir sie mit Fahrten am Flußufer entlang, und das war gleichzeitig die beste Methode, um herauszufinden, wie schwer wir das Kanu beladen konnten, ohne unsere Habseligkeiten in Gefahr zu bringen. Wir probierten aus, wie viele Kinder in das Boot paßten, ohne daß es unterging, dann brachten wir die Kinder zu einem Geschäft, wo wir sie wiegen ließen. Das Kanu konnte ohne Schwierigkeiten 400 Kilo zuladen. Das war sehr gut, denn unser Hotelzimmer quoll allmählich vor Ausrüstungsgegenständen über.

Vier Tage mußten wir warten, bis endlich unser Schiff nach Monte Dourado eintraf. In der dritten Welt ist Reisen oft gleichbedeutend mit Warten. Man hatte uns gesagt, daß das Schiff in zwei Tagen kommen würde, aber es kam erst nach vier. Da wir uns nicht zu sehr auf den Fahrplan verlassen hatten, waren wir nicht einmal sonderlich überrascht. In Südamerika sind zwei Tage Verspätung fast noch Pünktlichkeit.

Santarem war ein ziemlich langweiliges Städtchen. Wir konnten zwar gut essen, im Tapajos-Fluß mit seinen herrlichen Sandstränden und seinem blauen Wasser schwimmen gehen und uns jede Nacht ein paar kühle Bierchen gönnen, aber die Zeit zog sich hin – und wir wollten endlich abfahren.

Schließlich war es soweit. Wir banden unser Kanu an das Schiff, und ab ging's. Eine schöne, wenn auch ereignislose Reise von einem Tag und zwei Nächten begann. Verglichen mit anderen Schiffen, die auf dem Amazonas verkehrten, war unseres relativ leer, das Essen war genießbar und die Reise kurz genug, um nicht an den Nerven zu nagen.

Da ich insgesamt mindestens zwei Monate meines Lebens auf derartigen Schiffen verbracht habe, ist die Spannung, sollte es sie je gegeben haben, verschwunden. Die Maschine dröhnt, der Dschungel gleitet monoton an einem vorüber, Kinder schreien, und das Warten auf die nächste Mahlzeit ist der Höhepunkt des Tages. Die Decken der Kabinen sind so niedrig, daß man nach ein paar Tagen mit Beulen am Kopf und krummem Rücken von Bord geht. Außerdem muß man sich mit den stinkenden Toiletten abfinden und mit der Tatsache, daß ständig Radios und Kassettenrecorder miteinander in Wettstreit liegen.

Auf dem Flußdampfer übernachten viele Passagiere in Hänge-matten

Was für eine Enttäuschung muß Amazonien für die vielen Tou-risten sein, die sich damit begnügen, auf einem Schiff den Amazo-nas hinaufzufahren und einen Halt in Manaus einzulegen!

Die ersten Tage

Mark und ich wären gerne ein paar Tage in Monte Dourado ge-blieben, um uns umzusehen. Aber wir hatten keinerlei Empfeh-lungsbriefe oder Kontaktadressen, und wir waren ziemlich nervös, daß eventuell irgend jemand von einer Behörde auftauchen und von uns eine Genehmigung für die Befahrung des Jari fordern könnte. Je länger wir in der Stadt blieben und je länger unser Kanu am Kai vertäut lag, desto eher riskierten wir, unliebsame Neugier zu erregen.

Wir hatten nicht einmal den Versuch unternommen, eine Genehmigung zu erhalten, da wir sicher waren, daß sie uns nicht gewährt worden wäre. Unser Plan war schließlich, durch eine „Sicherheitszone" zu paddeln – wie alle Grenzgebiete Brasiliens bezeichnet wurden –, von dort aus die Grenze, an der es keine Kontrolle gab, zu überqueren, jedenfalls hofften wir das, und möglicherweise auch Indianergebiete zu durchfahren. Ich bezweifelte, ob uns die Genehmigung dazu jemals erteilt worden wäre. So beschlossen wir, daß es am besten war, Unwissenheit und Unkenntnis vorzuschützen und zu hoffen, auf keinen eifrigen Beamten zu treffen.

Als wir am Morgen unserer Ankunft in Monte Dourado unser Kanu festmachten, konnten wir nur hundert Meter entfernt einen Polizeiposten sehen, mit einem Polizisten, der unter der Tür lehnte. Ein paar Neugierige hatten sich bei uns eingefunden.

„Wo fahrt ihr hin?" riefen sie uns zu.

„Ach, so etwa fünfzig Kilometer stromaufwärts", erwiderte ich vage. „Wir wollen dort ein paar Wochen campen und fischen."

Es muß einen sehr seltsamen Eindruck gemacht haben, welche Menge von Gepäck wir für einen einfachen Angelausflug in unser Kanu luden. Wir beeilten uns jedenfalls, alles so schnell wie möglich zu verstauen. Wir wollten nur fort, um die Flußbiegung herum – aus den Augen, aus dem Sinn.

Vorsichtig kletterten wir ins Boot. Wir waren absolut nicht sicher, ob es sowohl unser Gepäck als auch uns selbst tragen würde. Zu unserer großen Erleichterung stieg der Wasserspiegel nur bis auf etwa zwei Zentimeter unterhalb des Dollbords und nicht weiter. Wir nahmen unsere Paddel, winkten kurz und machten, daß wir fortkamen.

Als wir an dem Polizeiposten vorbeifuhren, erwarteten wir jeden Augenblick einen Anruf zu vernehmen und uniformierte Gestalten zum Wasser herunterlaufen zu sehen. Doch es passierte nichts. Innerhalb von fünf Minuten waren wir um die Flußbiegung herum und konnten erleichtert aufatmen. Wenigstens waren wir nicht aufgehalten worden, ehe wir noch mit unserer Reise begonnen hatten.

Zu unserer Freude floß auf dieser ersten Etappe der Fluß ruhig und träge dahin. Ich hatte sogar den Eindruck, daß wir mit diesem Kanu genauso schnell den Fluß flußaufwärts fuhren, wie ich mit den schweren Holzkanus, die ich bei meinen früheren Fahrten benutzt hatte, flußabwärts geschwommen war.

Der Fluß war ungefähr hundert Meter breit, das Wasser dunkelgrün, und außer ein paar Plantagen auf den Hügeln sah der Dschungel unberührt aus.

Die ersten paar Tage ist das Paddeln in einem Kanu harte Arbeit. Der Rücken, die Schultern und die Arme tun schon bald höllisch weh. Bis die richtigen Muskeln trainiert sind, macht so eine Fahrt unter der brennenden Sonne nicht allzuviel Spaß. Eigentlich wird nie richtiger Spaß daraus, aber man entwickelt nach einiger Zeit einen bestimmten Rhythmus, den man leicht fünf oder sechs Stunden am Tag beibehalten kann.

Als wir an diesem ersten Tag haltmachten, um unser Lager aufzuschlagen, fühlten wir uns vollkommen erschöpft. Aber wir mußten unser Gepäck erst einmal ordentlich sortieren. Die Nahrungsmittel, alle dreifach in Plastiktüten eingewickelt, kamen in einen großen Nylonsack mit Reißverschluß. Der blieb jede Nacht im Kanu zusammen mit unseren beiden Rucksäcken und einer Büchse, in der sich unsere Medikamente und Filme befanden. In einem großen Seesack war all das, was wir jeden Abend zum Umziehen und für unser Nachtlager brauchen würden. Ein anderer enthielt eine kleine Menge der wichtigsten Vorräte wie Reis, Bohnen, Zucker, Salz, Öl, Kaffee etc., die wir bei jedem Stopp zum Kochen benötigten, und ein dritter unsere Kameraausrüstung, eine kleine Erste-Hilfe-Box, Notizbücher und Patronen für das Gewehr. Im letzten Sack schließlich steckten die Kochgeräte.

Nachdem wir uns eine Tasse Kaffee aufgebrüht hatten, fühlte ich einen Stich an meinem Knöchel, blickte hinunter und fluchte.

„Was ist denn los?" fragte Mark.

„Das", sagte ich und deutete auf meine Fuß.

„Ich kann nichts sehen", antwortete er und beugte sich vor. „Meinst du diese kleine Mücke da?"

Ich klärte ihn über diese Mücke auf. Sie sieht zwar nach nichts aus, aber sie ist im Amazonas-Gebiet tagsüber die geflügelte Plage überhaupt. Sie kann einen starken Mann zusammenbrechen, ihn weinen oder in voller Kleidung ins Wasser springen lassen, und sie kann dafür sorgen, daß selbst der frömmste Mann gewaltig zu fluchen beginnt.

„Die sieht nach gar nichts aus", meinte Mark, aber bald kratzte auch er sich an Armen und Beinen, wo kleine Blutströpfchen und Schwellungen jeden einzelnen Stich markierten.

Diese Mücken hatten meinen Reisen durch Mato Grosso viel an Vergnügen genommen, besonders in den Gebieten am Teles-Pires-Fluß, wo sie uns dazu gezwungen hatten, in voller Bekleidung zu reisen. Wir mußten die Ärmel herunterrollen, die Hosen in die Socken stecken und oftmals sogar Handtücher um unsere Köpfe wickeln. Das ist in der Hitze nicht besonders lustig.

Diese Quälgeister gleich zu Beginn unseres Trips zu sehen bedeutete nichts Angenehmes, obwohl sie uns nur am Ufer attackierten. Glücklicherweise begegneten wir ihnen nach der ersten Woche nicht mehr. Ihr Platz wurde dafür von Moskitos eingenommen.

An diesem ersten Abend breiteten wir unsere Hängematten und Moskitonetze aus und suchten nach ein paar Bäumen, die so standen, daß wir beide Hängematten mit einem Ende an einen Baum, die anderen Enden an zwei andere Bäume binden konnten. Das macht die Sache gemütlicher und erleichtert es, die Plastikplane zum Schutz vor Regen anzubringen.

Wir hatten zwei von den farbenfrohen einheimischen Hängematten mitgenommen. Sobald man sich an das Schlafen auf dem Rücken gewöhnt hat, sind sie sehr bequem. Die Moskitonetze, unter denen es in den Nächten oft sehr stickig wird, sind in den meisten Gegenden von Amazonien ein absolutes Muß. Sie werden speziell für Hängematten angefertigt, und man kann das Netz an den Seilen befestigen, um außer Moskitos auch Ameisen und andere unangenehme „Kriech"-Tiere am Eindringen zu hindern.

Nachdem ich es mir in meinem „Bett" bequem gemacht hatte und auf die vertrauten Geräusche des Dschungels lauschte, überkam mich ein angenehmes Gefühl: Nach drei Jahren war ich wieder zurückgekehrt! Die schmerzenden Arme, der Sonnenbrand, nicht einmal die Mückenstiche konnten meine Begeisterung darüber schmälern, daß ich nun endlich unterwegs war.

Am nächsten Tag paddelten wir mit Muskelkater weiter. Ab und zu kamen wir an ein paar Häusern vorbei. Am Morgen half uns die Flut, die freundlicherweise für einige Zeit die Strömung für uns umkehrte. Wir waren zu dieser Zeit über 250 Kilometer vom Meer entfernt, aber die Gezeiten machten sich selbst hier noch mit mindestens einem Meter Unterschied bemerkbar. Am Nachmittag konnten wir das Donnern eines Wasserfalls vor uns hören. Ein Mann, der von einem Kanu aus fischte, erklärte uns, daß es sich um die Wasserfälle von Santo Antonio handle.

„Müssen wir das Kanu herumtragen?" fragten wir ihn.

Er kicherte. „Nun, es dürfte schwierig werden, dort hinaufzupaddeln."

Bald kamen die Fälle in Sicht, und wir verstanden, warum der Mann im Kanu gelacht hatte. Der Fluß stürzte senkrecht über 25 Meter herab, und über der Schlucht hing ein dichter Gischtschleier. Wir passierten die wenigen, baufälligen Häuser von Santo Antonio und kämpften uns durch die Stromschnellen unterhalb des Wasserfalls, um nach einer geeigneten Stelle zu suchen, von der aus wir unser Kanu transportieren konnten. Auf der rechten Uferseite entdeckten wir eine Bucht, die offensichtlich schon des öfteren für diesen Zweck benutzt worden war.

Wir erkundeten erst einmal die Gegend. Neben dem Wasserfall führte ein steiler, fast senkrechter Pfad die 25 Meter nach oben, dann weiter 300 Meter durch den Dschungel. Anschließend folgte eine schwierige Strecke durch flaches Wasser mit schlüpfrigen Steinen, und dann ging's weiter über eine Lichtung, bis wir schließlich auf einem breiten Weg herauskamen.

Wir waren überzeugt, daß der breite Weg nach ein paar hundert Metern zum Fluß führte und kehrten an dieser Stelle um. Doch am nächsten Morgen entdeckten wir, wie sehr wir uns getäuscht hatten. Der Weg zog sich über vier Kilometer an weiteren Stromschnellen vorbei, bevor er endlich ruhiges Wasser erreichte.

Es wurde ein harter Tag. Allein mit unserem Gepäck mußten wir viermal gehen. Wir beluden unsere Rucksäcke mit ungefähr 30 bis 35 Kilo, kämpften uns das Ufer hinauf, klammerten uns an Felsblöcken und kleinen Bäumchen fest, hüpften von Stein zu Stein über die flache Stelle und erreichten endlich den Weg. Jetzt rächte sich, daß wir die Reise untrainiert angetreten hatten. Mit weichen Knien stolperten wir dahin, der Schweiß rann an uns herunter, und die Mücken und Fliegen taten sich an unseren nackten Beinen und Oberkörpern gütlich. Nach fünfundvierzig Minuten erreichten wir das Ziel, ließen unsere Last fallen und plumpsten ins Wasser, wo wir sitzen blieben, bis wir uns zum nächsten Trip aufraffen konnten.

An diesem Tag marschierten wir insgesamt über 30 Kilometer, die Hälfte davon bepackt wie die Maultiere, und am späten Nachmittag hatten wir alles, außer dem Kanu, hinauftransportiert. Mit ihm kämpften wir uns zum Schluß das Ufer hinauf, und das bedeutete in unserem Zustand drei Schritte vor und zwei zurück. Wir schafften es, das Boot auch über die anderen Hindernisse und ein paar hundert Meter den breiten Weg entlangzuschleppen, aber dann versagten unsere Kräfte, und wir verschoben den Rest dieser Schweißarbeit auf den nächsten Morgen.

Mark hatte die erste Bewährungsprobe mit Bravour bestanden. Er hatte gewaltige Lasten geschleppt, sich als ausgezeichneter Kuli erwiesen und als gutgelaunter Kumpel dazu.

Es war schon fast dunkel, und wir mußten noch das Lager aufschlagen und unser Essen zubereiten, aber am Ende des breiten Wegs gab es nur eine Wiese und keine Bäume, an die wir die Hängematten hätten binden können. Also mußten wir sie auf den Boden legen, das Moskitonetz an Stöcken befestigen und darüber unsere Plastikplane legen. Wir schafften es gerade noch rechtzeitig, denn noch ehe wir mit dem Kochen beginnen konnten, fing es zu regnen an. Was für ein famoses Ende eines lustigen Tages!

Hungrig und total erschöpft gossen wir ein paar Schlucke Rum hinunter und schwitzten dabei unter unseren Netzen und Planen wie in einer Sauna. Der Rum machte uns fröhlich, und bald vergaßen wir unseren Ärger. Ein paar Brasilianer kamen vorbei – sie waren mit einem Kanu auf dem Fluß gewesen, um Netze auszulegen. Alle zusammen lachten wir über unseren ungewöhnlichen Regenschutz, der sich zu allem Überfluß auch noch als unwirksam erwies, weil das Wasser von unten an uns hochstieg.

Am nächsten Tag brauchten wir über eine Stunde, um ein Feuer zu entfachen, obwohl wir sämtliche Tricks anwandten. Bei einer vorherigen Reise hatten mir ein paar Brasilianer den schnellsten und einfachsten Feueranzünder gezeigt: Ein Stück von einem alten Fahrradschlauch wird angezündet. Es brennt lange genug, um unter fast allen widrigen Umständen ein ordentliches Feuer zu entfachen. Zusammen mit trockenem Holz genügt normalerweise ein Stück von nur einem Zentimeter. Aber an diesem Morgen hatten wir auch damit Schwierigkeiten. Wir schabten die nasse Rinde von den Zweigen, um an das trockene Innere zu kommen. Davon machten wir trockene Späne. Schließlich gelang es uns, ein schwächliches Feuerchen zu entfachen. Alles in allem dauerte es eineinhalb Stunden, um ein paar Tassen Kaffee zu bekommen, und wir dachten sehnsüchtig an elektrische Kaffeemaschinen.

Währenddessen kamen die Fischer mit drei riesigen Welsen zurück, die sie an einen Stock gehängt hatten und auf ihren Schultern nach Hause trugen, wobei die Schwänze der Fische am Boden entlangschleiften.

Der nächste Flußabschnitt war voller Felsen, die gerade eben unter der Wasseroberfläche lagen, und es gab nicht genügend Strömung, die verräterische Strudel erzeugt hätte. Wir paddelten sehr vorsichtig, aber trotzdem schrammten wir an einigen Felsen entlang und stießen mit unseren Paddeln daran. Die hatten wir aus England mitgebracht, und ihre Handhabung war normalerweise ein Vergnügen. Sie waren eineinhalb Meter lang und sehr leicht. Allerdings hegten wir die Befürchtung, daß es nicht viele Tage wie diesen brauchte, um die Blätter zu zerbrechen. Daher umwickelten wir sie mit Isolierband, um sie vor dem Zersplittern zu schützen.

Offiziell war jetzt Trockenzeit, die in Amazonien im Mai beginnt und im November oder Dezember endet. Es war Anfang Juli, und es hätte eigentlich überhaupt nicht regnen dürfen. Aber die ersten fünf Wochen unserer Reise regnete es fast jeden Tag, und das waren oft wahre Wolkenbrüche, die mehrere Stunden dauerten.

Ich habe festgestellt, daß es kein Problem ist, wenn dich ein Regenguß auf dem Fluß überrascht, solange er wieder aufhört, bevor du zu ausgekühlt bist. Die Sonne kommt danach heraus, alles fängt zu dampfen an und trocknet innerhalb kurzer Zeit. Der Dschungel dagegen tropft noch stundenlang weiter, und danach ist alles und jeder bis auf die Knochen durchweicht.

Am Unterlauf des Jari

Die Trockenzeit bedeutet normalerweise, daß Tag für Tag der Himmel wolkenlos ist. Der Dschungelboden wird so trocken wie Zunder, und man braucht nicht bei jedem Nachtlager die Plastikplane auszubreiten. Am Jari aber war alles anders, wie wir in den nächsten Monaten noch feststellen sollten. Vielleicht verdankten wir den zusätzlichen Regen der Nähe des Atlantischen Ozeans. Das schlechte Wetter kam jedenfalls immer vom Osten herangezogen.

Auf vorausgegangenen Reisen hatte ich mich auf das Angeln mit einem Stück Fisch als Köder verlassen. Aber um auf diese Weise zu angeln, muß man erst einmal einen Fisch fangen. Wir nahmen Wasserschlangen als Köder, Grillen, Käfer und Maden, aber wir hatten kein Glück damit. So schossen wir einen mittelgroßen Vogel und benutzten ihn, um einen *pintado* zu ködern, einen grau und schwarz gestreiften Wels.

Aber es dauerte lange, ehe es uns gelang, regelmäßig Fische zu fangen. Ich hatte beschlossen, bei dieser Reise Rute, Schnur und Blinker zu benutzen, um zu vermeiden, stets irgendein faulendes und stinkendes Stück Köder auf dem Boden des Kanus liegen zu haben. Aber während der ersten Tage schienen meine Blinker die Fische im Jari nicht zu interessieren, so aßen wir statt dessen große Mengen Reis, Bohnen und Spaghetti.

Am fünften Tag kam's dann ganz dick. Wir hatten den ganzen Tag starken Wind, der das Wasser aufwühlte, aber wir fühlten uns in unserem Kanu sicher. Der Fluß war hier breiter – über 200 Meter –, und als wir ein großes Haus vor uns auftauchen sahen, hielten wir uns auf der anderen Seite des Ufers, da wir immer noch Angst vor den Behörden hatten. Leute kamen an den Fluß, winkten uns zu, und jemand feuerte einen Schuß in die Luft ab. Aber wir winkten nur zurück und paddelten eilig weiter. Vielleicht war es eine Einladung zum Mittagessen gewesen, aber das schien nicht das Risiko wert zu sein, viele Fragen beantworten zu müssen.

Zu unserem Entsetzen sahen wir kurz darauf ein Motorboot hinter uns herfahren, und ein Mann im Bug richtete sein Fernglas auf uns. Sie kamen längsseits – drei Männer und eine Frau, und sie war es auch, die am meisten redete und die meisten Fragen stellte. Wir hatten keine Landkarte vom ersten Teil des Jari, unsere fing erst an einem Punkt an, wo ein Nebenfluß mit Namen Ipitinga in den Jari mündete, deshalb erzählten wir ihnen, daß wir in die Nähe dieser Stelle wollten, um zu campen und zu fischen.

Das sei eine ziemliche Strecke, und es gäbe viele Stromschnellen, meinten sie erstaunt. Ich beobachtete besorgt den Mann mit dem Fernglas, der schweigend dasaß und uns mit unbewegtem Gesicht musterte. Von der Frau erfuhren wir, daß er einer von zwei

Amerikanern sei, die an einem großen Projekt in dieser Gegend arbeiteten, und daß er ein mürrischer und verdrießlicher Mensch sei. Als er schließlich doch den Mund aufmachte, kam es uns wie ein Verhör vor. Es war glutheißer Mittag, und dieser unangenehme Typ hatte die Stirn, in eine Kühltasche zu langen und vor unseren Augen eine Flasche Bier herauszuholen. Nur eine einzige. „Plop, zisch!" machte der Verschluß beim Öffnen, und an der Flasche rannen in der heißen Luft kühle Wassertropfen herunter. Wir saßen wie hypnotisiert da, als er einen tiefen Schluck nahm, zufrieden seufzte und sich den Mund mit dem Handrücken abwischte. Als es klar war, daß er uns kein Bier anbieten würde, befanden wir, daß wir keinen Grund mehr hätten, uns noch länger seinem übellaunigen Verhör auszusetzen. Wir verabschiedeten uns und machten uns auf den Weg. Später erfuhren wir, daß er uns den Behörden in Monte Dourado wegen unseres angeblich verdächtigen Benehmens gemeldet hatte.

Von dem indianischen Bootsführer hatten wir immerhin ein paar nützliche Informationen bekommen. Der Ipitinga schien ein Goldgräbergebiet zu sein, und auf der Strecke dorthin lagen offensichtlich mindestens vier große Stromschnellen. Die Goldfelder wurden von motorisierten Kanus versorgt, so daß wir in der einen Woche, die wir laut Aussage des Indianers vermutlich bis dorthin brauchen würden, wohl eine ganze Menge Leute sehen würden. Danach aber gab es am Jari keine Camps und keine Menschen mehr.

An diesem Nachmittag ging ich zum ersten Mal auf dieser Reise auf die Jagd. Ich kletterte über vierzig Meter einen steilen Hügel hinter unserem Lager hinauf. Natürlich machte ich dabei ungeheuer viel Lärm, und alle Tiere nahmen Reißaus. Im Dschungel zu jagen ist ziemlich schwierig, und ich bewundere all diejenigen, die das können. Die Sichtweite beträgt lediglich dreißig oder vierzig Meter, oft auch weniger, und wenn ein Tier sich ruhig verhält, ist es fast unmöglich, es zu sehen. Jede Bewegung ist verräterisch, und man muß versuchen, sich lautlos über den Teppich aus Blättern und Ästen zu pirschen, sich seinen Weg durch Büsche und stacheliges Dickicht zu bahnen, das sich in den Kleidern verhakt und einen nur selten einen unbehinderten Schritt machen läßt. Mir gelingt es immer noch nicht, obwohl ich bis jetzt schon Dutzende von Stunden auf der Jagd verbracht habe. Gute Jäger in Amazonien, so habe ich erfahren, gehen gewöhnlich barfuß, bewegen sich sehr langsam, ungefähr fünf Meter in einer Minute, und legen oft eine Pause ein, um nach einer Bewegung Ausschau zu halten oder zu lauschen. Ich habe das alles schon ausprobiert, aber die einzigen Tiere, die ich im allgemeinen erlegen konnte, waren Vögel und Affen, die entweder zu neugierig waren oder zu sehr auf den Schutz in den Bäumen vertrauten.

An diesem Tag marschierte ich eine Weile auf einem Bergrükken entlang, bis er in eine sumpfige Senke überging. Bis jetzt hatte ich nur einen wilden Truthahn gesehen, der auf und davon geflogen war. Ich war schweißdurchnäßt und begann mich zu fragen, warum ich mich eigentlich so abplagte. Ich legte schließlich unter einem großen Baum eine Pause ein, stellte mein Gewehr ab und hockte mich hin, um ein wenig zu rasten. Eine Bewegung ließ mich aufblicken, und ich sah ein Wildschwein, das auf mich zukam. Es war etwa vierzig Meter entfernt, näherte sich mir aber sehr schnell. Später verfluchte ich mich, daß ich so langsam reagiert hatte. Das Tier konnte mich nicht gewittert haben, und eine Bewegung von mir hätte es nicht allzusehr beunruhigt. Ich jedoch griff mit lächerlicher Langsamkeit nach dem Gewehr, spannte es und hob es an die Schulter. Das Klicken brachte das Schwein in zehn Meter Entfernung zum Halten, es hob witternd den Rüssel und blickte mich genau an. Mein Gott, wie langsam ich war! Ein eleganter Schwung zur Schulter, *peng*, und es hätte für Mark und mich Schweinerippchen gegeben. Aber so war das Gewehr immer noch auf halbem Weg zu meiner Schulter, als das

Schwein sich ohne Panik umdrehte und davontrottete. Ein Baum verbarg es für eine Weile, und als es schließlich wieder in Sicht kam, war es außerhalb der Schußweite.

Von nun an wurde unsere Fahrt immer schwieriger. Wir befragten ein paar Männer, denen wir begegneten, über den Zustand des Flusses weiter oben, und sie berichteten von einem großen Wasserfall, der sich „Tracaja" nannte und um den wir das Kanu herumtragen müßten, und von drei oder vier Stromschnellen weiter oben. Das wäre alles nicht so schlimm gewesen, aber es gab in diesem Gebiet auch Dutzende von anderen Stellen mit reißendem Wasser, die uns Probleme bereiteten. Unsere Informanten hatten sie offensichtlich nicht für erwähnenswert gehalten; mit einem Motorboot waren sie auch sicher nicht besonders schwierig zu bewältigen. Aber für Paddler waren sie ein Alptraum. Wir mußten im Wasser waten und dabei den Bug des Kanus festhalten oder, wenn das Wasser zu tief war, treideln, wobei einer von uns mit dem Seil am Ufer voranging und der andere schwimmend das Boot auf Kurs hielt. Der unsympathische Amerikaner hatte ebenfalls die „Tracaja" erwähnt und gemeint, daß wir sie am nächsten Tag erreichen würden – aber vier Tage später waren wir immer noch nicht dort angekommen.

Nachdem wir ein wahres Labyrinth von Kanälen mit kleinen Stromschnellen erreicht hatten, entschieden wir uns für die Weiterfahrt auf einem schmalen, trägen Fluß. Da wir keine genaue Karte besaßen, waren wir allerdings nicht sicher, ob wir uns nicht vom Hauptfluß entfernten. Nach zwei kleinen Stromschnellen hielten wir an. Den ganzen Morgen über war uns kein anderes Boot entgegengekommen, und das schien nicht normal zu sein.

Wir setzten uns auf einen Felsen, brühten uns Tee auf und überlegten, was wir jetzt machen sollten. Wir hatten keine Lust, mehrere Tage lang stromaufwärts zu paddeln, nur um dann wieder zurückfahren zu müssen. Also umkehren! Nach einer Weile hörten wir das Geräusch eines Motors.

„Ist das hier der Jari?" riefen wir dem Bootsführer zu, der bald darauf in Sicht kam.

Das muß eine sehr dumme Frage gewesen sein, denn der Mann betrachtete uns reichlich abschätzig. „Natürlich ist das der Jari", antwortete er und fluchte, denn in diesem Augenblick starb ihm sein altertümlicher Außenbordmotor ab. Wir dankten ihm und drehten wieder um. Bis zur nächsten Flußbiegung konnten wir beobachten, wie der Mann immer wieder am Startseil zog. Zweifellos verfluchte er unsere Eltern und die *gringos* im allgemeinen.

Inzwischen hatten wir auch mehr Glück beim Angeln, denn an den Stromschnellen hielten sich immer sehr viele Fische auf. Mein Lieblingsfisch war der *tucunare* – ein wunderschöner gelbgrüner Fisch mit einer Zeichnung an den Seiten, die wie ein Auge aussieht. Er erinnerte mich von der Form her an den europäischen Flußbarsch. In Mehl gewälzt und in schwimmendem Fett gebraten ist er delikat.

Einmal fingen wir einen braunen, schuppigen Fisch mit rosaroten Augen, den ich noch nie zuvor gesehen hatte. Später erfuhr ich , daß es sich dabei um einen *trairao* gehandelt hatte, aber ein paar Wochen lang nannten wir ihn nur „den knochigen Bastard". Wir sollten noch viele davon angeln.

Amazonien ist ein Paradies für Angler. Es gibt dort über 1500 verschiedene Fischarten, und es ist bei weitem das abwechslungsreichste Gebiet für Süßwasserangler. Der Kongo hat zum Beispiel nur „armselige" 500 Arten, und die Flüsse in Europa haben alle zusammen nur 150 Spezies.

Der *pirarucu*, der Arapaima, ist einer der größten Süßwasserfische überhaupt; er wird mehr als drei Meter lang und kann über 150 Kilo wiegen. Er ist auch in anderer Beziehung ein ungewöhnlicher Fisch, er ernährt nämlich seine Brut in den ersten vier Monaten mit einer milchigen Flüssigkeit, die er aus den Poren seines Kopfes absondert. Er hat sowohl Kiemen als auch Lungen und steigt zum Atmen alle drei Minuten an die Wasseroberfläche. Seine Schuppen sind hart und rauh, und daraus kann man hervorragende Nagelfeilen herstellen, sollte man sich darüber Sorgen machen, wie die Fingernägel nach dem Paddeln aussehen.

Im Amazonas gibt es allein über fünfhundert Arten der Wels-Familie – fünfundzwanzigmal mehr als im Mississippi. Der größte ist der *piraiba*, der über zwei Meter lang und über 100 Kilo schwer werden kann. Es gibt sogar Fälle, in denen *piraibas* badende Kinder verschlungen haben sollen. Auch der *surubin, pintado, pirarara* und *cuucuu* sind Wels-Arten; einige von ihnen sind mit Platten gepanzert und haben hinter ihren Kiemen knöcherne Flossen, mit denen sie über den Dschungelboden von einem Gewässer zum anderen wandern können.

Der *matrincha* ist einer der köstlichsten Speisefische. Wenn er gekocht wird, entsteht eine schmackhafte rote Soße, und die Brasilianer meinen, er hätte die Tomatensoße gleich dabei. Manche Fische haben ein so festes, rotes Fleisch, daß es nach dem Kochen geschmacklich kaum von Kalbfleisch zu unterscheiden ist. Andere scheinen überhaupt kein Skelett zu haben. Sie fallen einem geradezu in der Hand zusammen, und das Innere scheint aus einer riesigen Masse von Eingeweiden zu bestehen. Wenn man sich aber nicht davor ekelt, sie auszunehmen, schmecken sie recht gut.

Einige Fischarten – wie zum Beispiel der *tambaqui* und der *pacu* – ernähren sich von Früchten. Wenn ein Windstoß die reifen Früchte von den Bäumen herunterschüttelt, kann man sie im Wasser darunter herumschwimmen sehen. Sie schieben, manchmal ohne zu springen, den größten Teil ihres Körpers aus dem Wasser, um Beeren von überhängenden Ästen abzureißen. Der *tambaqui* kann bis zu 5 oder 6 Kilo wiegen und ist stets darum bemüht, sich mit seiner Gestalt der Flußströmung anzupassen.

Ein „Pirarara", eine Wels-Art, und...

...ein „Piranha" – Bereicherung unseres Speisezettels

Natürlich gab es auch eine Menge Raubfische – und genau die fingen wir immer mit unseren Blinkern: den *tucunare, trairao, pirapopo, piranha* und andere, von dene wir niemals die Namen erfuhren. Ziemlich oft fingen wir zu unserer Überraschung auch *pacus* und *tambaquis* mit dem Blinker, ein Zeichen dafür, daß sie sich nicht ausschließlich vegetarisch ernähren.

Ich hatte mich an diesem Abend mit Fisch und Reis vollgestopft und ging zum Wasser hinunter, um meinen Teller abzuspülen, als ich vor mir in der Dunkelheit ein Rascheln hörte. Ich blieb sofort stehen und rief Mark zu, eine Taschenlampe zu bringen. Einen Meter von mir entfernt saß eine riesige Tarantel mit einem Durchmesser von etwa zwölf Zentimetern, die sich leicht auf ihren haarigen Beinen hin und her wiegte. Alle drei überlegten wir, ob wir weglaufen sollten. Da wir uns wohlwollend und in Harmonie mit allen Gottesgeschöpfen fühlten, trieben wir die Tarantel mit viel Lärm ins Unterholz, indem wir Kochtöpfe gegeneinanderschlugen. Später in der Nacht bedauerte ich es, sie nicht getötet zu haben, denn ich stellte mir ständig vor, daß sie unter mein Moskitonetz kriechen würde. Taranteln sind eigentlich nicht besonders giftig, aber eine nachts über das Gesicht marschieren zu fühlen, würde mir wahrscheinlich für den Rest des Lebens den friedlichen Schlaf vertreiben.

Endlich erreichten wir den Tracaja-Wasserfall. Der Fluß stürzte ungefähr fünfzehn Meter in die Tiefe, aber es würde nicht besonders anstrengend sein, ihn zu umgehen, denn der Pfad, der um ihn herumführte, war gut ausgetreten. Bevor wir mit der Arbeit begannen, machten wir Kaffee und unterhielten uns mit einem jungen Goldsucher, der an dieser Stelle auf ein Kanu wartete, das ihn flußabwärts mitnehmen sollte. Nachdem wir eine Weile über unsere Reise und unsere Pläne geplaudert hatten, stellte er mir eine Frage, die mich an meinem Portugiesisch zweifeln ließ.

„Ist jemand, den Sie gerne mögen, kürzlich krank gewesen?"

„Nein", antwortete ich und fragte mich, was das zum Teufel mit unserer Unterhaltung über den Jari und seine Schwierigkeiten zu tun hatte.

„Hier in Brasilien", erklärte er uns, „gibt es einen Brauch. Wenn jemand krank ist und es so aussieht, als würde er sterben, leisten die Menschen in der Kirche ein Gelübde, daß sie irgendeine besonders anstrengende und schmerzhafte Reise unternehmen werden, falls der Kranke wieder genesen sollte."

Ich lachte und versicherte ihm, daß wir nicht aus diesem Grund hier wären.

Der junge Mann half uns freundlicherweise, unser Gepäck um den Wasserfall herumzutragen, aber das wurde zu einem Wettlauf gegen die Zeit, denn er trank dabei unentwegt Zuckerrohrschnaps. Zuerst vertrauten wir ihm ein paar Rucksäcke an, in denen zerbrechliche Dinge waren, aber er trank so viel, daß er beim dritten Mal schon kaum mehr über die Felsen kam. Der *cachaca* ist so stark, daß er aus einem vernünftigen menschlichen Wesen nach fünf großen Schlucken ein schwankendes, sabberndes Etwas machen kann. Als wir dann soweit waren, das Kanu zu transportieren, benützte er es mehr als Stütze, als daß er beim Tragen half. Solange er noch nüchtern gewesen war, hatte er uns versichert, daß er uns nur aus Freundlichkeit helfen würde und weil er sonst nichts zu tun hätte. Später versuchte er, uns für seine „Hilfe" 20 Dollar abzuschwatzen.

An diesem Abend trafen wir wieder auf den Indianer, der das Boot des Amerikaners gelenkt hatte. Da er recht viel über den Fluß zu wissen schien, erzählten wir ihm von unserem Plan, das Kanu über die Sierra Tumucumaque zu transportieren. Nach unserer Landkarte schien es drei in Frage kommende Nebenflüsse zu geben, die in den Jari münden und die uns zur Grenze von Französisch-Guyana oder Surinam bringen würden. Der Cuc, der Ximim-Ximim und der Mapaoni. Der Indianer hatte 1967 bei einer

Gruppe gearbeitet, die das Grenzgebiet abgesteckt hatte, und er kannte den Mapaoni und den Cuc. Er schätzte, daß der Ximim-Ximim zu schmal und zu schwierig sein würde, und auch auf dem Cuc würden wir nicht leicht eine Stelle finden, von der aus wir über die Hügel kämen. Früher hätte es da ein Haus und einen Pfad gegeben, berichtete er, aber beides sei wahrscheinlich schon lange nicht mehr vorhanden.

Er empfahl uns den Mapaoni, denn die Regierung von Surinam habe 1967 einen Weg bis zum Litanie-Fluß angelegt, der tatsächlich auf zwei von unseren Karten ausgezeichnet war. Er vermutete, daß es in diesem Gebiet genügend Indianer gäbe, die ihn ständig benutzten und dadurch offen hielten. Da waren gute Neuigkeiten.

Das Problem war nur, daß wir eigentlich Surinam wegen der dortigen politischen Situation meiden wollten. Gerade vor unserer Abreise aus England hatte es geheißen, daß Brasilien Truppen an die Grenze entsenden würde, um gegen die kubanische Präsenz in Surinam zu protestieren. Wir hatten keine Lust, ohne offizielle Erlaubnis in eine kritische militärische Zone zu stolpern. Mit unserem rostigen Gewehr würden wir zwar kaum wie wild entschlossene Guerillas aussehen, aber für irgendeinen gelangweilten oder übergeschnappten Wachsoldaten an der Grenze könnten wir durchaus interessant sein.

Deshalb zogen wir den Cuc in Erwägung, der in Flüsse mündete, die in das politisch stabilere Französisch-Guyana führten, und so befragten wir den Indianer nicht weiter über den Mapaoni. Später bedauerten wir das. Aber wir erfuhren noch, daß der Cuc nur zwei größere Stromschnellen habe, der Rest sei ruhiges Gewässer, und daß der Jari nach der Einmündung des Ipitinga leichter zu befahren sei. Die Strecke, auf der wir uns jetzt befanden, war offensichtlich die schwierigste des ganzen Flusses.

Das gab uns den dringend benötigten Auftrieb, um die nächsten paar Wochen zu überstehen. In der vergangenen Zeit hatten wir nie länger als zehn Minuten ruhig dahinpaddeln können. Entweder wurde die Strömung so reißend, daß wir uns durch schäumende Wellen kämpfen mußten, oder kleine Stromschnellen zwangen uns, auszusteigen und zu waten.

Offensichtlich hatten wir noch eine Menge zu lernen, denn am zehnten Tag gab es beinahe ein Unglück. Wir hatten gerade bei einem der wenigen Häuser angehalten, um uns nach dem Zustand des Flusses weiter oben zu erkundigen. Der Besitzer erzählte uns, daß wir uns direkt unterhalb des Itace-Wasserfalls befänden, der in Kanälen von verschiedenen Wildheitsgraden Dutzende von Inseln umfloß. Wie alle Menschen in dieser Gegend hatte auch er seine Lieblings-Katastrophengeschichte: Vor zwei Regenzeiten hatte ein Kanu mit zehn Leuten an Bord den falschen Kanal erwischt und war gekentert. Trümmer des Kanus und ein paar persönliche Habseligkeiten waren gefunden worden, aber nicht ein einziger der Insassen.

Sehr ermutigt folgten wir seinem Rat und fuhren den Kanal auf der rechten Seite hinauf. Eine halbe Stunde später, als wir uns gerade durch eine kleine Stromschnelle kämpften, wurden wir von zwei Männern in einem Einbaum überholt. Voller Bewunderung beobachteten wir ihre Technik. Der Mann im Bug stand aufrecht und benutzte einen Stock zum Staken, während der andere mit einem Paddel im Heck saß. Als sie einen etwa einen Meter hohen Wasserfall erreichten, rannte der mit dem Stock im Einbaum nach hinten, so daß sich der Bug aus dem Wasser hob, stieß das Kanu mit einem heftigen Stoß des Stockes ab und ließ das Vorderteil des Boots auf den steinigen oberen Rand des Wasserfalls krachen. Noch ein paar Stöße, dann hatten sie das Hindernis überwunden und fuhren weiter.

Wir waren tief beeindruckt und auch ziemlich neidisch. Abgesehen davon, daß unser Kanu eine derartige Behandlung nicht überstanden hätte, wären wir auch viel zu schwer für solche Manöver gewesen, weil wir bis oben hin mit Gepäck und Proviant vollgeladen waren. „Angeber", murmelten wir und machten auf unsere Art weiter.

Bald kamen wir zu einer Strecke des Flusses, die nicht besonders schwierig aussah. Das Wasser schoß durch eine kleine Enge, und wir entschieden, daß wir ohne weiteres treideln konnten. Ich stellte mich auf einen Felsen, der zehn Meter weiter vorne aus dem Wasser ragte. Mark blieb am Bug und begann das Kanu vorwärts zu schieben, wie schon mindestens zehnmal an diesem Tag. Vielleicht waren wir deswegen zu leichtsinnig. Wir hatten es fast schon geschafft, als Mark im tiefen, reißenden Wasser den Halt verlor. Das Kanu legte sich quer und drohte zu kentern.

„Paß auf!" schrie ich. „Laß das Kanu los, laß es los!" Aber da Mark keinen Boden unter den Füßen fand, klammerte er sich instinktiv an den Bug. Dabei zog er den Bug gegen die Strömung, und am Seil hing jetzt zusätzlich auch noch sein Gewicht. Unterhalb der Stromschnelle war das Wasser ziemlich reißend. Das Kanu begann vollzulaufen, der Druck auf das Seil verstärkte sich ungeheuer.

„Ich laß das Seil los! Versuch das Boot zu drehen!" schrie ich.

Es gab noch die Chance, daß das Kanu die Stromschnellen hinunter in das ruhigere Wasser schießen würde, wenn man es mit dem Bug voraus in die Strömung lenkte. Aber wir hatten kein Glück. Das Boot lief voll, legte sich auf die Seite, unser Gepäck purzelte heraus und begann davonzuschwimmen.

Ich sprang ins Wasser und half Mark, zu retten, was zu retten war. Das Kanu hatte sich inzwischen in seiner ganzen Länge quer gelegt. Eingeklemmt zwischen zwei Felsen, brach die ganze Gewalt des Wassers darüber herein. Es war klar, daß wir sofort etwas unternehmen mußten, oder es würde zertrümmert werden. Aber um das Kanu freizubekommen, mußten wir es – voll mit Wasser, wie es war – anheben. Mit einem gewaltigen Ruck schafften wir es, das Boot von den Felsen zu lösen, es bewegte sich, drehte sich und trieb flußabwärts. Wir hatten keine andere Wahl, als uns einfach dranzuhängen und es in ruhigere Gewässer zu lenken. Zum Glück überstand das Boot dieses Manöver heil, aber eine Menge unserer Ausrüstung war verschwunden, darunter das Wichtigste: das Gewehr und unsere Macheten. Ein paar Proviantsäcke waren in die Büsche am Ufer gespült worden – die schweren lagen auf dem Grund des Flusses, dort, wo das Kanu gekentert war. Die nächsten zwei Stunden verbrachten wir damit, durch das reißende Wasser zu waten und mit unseren Zehen prüfend jede Spalte abzutasten, und schließlich fanden wir das Gewehr, die Macheten und auch fast alles andere.

Das war gerade noch mal gutgegangen. Allerdings hatte das Wasser unsere dreifach eingewickelten Nahrungsmittel durchweicht und war in unsere beiden Kameras eingedrungen. Da mein Apparat ein edles Modell mit elektronischem Verschluß war, funktionierte überhaupt nichts mehr. Marks Kamera dagegen war mechanisch. Wir bauten sie auseinander und legten sie zum Trocknen aus. Vielleicht hatte er Glück.

Eine ernüchternde Lektion! Vorher war ich immer nur stromabwärts gefahren, und nun mußte ich festellen, daß ich noch allerhand zu lernen hatte, um die schwierige Technik, wie man Stromschnellen gegen die Strömung überwindet, zu beherrschen.

In dieser Nacht schüttete es fünf Stunden lang. Der Jari liebte es, noch einen draufzusetzen, wenn man nach einem harten Tag vollkommen k. o. war. Allmählich entwickelte sich bei uns eine Art von Haßliebe zu dem Fluß. Er war wunderschön, aber auch tückisch, unberechenbar und unnachsichtig bei Fehlern.

Wildbret stand immer noch selten auf unserem Speisezettel. Zu dieser Zeit schafften wir nur etwa vier oder fünf Kilometer am Tag, deshalb fühlten wir uns veranlaßt, länger zu paddeln. Und länger zu paddeln bedeutete weniger Zeit für Jagen und Fischen.

An vielen Abenden fielen wir daher wie die hungrigen Wölfe über unsere mitgebrachten Nahrungsvorräte her. Wir sahen zwar Affen, aber wir ließen sie in Ruhe. Früher hatte ich sie geschossen, wenn auch nur zögernd, doch jetzt waren wir der Meinung, daß wir sicherlich irgendwelche Vögel finden konnten, die uns nicht soviel Unbehagen wegen ihres menschlichen Aussehens bereiten würden.

Jeden Tag verbrachten wir ein oder zwei Stunden damit, die Gegend flußaufwärts zu erkunden, den am wenigsten schwierigen Seitenarm zu finden und sicherzustellen, daß er sich nicht weiter stromaufwärts als unpassierbar erweisen würde. Wir nahmen immer unser Gewehr mit – für den Fall des Falles. Aber das einzige Tier, auf das ich dabei traf, war der größte und schwärzeste Tapir, den ich je gesehen hatte. Ich war ihm schon auf drei Meter nahe

Mark beim „Landgang"

gekommen, bevor ich ihn, halb versteckt hinter ein paar Büschen, entdeckte. Wir standen uns gegenüber und betrachteten einander eine Minute lang, bis er meine Witterung in die Nase bekam und in lautem Galopp durch die Büsche davonstürmte. Gott sei Dank! Denn ich hatte ganz und gar nicht die Absicht, auf ein solches Tier die Flinte anzulegen. Tapire wiegen bis zu 250 Kilo, und das war selbst für zwei so heißhungrige Typen, wie wir es waren, einfach ein bißchen zuviel.

Der Tapir ist das größte Landtier im Amazonas-Gebiet. Er ist Einzelgänger, scheu, kurzsichtig und schwerhörig. Aber sein Geruchssinn ist hervorragend. Mit seinem kurzen Rüssel und seinem gewaltigen Leibesumfang erinnert er an einen kleinen Elefanten, und wir sahen oft seine tiefeingedrückte Fährte am schlammigen Flußufer – drei Zehen am Vorderlauf und vier am Hinterlauf. Der Fluß ist die zweite Heimat des Tapirs, wo er die Wasserpflanzen abweidet und sich während der Tageshitze im kühlen Wasser suhlt. Wenn er Gefahr wittert, taucht er unter und kann mehrere Minuten unter Wasser bleiben.

Wir setzten unsere mühsame Fahrt fort. Mehrere Male mußten wir wieder flußabwärts fahren und nach einem anderen Seitenarm suchen, weil wir einfach nicht weiterkamen.

Es war eine ständige, deprimierende Plackerei. Dazu kam, daß wir kaum Fortschritte machten, die uns ermutigt hätten. Wir hatten keine Ahnung, wo wir uns befanden. Uns waren zwar die Namen der Stromschnellen und Wasserfälle genannt worden, aber da einer auf den anderen folgte, wußten wir nie genau, wo der eine aufhörte und der nächste anfing.

Unsere Beine und Füße sahen schlimm aus. Wir schlugen uns an den Felsen ständig die Knie oder die Schienbeine auf, und innerhalb kürzester Zeit waren sie mit Schürfwunden und Schnitten bedeckt, die immer wieder aufrissen. Das waren nicht die einzigen Risiken, denen wir uns im Wasser aussetzten. Zweimal sahen wir in der Nähe Schlangen vorbeischwimmen – eine ein Meter lange, giftige Korallenschlange und eine andere, die fast zwei Meter lang war.

Zum Glück war ich oft genug in Amazonien gewesen, um keine Angst vor Piranhas zu haben. Es gab sie überall, und wir kümmerten uns bald nicht mehr um sie. Ich habe niemals von jemandem gehört, der von einem Piranha angegriffen wurde, nur, daß jemand gebissen wurde, wenn er den Fisch vom Angelhaken nehmen wollte. Die Einheimischen kümmern sich auch nur wenig um sie. Wie Haie haben auch Piranhas „schlechte Tage", an denen sie angreifen, zum Beispiel, wenn sie in der Trockenzeit in stehenden Tümpeln abgeschnitten vom Fluß sind und nichts zum Fressen haben. Aber auf diesem Trip gaben wir ihnen wirklich jede Chance: Wir wateten mit blutenden Wunden im Wasser – aber sie enttäuschten uns.

Piranhas knurren, und dieses Knurren ist schon zu hören, bevor man den Fisch noch an die Wasseroberfläche geholt hat. Man weiß also gleich, was da an der Angel hängt, wenn man es nicht schon vorher an dem verzweifelten Kampf unter Wasser bemerkt hat. Ich habe Piranhas gesehen, die einen Angelhaken durchgebissen haben; und wenn man eine Messerklinge zwischen ihre Kiefer steckt, werden sie so lange zuschnappen, bis sie keine Zähne mehr haben.

Im Jari werden sie sehr groß – zweieinhalb Kilo im Schnitt. Sie sind im übrigen recht schmackhaft, aber sie lassen sich nur schlecht schuppen. Am besten geht es, wenn man sie nach dem Ausnehmen auf heiße Kohlen wirft, sie auf beiden Seiten schwarz werden läßt und ihnen vor dem Essen die Haut abzieht.

Langsame Fortschritte

Während wir uns den Sete Pancadas hinaufkämpften (oder war es der Caju oder der Veriverina?), waren wir uns der Schönheit der Landschaft zwar bewußt, hatten aber wenig Zeit, sie zu genießen. Wir paddelten an Dutzenden von dschungelüberwucherten Inseln vorbei, an großen, schwarzen Felsen, die aus dem schäumenden Wasser ragten. Zu beiden Uferseiten stiegen steile Hänge vierzig Meter und mehr auf, wir passierten kleine Seitenarme des Flusses voller exotischer Düfte, gaukelnder Schmetterlinge, bunter Blumen und heiser krächzender Papageien. Wir räkelten uns faul im schimmernden weißen Sand kleiner Felseninselchen, versuchten, die ständigen Schwierigkeiten zu vergessen und nicht nur an all die Stromschnellen und Wasserfälle stromaufwärts zu denken, wollten nur die herrliche Natur rund um uns herum genießen.

Wir beschlossen, das Erreichen des Ipitinga als den wirklichen Anfang unserer Reise zu betrachten. Was wir jetzt durchmachten, war nur ein schlimmer und unglücklicher Start. Danach würde das Leben für uns einfacher werden.

Fünf Tage lang hatten wir keinen Menschen gesehen, und wir standen gerade bei einer Stromschnelle bis zur Brust im Wasser, als ein Kanu längsseits kam. Es war nicht unbedingt die beste Position, um eine Unterhaltung zu führen, und die Insassen des Kanus, Goldsucher und leichte Mädchen, schienen uns für verrückt zu halten. Wir hatten angefangen, solche Ressentiments zu teilen. Unser Ruhm hatte sich offensichtlich bereits in der ganzen Gegend verbreitet. Die Leute im Kanu hatten nämlich schon von uns gehört.

„*Muito corajem* – sehr tapfer", sagte der Bootsführer. Was er damit in Wirklichkeit meinte, war eher: Ihr *gringos* seid alle nicht ganz richtig im Kopf; und mit dem Geld, das eure multinationalen Schürfgesellschaften verdienen, müßtet ihr euch eigentlich einen Motor leisten können.

Wir erfuhren immerhin, daß wir den Sete Pancadas passiert hatten und daß wir uns direkt unterhalb der Caju-Stromschnellen befanden. Das sind mit die wildesten des Flusses überhaupt – sie bestehen aus nur einem Fall, der aber durch eine Schlucht stürzt und über Felsen schäumt, die riesige Wirbel erzeugen.

Bevor wir uns an die Bewältigung dieses Hindernisses machten, schlugen wir unser Lager an einem der herrlichsten Punkte auf, den wir bisher gesehen hatten. Es gab eine riesige Bucht mit einem Durchmesser von über 500 Metern, ehe der Fluß sich wieder teilte und in sieben breiten Seitenarmen weiterfloß.

An diesem Abend zogen von Osten schwarze Wolken auf. Wir holten schnell unsere Planen und sammelten genügend trockenes Holz, um sowohl unser Abendessen als auch unser Frühstück am nächsten Tag zubereiten zu können. Alles, was wir hatten, war wieder einmal Reis und Suppe aus der Tüte: kein besonders lukullisches Mahl nach einem harten Tag.

Da der Himmel inzwischen wieder sternenklar war und es nicht nach Regen aussah, beschlossen wir, die Planen über den Hängematten wegzulassen. Eine Weile saßen wir, von oben bis unten mit Insektenmittel eingeschmiert, am Ufer, und Mark erklärte mir die Sternbilder.

Es hätte sehr schön sein können, dort mehrere Stunden zu liegen, dabei zu rauchen, nachzudenken, zu plaudern und die Sternschnuppen zu beobachten. Aber wir litten zu sehr unter den Insektenstichen, die sogar durch unsere dicken Hemden und Hosen gingen. Nach einem Glas Rum rollten wir uns daher in die Hängematten und schliefen gutgelaunt ein.

Um Mitternacht begann es wie aus Kübeln zu gießen. Es ist immer die gleiche Geschichte: Wenn man die Plastikplanen aufstellt, wird es garantiert eine trockene Nacht, wenn man sie aber weg-läßt, wird es ebenso garantiert regnen.

Als wir in der Dunkelheit herumstolperten, um die Planen an-zubringen, fühlte ich plötzlich an meinem Knöchel einen stechen-den Schmerz. Vielleicht ein Skorpion? Aber obwohl mein Knöchel etwas anschwoll und ich mich in der Nacht etwas fiebrig fühlte, hielten die Beschwerden nicht lange an.

Der nächste Morgen brachte zur Abwechslung mal was Gutes mit sich. Ich hatte zum Schlafen die Batterien meiner Kamera in meine Hosentaschen gesteckt, um sie aufzuwärmen und zu trock-nen, und als ich eine davon beim Frühstück in der Kamera auspro-bierte, schien alles zu funktionieren. Ich legte einen Film ein und gab mich der Hoffnung hin, nun wieder alles fotografieren zu können.

Auch mit den Stromschnellen hatten wir Glück. Am linken Ufer fanden wir eine ruhige Stelle, die wir hinaufwaten konnten, obwohl nur drei Meter zu unserer Rechten das Wasser schäumte und brodelte. Vorsichtig schoben wir uns weiter. Uns war bewußt, daß ein einziger falscher Schritt tödlich sein konnte. Am besten war, nicht daran zu denken. Das Brüllen des Wassers war so laut, daß wir einander anschreien mußten, obwohl wir nur ein paar Meter voneinander entfernt waren. Aber wir schafften auch diese Klippe.

Die sechs Tage, die wir angeblich zum Ipitinga benötigen sollten, dehnten sich auf drei Wochen aus. Doch am einundzwanzigsten Tag hatten wir wieder Glück. Es war zunächst ein schlimmer Mor-gen der üblichen Art gewesen, und es wäre beinahe ein Unglück passiert, als sich das Kanu quer legte und auf einen Felsen schlug. Obwohl eine Menge Wasser hineingeschwappt war, gelang es uns, alles herauszuschöpfen und das Boot unter Kontrolle zu bringen. Anschließend kam ein sehr ermüdender Kilometer, auf dem wir wie wild paddelten, den Dschungel aber dennoch nur langsam an uns vorbeikriechen sahen. Sowie wir mit dem Paddeln aufhörten, um uns den Schweiß aus den Augen zu wischen, wurden wir wieder an die Stelle zurückgetrieben, an der wir fünf Minuten vorher gewesen waren.

Bald war die Strömung jedoch so stark, daß wir mit dem Paddeln nicht mehr weiterkamen. Das Wasser war zum Waten zu tief. Es reichte mir bis zur Brust, und es gibt wenige Dinge, die frustrierender sind, als in tiefem, reißendem Wasser zu waten. Man hebt einen Fuß, versucht ihn nach vorn zu bewegen, und er scheint wie gelähmt zu sein. Mark war mit seiner Größe im Vorteil, er konnte sich auch in ziemlich tiefem Wasser vorwärtsstemmen. Oft hingen wir an den Büschen, hangelten uns Hand um Hand nach vorne, während wir die Beine mühsam hinter uns herzogen. Das Kanu hatten wir mit einem Seil um unsere Brust festgebunden.

Wir befanden uns an diesem Tag schon eine ganze Weile in dieser entmutigenden Situation, als hinter uns ein Kanu auftauchte. Wir winkten es zu uns heran.

„Sind wir bald am Ipitinga?" wollten wir wissen.

„Aber nein", erhielten wir zur Antwort, „der ist noch 'n ganzes Ende weg."

Als sie unsere Niedergeschlagenheit bemerkten, boten sie uns an, uns bis zu einem Ort namens Carecaru zu schleppen. Dankbar luden wir unser Gepäck in ihr großes Kanu, und auch Mark stieg dazu. Ich blieb in unserem Boot, damit ich es steuern und ihrem Kurs folgen konnte. Es war zwar ein bißchen gefährlich, aber gleichzeitig auch ein tolles Gefühl, ohne große Anstrengung endlich vorwärtszukommen.

Der Bootsführer fuhr im Zickzack über den Fluß. Er wählte immer die ruhigsten Stellen aus und umschiffte elegant alle Felsen. Ich hatte Mühe, mit dem Paddel seine Steuermanöver nachzuvollziehen. Nach drei oder vier Stunden hatten wir eine Strecke bewältigt, für die wir mit unseren Paddeln sicher zwei oder drei Tage benötigt hätten, und in der Abenddämmerung erreichten wir Carecaru.

Der letzte Teil unseres Schleppmanövers war für mich alles andere als amüsant gewesen. Mir war so kalt, daß mir im Fahrtwind die Zähne klapperten, und ich hatte am ganzen Körper eine Gänsehaut. Unglücklicherweise waren meine Kleider im anderen Boot, also fror ich eine Stunde lang vor mich hin! Waren wir in eine andere Klimazone gekommen, oder lag es an mir? Ich blickte zu den anderen hinüber. Alle schienen sich wohl zu fühlen. Warum waren aber dann meine Fingerspitzen blau? Es gab nur einen plausiblen Grund, warum ein Mensch an einem tropischen Nachmittag bei einer Lufttemperatur von über 35° Celsius vor Kälte zitterte: Malaria. Das war eine Erklärung, die ich nicht akzeptieren wollte. Und als wir endlich unser Ziel erreichten, zog ich ein paar Sweatshirts an und dachte nicht mehr daran.

Gegenüber der Mündung des Rio Carecaru entdeckten wir eine Handvoll Häuser, und zwei Tagereisen stromaufwärts sollte es ein Goldfeld geben. Eine Menge Leute lungerte in der Ansiedlung herum und wartete entweder auf ein Boot stromaufwärts zum Ipitinga oder stromabwärts nach Monte Dourado. Mark und ich blieben zwei Tage dort, und wir verstanden uns mit den Menschen recht gut. Sie ließen uns auf einem Butangasofen kochen, der uns nach unserer Kocherei auf dem offenen Feuer unglaublich luxuriös vorkam, gaben uns Nahrungsmittel, Kaffee und Schnaps und ließen uns bei sich die Hängematten aufhängen.

Wir versuchten so viele Informationen wie nur irgend möglich über den Fluß zu sammeln. Inzwischen hatten wir den Vorwand, nur bis zum Ipitinga fahren zu wollen, fallengelassen und erzählten den Einheimischen von unserem Plan, nach Französisch-Guyana zu fahren. Keiner von ihnen war selbst weiter als bis zum Ipitinga gekommen, und so erfuhren wir nicht allzuviel Wissenswertes.

Zwei Männer erzählten uns, daß dort oben ein FUNAI-Posten existiere (die FUNAI ist eine Agentur für den Schutz der Indianer), an einem Ort namens Molocopote, und daß man dort jeden daran hindern würde, weiter stromaufwärts zu fahren. Aber keiner konnte uns sagen, wo genau Molocopote war. Die einen meinten, an der Mündung des Cuc, die anderen behaupteten, vierzig Kilometer weiter westlich.

In Carecaru wurde uns der kümmerliche Zustand unserer Vorräte bewußt. Wir hatten wesentlich mehr gegessen als veranschlagt, was zum großen Teil auf unserem Mißerfolg beim Jagen und Fischen beruhte. Einer der Männer transportierte Proviantsäcke zu den Goldfeldern – ein offenbar sehr ertragreiches Geschäft. Wir kauften von ihm 15 Kilo Maniokmehl, außerdem Öl, Batterien für die Taschenlampen, Reis und Zucker und bezahlten viermal mehr dafür, als es in Monte Dourado gekostet hätte. Eine Flasche Schnaps, die in der Stadt 50 Cents kostete, wechselte in diesen abgeschiedenen Camps für 10 Dollar in Gold den Besitzer. Und Patronen, die in Manaus für 70 Dollar zu haben waren, wurden dort für über 200 Dollar verkauft.

Farinha, das grobkörnige Maniokmehl, hat nicht viel Eigengeschmack, aber es gibt einem Teller voll Reis den nötigen Biß. Es wird hergestellt, indem man die Maniokknollen einen bis zwei Tage einweicht und sie anschließend zerdrückt, um die giftige Blausäure zu entfernen, ehe man die Masse dann zerkleinert und röstet. Medizinische Untersuchungen an *caboclos*, den Mischlingen, haben ergeben, daß fast alle von ihnen einen gefährlich hohen Anteil an Blausäure in ihrem Körper haben, was auf die Tatsache zurückzuführen ist, daß sie jahrelang unzureichend behandeltes *farinha* gegessen haben.

Von Malaria und Schlangenbissen

Mein Verdacht auf Malaria wurde während unseres Aufenthalts bestärkt. Da ich schon vorher Malaria gehabt hatte, kannte ich die Symptome: Kopfschmerzen, Muskelschmerzen, Schüttelfrost, empfindliches Zwerchfell und allgemeine Schwäche.

Die Brasilianer, die im Dschungel leben, haben einen blinden Glauben an alles, was mit Pharmazie zu tun hat. Da sie es sich kaum leisten können, einen Arzt aufzusuchen – falls sie in den abgelegeneren Gegenden überhaupt einen finden –, sind sie eine leichte Beute für die Apotheken, die in ganz Südamerika große Geschäfte machen und die es praktisch an jeder Ecke gibt. Man entdeckt dort Arzneimittel, die schon vor langer Zeit in den Industrienationen aus dem Verkehr gezogen wurden, die aber von skrupellosen Arzneimittelhändlern immer noch ausgeliefert werden. In Brasilien sind 14000 verschiedene Arzneien erhältlich, in England dagegen nur 7100.

Brasilianer legen viel Wert darauf, nach einem Malaria-Anfall Vitamine einzunehmen – und ich glaube, das hat auch eine gewisse Berechtigung. Malaria macht anämisch. Doch mit einer entsprechenden Diät und zusätzlichen natürlichen Vitaminen kann sich der Körper relativ schnell wieder erholen. Aber das reicht den Betroffenen nicht. Eine Pille ist immer besser als ein Fruchtsaft, und eine Injektion ist besser als eine Pille. Wir beobachteten einen Mann in Carecaru, wie er seiner Tochter gewaltige Mengen von Vitaminen, die er einer unsterilisierten Flasche entnahm, intravenös spritzte. Es war vermutlich eine Flüssigkeit, die eigentlich oral eingenommen werden sollte. Wir versuchten ihn taktvoll darauf hinzuweisen, daß das keine besonders gute Idee sei. Aber er hatte das schon mehrere Male gemacht, und da er bislang noch niemand damit umgebracht hatte, konnte er vom Gegenteil nicht überzeugt werden.

Am nächsten Tag machten wir uns frühzeitig und übernächtigt auf den Weg, denn die Brasilianer hatten ein Fest gefeiert und waren bis drei Uhr morgens betrunken und lautstark durch die Gegend getorkelt.

Ein paar Kilometer stromaufwärts kamen wir an dem Gebiet vorbei, das der CPRM gehört, einer Gesellschaft der Regierung, die Mineralvorkommen erforscht. Mir ging es miserabel, aber ich versuchte, nicht darauf zu achten, da wir die nächsten beiden Stunden gegen eine starke Strömung paddeln mußten. Schließlich schlug ich doch vor, eine Pause einzulegen und Kaffee zu kochen. Aus Neugier maß ich meine Temperatur: über 40 Grad! Ich hatte zweifellos Malaria.

Ich fühlte mich furchtbar schwach. Noch zwei Tage vorher war ich imstande gewesen, den ganzen Tag lang zu paddeln und das Kanu zu tragen oder zu ziehen, ohne mich besonders müde zu fühlen. Jetzt genügte schon der Weg zum Fluß, um Wasser zu holen, daß mein Herz wild klopfte und ich mich zum Ausruhen an Bäume lehnen mußte.

Am zweiten Tag unserer erzwungenen Ruhepause trat Mark fast auf eine Buschmeisterschlange – eine der giftigsten Schlangen im Amazonasgebiet. Sie war mit ihrer braunen Haut auf dem Teppich aus Blättern und Ästen kaum zu erkennen. Gewöhnlich handelten wir Schlangen gegenüber nach dem Motto „leben und leben lassen", aber diese war zu gefährlich, um sie in der Nähe unseres Lagers zu verschonen. Wir erschossen sie und fügten ihr Fleisch einem Eintopf zu, den wir gerade kochten.

Wir hatten kein Serum gegen Schlangenbisse dabei. Die Ärzte hatten sich dagegen ausgesprochen und behauptet, daß das Serum oft gefährlicher sei als der Biß selbst. Die anderen Argumente waren, daß über 60 Prozent aller Menschen, die von Schlangen gebissen werden, von selbst wieder genesen, weil die Schlange oft gar nicht die nötige Menge an tödlichem Gift injizieren kann oder ihre Giftigkeit durch andere Faktoren beeinträchtigt ist. Diese hängt zum Beispiel auch davon ab, wann die Schlange das letzte Mal etwas gefressen hat. Die Ärzte ermahnten uns auch, die Wunde weder auszusaugen noch auszuschneiden oder Aderpressen anzulegen. Was sollten wir denn dann tun? fragte ich. Einfach entspannen – entspannen und ruhig liegenbleiben, war ihr Rat. Entspannen? Sich ein Buch vornehmen und mit einer Tasse Tee auf den Boden setzen? Eine normalere Reaktion wäre wohl sicher, im Dschungel herumzurennen und zu schreien: „Lieber Gott, ich muß sterben!"

Auch von den *caboclos* habe ich bei meinen früheren Reisen viele, unterschiedlichste Ratschläge erhalten, was man nach einem Schlangenbiß tun muß. Die einen sagten: „Trink einen Liter Kerosin." Andere empfahlen: „Schneide kreuzweise die Bißwunde auf, leere das Pulver von zwei Patronen in die Wunde und zünde es an."

∗

Als ich 1981 mit einem Freund den Rio Teles Pires befuhr, sahen wir am späten Nachmittag in einiger Entfernung ein Haus. Wir beschleunigten unser Paddeln, um nach einer Unterkunft zu fragen. An dem großen Landungssteg aus Holz, an dem schon zwei Kanus festgemacht hatten, stand ein Mann und wusch sich. Die brasilianischen *caboclos* demonstrieren immer sehr viel Selbstbeherrschung, und so blieb auch sein Gesicht unbeweglich, und er starrte uns nicht neugierig an, als wir plötzlich aus dem Nichts auftauchten. Er erwiderte unseren Gruß, gab seine Einwilligung, über Nacht zu bleiben, und stellte dann ein paar freundliche Fragen, was das Ziel unserer Reise sei und wo wir herkämen. Ihm fehlte die rechte Hand, der Unterarm endete in einem häßlichen Stumpf.

Wir folgten ihm das Ufer hinauf, in das ein paar ordentliche Stufen eingeschnitten waren. Auf dem gegenüberliegenden Ende einer großen Lichtung stand eine große, strohgedeckte Hütte. Das Klingeln einer Kuhglocke ließ uns aufschauen, und wir entdeckten, daß sie um den Hals eines verspielten, gutgenährten Hundes hing, der fröhlich auf seinen Herrn zugesprungen kam.

„Das hindert die Jaguare daran, ihn zu fressen", erklärte der Mann. „Hunde sind ihre Lieblingsbeute."

Auf unserem Weg quer über die Lichtung sahen wir etwas Merkwürdiges: eine Art Iglu aus einer großen Plastikplane, in das man auf Händen und Knien hineinkriechen mußte. Davor saß ein ziemlich verwahrlost aussehender Mann, der sein Abendessen kochte und kaum aufsah, als wir vorbeigingen. Unseren Gruß erwiderte er mit einem Grunzen.

Wir betraten die große Hütte und waren sehr beeindruckt davon, wie sauber und ordentlich das Innere aussah. Der Erdboden war gefegt, die Proviantsäcke standen auf Regalen, andere Habseligkeiten waren an den Dachsparren aufgehängt, und eine Anzahl glänzender Töpfe, Pfannen und Kochutensilien hingen um den Steinherd. Dieser Raum verstärkte unseren Eindruck, daß unser Gastgeber ein tüchtiger Mann war, der sich mit dem Leben im Dschungel sehr genau auskannte und imstande war, es sich da gemütlich zu machen. Kleinigkeiten wie der Landungssteg, die Stufen am Ufer, der gutgenährte Hund – die meisten Hunde in Amazonien sind räudige, unterernährte Köter –, seine saubere Kleidung und seine ordentliche Erscheinung, das alles war ungewöhnlich für einen Mann, der allein und so abgeschieden lebte. Ich begann mich wegen meines wilden Bartes, der fleckigen Shorts und unserer dreckigen Fingernägel zu schämen.

Jorge, so hieß der Mann, sorgte dafür, daß genügend Essen für uns alle auf dem Herd kochte, und bald machten wir uns über einen hervorragenden Eintopf mit Reis und Bohnen her. Ich ging zum Fluß, um etwas Schnaps aus unserem Kanu zu holen, und auf dem Rückweg fragte ich den anderen Mann, ob er Lust hätte, auf einen Drink zu uns zu kommen.

„Nein...", antwortete er; das „Danke" kam mit Verzögerung, als wäre es ihm gerade noch eingefallen. Ich zuckte die Achseln und ließ ihn da sitzen, wo er düster in sein Feuer starrte.

Wir verbrachten einen netten Abend mit unserem Gastgeber, wobei wir und er über unsere Vergangenheit plauderten. Er war von einem Geschäftsmann aus São Paulo angeheuert worden, um das Areal für eine *fazenda* abzuholzen. Ein paar hundert Meter entfernt war eine Landebahn. Fast jeden Monat kam der Besitzer angeflogen, zahlte das Gehalt aus und versorgte ihn mit frischen Vorräten, verbrachte einen Tag mit Fischen und flog wieder ab.

Während wir miteinander sprachen, mußte ich die ganze Zeit den Armstumpf anstarren und darüber nachdenken, wie er die rechte Hand wohl verloren hatte. Es war offensichtlich vor ein paar Jahren passiert, denn er hatte sich an das Leben mit einer Hand bereits gut gewöhnt. Er rollte zum Beispiel ohne Anstrengung seine Zigaretten. Ich nahm mir vor, ihn später danach zu fragen. Doch zuerst brachte ich seinen merkwürdigen Kumpan ins Gespräch. Sein Gesicht verfinsterte sich einen Augenblick lang, und ich befürchtete, ihn gekränkt zu haben. Dann zuckte er jedoch die Achseln, grinste traurig und fing an zu erzählen:

„Ich nehme an, daß euch das merkwürdig vorkommen muß. Da sind zwei Männer, die weit weg von aller Zivilisation leben, und ich wohne hier, und er wohnt dort drüben in dieser... Behausung. Vor ein paar Monaten fühlte ich mich ein bißchen einsam, und so fragte ich den Boß, ob er nicht noch einen Mann finden könnte als Aushilfe. Tatsächlich bat ich ihn darum, mir eine Frau zu besorgen, aber er konnte keine finden, die bereit war, die Stadt zu verlassen und hier draußen mit mir zu leben." Er lachte fröhlich. „Zuerst war ich sehr erfreut, daß er mitkam. Ich bin über ein Jahr hier allein gewesen, und endlich jemand zur Gesellschaft zu haben, war wie ein Traum. Ich kochte für ihn und machte den

Haushalt, wir unterhielten uns ständig – aber eigentlich redete nur immer ich."

Er seufzte. „Doch dann entdeckte ich langsam, was er wirklich ist: ein schmutziger, unordentlicher und fauler Mann. Nicht bei der Arbeit, keineswegs, in dieser Beziehung kann ich nicht klagen, aber in seinen Gewohnheiten und seiner Hygiene. Er wäscht sich nie, seine Kleider und seine Hängematte stinken, er spuckt Gräten auf den Boden, so daß jedes Insekt aus der ganzen Gegend hierherkommt. Deshalb kühlte sich die Beziehung zwischen uns nach einiger Zeit ab, und schließlich gab ich ihm die Plastikplane und forderte ihn auf, sich auf der Lichtung seine eigene Hütte zu bauen. Ich wollte ihm dabei helfen, er wies mein Angebot aber zurück und stellte dieses merkwürdige Gebilde auf, in das er wie ein Tier hineinkriechen muß. Im Moment ist Trockenzeit, aber wenn der Regen kommt, wird er im Schlamm waten."

„Sprecht ihr überhaupt noch miteinander?" fragte ich.

„Nur über Dinge, die die Arbeit betreffen", antwortete er, „und auch dann nur, wenn es wirklich notwendig ist."

„Irgendwie müssen Sie sich dadurch doch noch einsamer fühlen", wandte ich ein.

„Ja, das stimmt", gab er bereitwillig zu. „Manchmal sitze ich nachts hier und schaue zu ihm hinüber. Ich sehe ihn dort drüben hocken und möchte ihn am liebsten herüberrufen. Aber ich tu es nicht."

Ein bißchen später kamen wir endlich auf die Sache mit seiner Hand zu sprechen. Es ergab sich ganz natürlich. Er blickte auf, als ich gerade beobachtete, mit welcher Behendigkeit er seine Zigarette rollte. Er grinste. „Jetzt ist es einfach, aber zuerst ist mir immer alles auf den Boden gefallen... Es passierte vor sieben Jahren, als ich in Mato Grosso do Sul arbeitete. Ich machte dort die gleiche Arbeit, nur für einen anderen Chef. Eines Tages war ich beim Jagen, einen oder zwei Kilometer von meiner Hütte entfernt, als ich zu einer Stelle kam, an der ein großer Baum über den Weg gestürzt war. Es schien einfacher darüberzusteigen, als um ihn herumzugehen. Ich packte also den Stamm, um mich darüberzuziehen, und wurde unten an der Daumenwurzel von einer *surucucu*, einer Buschmeisterschlange, gebissen."

Wir schauten ihn verblüfft an. Von allen Schlangen im Dschungel hatten wir vor dieser am meisten Angst. Ich konnte mich an ein paar Fakten erinnern, die ich über sie gelesen hatte. Sie wird bis zu vier Meter lang, ist eine hübsch anzusehende, schlanke Schlange mit einer rauhen Haut von blasser, rötlichbrauner Färbung mit dunkelbraunem oder schwarzem Muster in Diamantenform. Die Buschmeisterschlange kann ihren Schwanz wie eine Klapperschlange vibrieren lassen, hat aber keine Klapper, so daß sie im Laub nur ein warnendes Rascheln verursacht. Ihre Giftzähne sind über drei Zentimeter lang und können Kleidung durchdringen, die vor den meisten anderen Schlangen Schutz bietet. Außerdem sondert sie eine bemerkenswerte Menge Gift ab.

Wenn man erst einmal gebissen wurde und genügend Gift abbekommen hat, gibt es fast keine Rettung. Das verletzte Gliedmaß schwillt stark an, und es bilden sich Blasen. Manchmal wird die Haut durch die Schwellung so dünn, daß sie sogar aufplatzen kann. Meistens wird man ohnmächtig, kalter Schweiß bricht aus, der Puls wird zuerst schneller, dann verlangsamt er sich, ist kaum mehr spürbar. In Lunge, Herz, Nieren und im Gehirn entstehen Blutungen, danach fällt man ins Koma und stirbt.

„Ich wußte, daß ich fast keine Chance hatte", erzählte Jorge weiter, „das Biest hatte mich voll erwischt, und durch die brennenden Schmerzen war mir klar, daß ich 'ne Menge Gift abbekommen hatte." Er zog an seiner Zigarette. „Deshalb beschloß ich, mir die Hand abzuschneiden. Ich ging davon aus, daß ich damit das meiste Gift loswerden würde, wenn ich sie in den ersten dreißig Sekunden nach dem Biß abhacken würde."

Wir schnappten entsetzt nach Luft, aber er grinste nur. „Tja, es war nicht gerade einfach. Ich war davon überzeugt, daß ich es nie machen würde, wenn ich zu lange darüber nachdachte. Also legte ich meine Hand auf einen Baumstamm, nahm die Machete in die linke Hand und schlug zu. Unglücklicherweise war ich Rechtshänder und nicht sehr geschickt mit der Linken, außerdem war die Machete nicht so scharf, wie ich es gerne gehabt hätte. Der erste Schlag ging nur halb durch, und so mußte ich wieder zuschlagen."

Er machte eine Pause und starrte ins Feuer. „Aber das Ärgste war noch nicht vorbei. Ich war immer noch zwei Kilometer von zu Hause entfernt, und dort gab es auch niemanden, der mir hätte helfen können. Ich band mein Hemd oben um den Arm, um den Blutfluß zu unterbinden, und als es nicht mehr hervorspritzte, machte ich mich auf den Heimweg. Nach ein paar Schritten drehte ich mich um und und sah meine rechte Hand dort auf dem Dschungelboden liegen. Es schien nicht richtig zu sein, sie einfach dort liegenzulassen. Also hob ich sie auf und ging nach Hause – sozusagen Hand in Hand." Er lachte, und wir auch, etwas erleichtert durch seinen schwarzen Humor.

„Die Schmerzen waren grauenvoll, aber ich schaffte es irgendwie nach Hause. Ich wußte, daß ich das Hemd nicht länger um den Arm lassen durfte, wenn nicht der ganze Arm absterben sollte. Deshalb mußte ich etwas machen, das für mich in der Erinnerung viel schlimmer ist als das Abhacken. Ich erhitzte ein Stück Metall über dem Feuer, bis es rotglühend war, preßte dann den Armstumpf darauf und ließ ihn brutzeln, bis die Wunde geschlossen war." Er seufzte. „Und das tat weh, mein Gott, wie das weh tat! Die ganze Zeit über, als ich das Metallstück zum Glühen brachte, saß ich da und starrte es an, kippte einen Rum nach dem anderen hinunter und wußte, wie weh es tun würde. Danach sprang ich ins Kanu, das glücklicherweise einen Außenbordmotor hatte, fuhr drei Stunden bis zur Straße, und von dort nahm mich ein Lastwagen ins Krankenhaus mit. Die abgeschnittene Hand hatte ich immer noch bei mir, eingewickelt in mein Hemd. Ich vermute, daß sie sie begraben haben."

Jetzt kannten wir also die Geschichte der fehlenden Hand, und bald danach legten wir uns zum Schlafen nieder. Nach einer solchen Erzählung kann man die Unterhaltung nicht einfach wieder auf Belanglosigkeiten bringen. Wir lagen noch lange wach in der Dunkelheit und dachten darüber nach. Eines war sicher – unsere Bewunderung für Jorge wuchs ins Unermeßliche.

Am nächsten Morgen paddelten wir weiter, und nach ungefähr einem Kilometer trafen wir auf den verwahrlosten Mann, der von seinem Kanu aus fischte. Obwohl er uns letzte Nacht nicht unbedingt durch seine Herzlichkeit überwältigt hatte, lächelte er uns jetzt freundlich an und rief uns zu sich hinüber.

Er war wie verwandelt, fragte uns eine Menge über unsere Reise und zeigte uns drei riesige Welse, die er gefangen hatte. Wir plauderten ungefähr eine halbe Stunde, rauchten zusammen, und kurz bevor wir weiterpaddelten, machte ich eine Bemerkung über die schreckliche Geschichte, die mit Jorges Hand passiert war.

„Ja", antwortete der Mann, „es gibt viele Männer, die solche Unfälle haben, wenn sie mit Kreissägen arbeiten." Ich starrte ihm überrascht in die Augen und erwartete, darin Spott oder Hinterlist zu sehen. Er blickte mich direkt und arglos an – mit einem Anflug von Traurigkeit über die Grausamkeit moderner Maschinen.

Camp des verbrannten Fußes

Als ich mich endlich wieder stark genug fühlte, um unsere Fahrt fortzusetzen, machten wir uns auf den Weg und erreichten schließlich die Mündung des Ipitinga. Sein schmutziges Wasser ließ braune Flecken im klaren Wasser des Jari entstehen. Während wir an der Mündung fischten, kam ein Kanu den Ipitinga herunter, in dem zwei nicht gerade vertrauenerweckend aussehende Typen saßen. Sie hatten einen kranken Kameraden dabei, der im

Eine der zahlreichen Stromschnellen

Schatten einiger Bananenblätter auf dem Boden lag. Sie versicherten uns, daß wir uns tatsächlich an der Mündung des Ipitinga befanden, und berichteten, sie seien auf dem Weg nach Carecaru, damit ihr Freund ins Krankenhaus geflogen werden könne. Er habe einen Messerstich in den Rücken erhalten. Während wir miteinander sprachen, glitten ihre Augen voller Interesse über die Gegenstände in unserem Kanu. Wir begannen uns unwohl zu fühlen, verabschiedeten uns hastig von ihnen und machten uns auf den Weg. Doch gleich am Anfang mußten wir wieder anhalten und durch eine Stromschnelle waten.

„Das waren vielleicht zwei hinterhältig aussehende Kerle, was?" bemerkte Mark. Als wir uns nach ihnen umdrehten, sahen wir, daß sie noch nicht weitergepaddelt waren, sondern in ihrem Kanu saßen und uns beobachteten.

„Das gefällt mir gar nicht", sagte ich. „Hast du gesehen, wie sie unser Gepäck betrachtet haben? Ich glaub, es wird besser sein, wenn wir heute sehr lange paddeln und eine gute Strecke zwischen sie und uns bringen. Schau mal, sie sind immer noch da, diese Gauner."

Wir umrundeten eine Landzunge und paddelten zwei Stunden lang mit aller Kraft, bis wir das Gefühl hatten, in relativer Sicherheit zu sein. Zum ersten Mal waren wir dankbar, daß der Fluß so viele Seitenarme hatte. Dadurch würde es sehr viel schwieriger sein, uns zu finden.

Als wir uns in Obidos von Martin und Tanis getrennt hatten, hatten uns die beiden fünf Portionen von ihren Trocken-Menüs gegeben: Rindfleisch- und Hühner-Ragout. Wir hatten ausgemacht, daß wir das erste davon bei Erreichen des Ipitinga zur Feier des Tages verzehren würden.

„Nach dem, was man uns erzählt hat, sind wir jetzt über das Schlimmste hinweg", meinte ich.

„Ab jetzt gibt es mehr Wild, weniger Stromschnellen, leichteres Vorankommen, einfacheres Leben und vor allem keine verdammten Moskitos mehr", fügte Mark hinzu.

„Große, saftige Schweine, gigantische Fische – das will ich doch gleich einmal feststellen!" Ich sprang auf und lief zum Kanu.

„Ich werde inzwischen unser Festmahl zubereiten!" rief mir Mark hinterher.

Ich bekam einen glatten, torpedoförmigen Raubfisch von ungefähr vier Kilo Gewicht an die Angel, wo er einen unglaublichen Kampf lieferte – wie ein kleiner Marlin. Er vollführte gewaltige Sprünge, ließ die Schnur nur so von der Rolle flitzen, wendete,

kam zurückgerast, schoß unter dem Boot durch, biß auf der An-
gelschnur herum. Der Kampf wurde noch aufregender durch die
Tatsache, daß das Kanu langsam, aber sicher auf einen kleinen
Wasserfall zutrieb, und es stand Spitz auf Knopf, ob ich den Fisch
an Bord bekommen würde, bevor ich über den Wasserfall kippte.
In buchstäblich letzter Minute schaffte ich es, den Fisch an den
Kiemen aus dem Wasser zu ziehen, an Bord zu werfen und nach
dem Paddel zu greifen.

Wir vertilgten eine köstliche Mahlzeit, auch wenn es dabei wieder einmal wie aus Eimern goß. Als der Regen nachließ, beschloß
ich, zum Kanu zu gehen, um es auszuschöpfen. Die Batterien meiner Taschenlampe ließen allmählich nach, und so richtete ich den
schwachen Schein einen Meter vor meine Füße. Die Indianer behaupten, daß Schlangen nach einem Regen gerne beißen, und ich
ging davon aus, daß sie recht hatten. Am Ufer richtete ich den
Lichtstrahl auf das Wasser. Merkwürdig, dachte ich, wir haben
doch dort das Kanu angebunden, oder? Vielleicht war es aber auch
ein Stück weiter oben. Ich ging nach rechts und dann nach links:
kein Kanu.

„Mark!" schrie ich. „Komm her!"

„Was ist los?" rief er zurück.

„Ich glaube, unser Kanu ist weg!" Während ich auf ihn wartete,
überlegte ich mir die verschiedenen Möglichkeiten. Keine davon
war besonders erfreulich. Das Gewicht des Regenwassers konnte
das Kanu zum Sinken gebracht haben, in diesem Fall waren unsere
Habseligkeiten weggeschwemmt worden. Vielleicht hatte ich das
Boot auch nicht fest genug angebunden und es war weggetrieben
und in den Stromschnellen zerschellt? Aber am wahrscheinlich-
sten war, daß uns diese Halunken, die wir an der Mündung getroffen hatten, gefolgt waren und unser Kanu gestohlen hatten.

Mark kam angerannt.

„Vermutlich haben es diese Galgenvögel gestohlen", sagte ich
und versuchte, meine Panik unter Kontrolle zu bekommen.

„Bestimmt nicht", meinte Mark ruhig und leuchtete mit seiner helleren Taschenlampe die Umgebung ab.

„Wie kannst du da so sicher sein? Wo zum Teufel ist es denn dann?"

„Na ja, hier ist es nicht." Er reizte mich allmählich mit seiner Bierruhe.

„Mann, Mark, ich weiß verdammt gut, daß es nicht hier ist. Aber hast du vielleicht eine Idee, wo es sein könnte?"

„Es ist nicht hier, weil wir es hier nicht vertäut haben."

„Was?"

„Wir sind auf einer Insel, und das Kanu ist auf der anderen Seite." Er hatte recht!

Obwohl das Erreichen des Ipitinga für uns so eine Art Meilenstein auf unserer Reise war, sollte sich unser Optimismus als recht kurzlebig erweisen. Zum einen hörte der Regen nicht auf und damit auch nicht die Invasion der vielen Moskitos, die uns quälten. Sie kamen in der Abenddämmerung und attackierten uns bis zum Tagesanbruch; es war trotz unserer guten Insektenmittel unmöglich, sie abzuwehren. Sie stachen durch unsere dicken Hemden und Hosen, und sie bissen von unten durch die Hängematten. Es wäre schon schlimm genug gewesen, wenn diese Tiere einfach nur eine Plage gewesen wären, aber es bestand immer das Risiko, durch sie Malaria zu bekommen. Dadurch erschienen sie uns noch viel unangenehmer.

Wir stellten fest, daß die Wirkung der Insektenstiche sich nach und nach verstärkte. Zuerst reagierte unsere Haut zwar nicht sichtbar darauf, aber drei oder vier Nächte später fingen die alten plötzlich an zu jucken, und wir wurden zu kratzenden und fluchenden Wilden.

Zumindest schien die Fahrt auf dem Fluß einfacher zu werden. Zwei Tage lang hatten wir lange Strecken mit ruhigem Wasser.

Sogar die kleinen Stromschnellen waren leicht zu bewältigen.

Eines Abends lagerten wir unterhalb eines kleinen Wasserfalls und legten für die Nacht Angelleinen mit großen Stücken von Piranhas als Köder aus. Dafür verwendeten wir Nylonleinen und große Haken. Beim Abendessen kündigten ein Platschen und heftige Bewegungen im Wasser an, daß etwas angebissen hatte. Es war ein *pirarara* – ein Panzerwels – von ungefährt zehn Kilo Gewicht. Unter großen Schwierigkeiten zogen wir ihn an Land. Dabei amüsierte sich Mark köstlich, als sich meine Hand mit der Taschenlampe in der Leine verhedderte, an welcher der wild um sich schlagende Wels mit aller Kraft zog.

Wie sollte wir nun einen solch großen Fisch töten? Wir konnten ihn einfach an Land liegenlassen, aber nach zehn Stunden würde er immer noch am Leben sein und nach Luft schnappen, und wahrscheinlich würde dann bereits eine Ameisenarmee in sein Maul spazieren und seine Eingeweide auffressen – sicher nicht die feinste Art, ein Tier zu töten. Ein Schlag mit der Machete würde an seiner Panzerung abprallen. Wir einigten uns darauf, ihn herumzurollen, ihm den Bauch aufzuschlitzen und ihn auszunehmen.

Wir steckten einen weiteren Köder an die Angelleine und warfen sie aus, ehe wir uns zum Schlafen niederlegten. Ein oder zwei Stunden später hörten wir abermals lautes Platschen vom Fluß her, und beide rannten wir zum Flußufer.

Wir hatten über den glühenden Resten unseres Lagerfeuers einen Kessel aufgehängt, in dem Bohnen die Nacht über kochen sollten, und das wurde Mark zum Verhängnis. Er stolperte darüber, und der kochende Inhalt ergoß sich über seinen Fuß. Zu diesem Zeitpunkt trug er zum Schutz gegen die Moskitos dicke Socken, und die Wolle sog sich natürlich mit dem kochenden Wasser voll. Er rannte zum Fluß hinunter, um seinen Fuß ins kalte Wasser zu stecken, doch als er seine Socken auszog, schälte sich damit auch eine Menge Haut ab. Es war eine sehr häßliche Brandwunde, und er litt große Schmerzen. Wir setzten uns in der Dunkelheit an den Rand unseres Kanus und badeten den Fuß, wobei sich die Moskitos mit Begeisterung auf uns stürzten. Später gab ich Mark eine Injektion mit *Fortral*, dem stärksten Schmerzmittel, das wir dabeihatten.

So, wie es aussah, mußten wir mindestens eine Woche hierbleiben, bis die Brandwunden sich wenigstens etwas geschlossen hatten. Mark nahm regelmäßig Penizillin, um einer möglichen Infektion entgegenzuwirken, aber im Dschungel schreitet jeder Heilungsprozeß nur sehr langsam voran. Dieser Ort, der eigentlich nur das Lager für eine Nacht hätte sein sollen, wurde zum *Camp des verbrannten Fußes*, und er sollte zum Schauplatz von Untätigkeit, Frustrationen, Feindseligkeiten und wichtigen Entscheidungen werden.

In einer Situation wie der unsrigen entstehen sehr gemischte Gefühle. Ich empfand zwar Mitleid für Mark, aber es war so frustrierend, gerade dann aufgehalten zu werden, als alles ein wenig positiver aussah.

Ich war gereizt, ungeduldig und fühlte mich andererseits auch schuldig wegen meiner nicht gerade freundlichen Reaktionen. Wenn man reist, ist nur eines schlimmer, als krank zu sein: wenn der andere krank ist. Eine guter Grund dafür, mit nur einem Begleiter zu reisen, da derartige Verzögerungen dann nur sehr selten vorkommen. In einer großen Gruppe gibt es immer einen, der sich nicht wohl fühlt.

Der Fisch, der diesen ganzen Ärger verursacht hatte, war ein kleiner *surubin* von zwei Kilo Gewicht, den wir am nächsten Morgen zum Frühstück verspeisten. Danach zerlegte ich den Panzerwels, salzte ihn ein und brachte die Stücke zum Trocknen zu ein paar Felsen mitten im Fluß. Als ich eine Stunde später hinüberblickte, sah ich, daß der Felsen schwarz war vor zufrieden rülpsenden Geiern, die das meiste aufgefressen hatten. Ich hätte es besser wissen sollen. Aber da der Fluß an dieser Stelle sehr fischreich war, machte das nicht so viel aus. Tatsächlich fingen wir dann in den nächsten acht Tagen nur noch einen großen *pirarara*, dafür aber viele riesige Piranhas.

Diese Zeit stellte uns beide auf eine harte Probe. Ich konnte mir die langen Stunden wenigsten mit Jagen und Fischen vertreiben, aber Mark mußte den ganzen Tag in seiner Hängematte liegenbleiben. Nachdem uns die Moskitos erst einmal entdeckt hatten, legten sie sogar Tagesschichten ein, und wir konnten uns nur noch unter den Netzen in Ruhe aufhalten.

Das Gelände war zum Jagen nicht sehr günstig: steile Hügel, bedeckt mit umgestürzten Bäumen und schier undurchdringlichem Dickicht aus Bambus. Wenn ich nach meinen zwei- oder dreistündigen Ausflügen zurückkam, war ich in Schweiß gebadet und hatte gewöhnlich nichts erwischt. Ein Hokkohuhn war die gesamte Ausbeute dieser Tage. Der Hokko ist der größte Vogel des Dschungels. Er ist ein bißchen größer als ein Huhn, ist bis auf sein gelbes Gesicht und ein paar weiße Federn an seinem Bürzel schwarz und hat gerade des ideale Gewicht, um zwei hungrige Leute zu sättigen. Auf meinen früheren Reisen hatte ich oft Hokkohühner gegessen, aber am Jari war es das erste Mal. Der Hokko ist übrigens auch für einen schlechten Jäger eine leichte Beute. Normalerweise sucht er sich auf dem Boden sein Futter. Wenn er Gefahr wittert, fliegt er auf die unteren Zweige naher Bäume oder Sträucher. Da er sich dort sicher fühlt, gibt er eine Art glucksendes Trillern als Warnruf von sich und liefert sich somit praktisch seinem Jäger aus. Hokkos tun sich oft zu Gruppen von fünf oder sechs zusammen, deshalb ist es manchmal sogar möglich, mehr als nur ein Exemplar auf einen Schlag zu erlegen.

Nach ein paar Tagen hoben wir schließlich doch das uns selbst auferlegte Schießverbot für Affen auf, denn wir mußten mit unseren Nahrungsvorräten haushalten. Bislang waren wir als Jäger anderer Tiere nicht sehr erfolgreich gewesen. Affen dagegen waren sehr viel leichter zu erlegen, und zwar aus mehreren Gründen: Sie sind zahlreich. Da sie sich in den Baumwipfeln bewegen, verraten sie ihre Anwesenheit schon von weitem. Sie sind einfach zu neugierig und vertrauensselig. Es fiel mir jedesmal schwer, so eine liebenswerte Kreatur zu töten, und ich hoffte immer, daß wir statt dessen genügend große Vögel zum Schießen finden würden.

Affen zu jagen, war mir von Anfang an unangenehm gewesen, da sie sich in für sie bedrohlichen Situationen so sehr menschlich benehmen. Sie schütteln wütend die Äste, pfeifen höhnisch, bewerfen den Verfolger mit Früchten und Stöcken und bleiben oft loyal bei einem verwundeten Kameraden. Ich konnte immer den Konflikt sehen, in dem sie standen: ob sie ihrem Instinkt folgen und fliehen sollten oder ob sie ihrer überwältigenden Neugier nachgeben und noch einen Blick riskieren sollten. Wenn sie dann schließlich doch in unserem Eintopf landeten, bedeutete das für uns eine angenehme Bereicherung des Menüs. Ihr Fleisch schmeckte gut – es ist mager und ähnelt ein wenig dem von Wildkaninchen.

Der erste Affe, den ich schoß, war ein Eichhornaffe – einer der kleinsten seiner Gattung in diesen Waldgebieten. Nachdem er gehäutet und ausgenommen war, blieb nur ein armseliges Häufchen Fleisch übrig, und wir strichen diese Spezies von unserem künftigen Speiseplan.

Diese Affen gibt es auch in bewohnten Gegenden in großen Mengen, denn ihr kleiner Wuchs bewahrt sie vor dem Schicksal, gejagt zu werden – brasilianische Jäger brauchen ein großes Beutetier, damit sich die Kosten für ihre Munition auszahlen. Eichhornaffen haben ein grüngolden schimmerndes Fell und eine schwarze Schnauze. Sie sind die einzige Art von Primaten, deren Männchen nicht das ganze Jahr zeugungsfähig sind. Kurz vor der Brunftzeit nimmt ihr Körpergewicht um 20 Prozent zu, um es später beim Buhlen und den Kämpfen um die Weibchen wieder zu verlieren. Die Sterblichkeitsrate unter den Männchen ist hoch, und auf jedes

Das Jagdglück war mir hold – ich habe einen Affen erlegt

erwachsene Männchen kommen vier geschlechtsreife Weibchen.

Andere Affen, die wir die nächsten Monate immer wieder sehen sollten, waren die Dickkopf-Kapuzineraffen. Sie sind die in Amazonien am meisten verbreitete Affenart und eine der intelligentesten dazu. Sie haben ein goldbraunes Fell, Rücken und Kopf sind dunkler gefärbt.

Der Klammeraffe, der in Horden lebt, ist sehr drollig. Er ist unglaublich beweglich, neugierig und hat viele verschiedene Gesichtsausdrücke. In der Nacht hörten wir auch immer wieder Brüllaffen, die größten Primaten der Neuen Welt. Doch die bekamen wir nur selten zu Gesicht.

Uns gelang es auch kaum, die attraktiven Wollaffen zu beobachten, obwohl wir uns in ihrem Gebiet aufhielten. Ebenso selten sahen wir Sakis, hauptsächlich Scharlachgesicht-Affen. Diese haben ein langes Fell und ein nacktes, rotes Gesicht, das immer röter wird, wenn sich das Tier aufregt. Die Brasilianer nennen es *macao ingles*, den englischen Affen, und das Tier erinnert tatsächlich an einen englischen Adeligen mit dem Hang zum Schlaganfall nach einem schweren Mahl.

So lange an einem Platz festzusitzen war natürlich keine große Freude – weder für Mark noch für mich. Unbestreitbar war, daß ein paar Nahrungsmittel knapp wurden. Das Kanu schien noch einigermaßen in Ordnung zu sein, obwohl die Außenseite ziemlich zerschrammt war. Doch wir waren schließlich auch erst am Anfang unserer Reise, hatten noch mindestens vier Monate vor uns und keine Möglichkeit, unsere Vorräte zu ergänzen. Wollten wir wirklich das Risiko eingehen, irgendwann der Tatsache gegenüberzustehen, vollkommen von dem, was wir fischten oder jagten, abzuhängen? War es verantwortbar, ohne Polyesterharz, mit dem man in Notfällen das Kanu reparieren konnte, weiterzufahren? Zu diesen Zweifeln kam auch noch, daß Marks Fuß nur sehr langsam heilte und uns die Medikamente und Verbände dafür langsam ausgingen. Was sollten wir also bei zukünftigen Verletzungen tun? Es gab auch noch ein paar andere wichtige Dinge, die wir benötigten: Blinker, Draht für die Angeln und für Reparaturen, eine größere Plastikplane, falls es weiterhin so viel regnete – und neue Schuhe, denn jeder von uns hatte bereits zwei Paar durchgelaufen.

Wir besprachen unsere Lage, und Mark betrachtete sie mit sehr viel mehr Realismus – ich nannte es Pessimismus – als ich.

„Wir sind in Schwierigkeiten", sagte Mark. „Wir sind knapp an Lebensmitteln, an Medikamenten und an Material, um das Kanu zu flicken. Das sind alles ziemlich wichtige Dinge, das wirst selbst du zugeben müssen. Abenteuer ist eine Sache, aber hirnlose Tollkühnheit eine andere. Ich liebe das Abenteuer, aber ich möchte zumindest eine Chance dabei haben." Er machte eine Pause und starrte mürrisch auf die schmutzige Bandage an seinem Fuß. „Auf diesem verdammten Trip ist von Anfang an alles schiefgelaufen. Hunderte von Stromschnellen, kein Wild, lausige Erfolge beim Fischen, Malaria, ein verbrannter Fuß, zuviel Regen und kein Vorankommen. Ich hab zwar erwartet, daß es nicht einfach werden würde, aber nicht in diesem Ausmaß. Ich hab damit gerechnet, daß es schwierig sein wird vorwärts zu kommen, daß dafür aber alles andere einfach sein würde. Viel Fleisch, phantastische Dschungellandschaft... Du hast behauptet, daß es so sein würde."

„Ich hab angenommen, daß es so sein würde", unterbrach ich ihn ärgerlich. „Wir haben beim Jagen und Fischen nicht viel Glück gehabt, weil die Gegend bis zum Ipitinga noch zu befahren ist. Außerdem waren da so viele Stromschnellen, daß gar keine Zeit war, uns darauf zu konzentrieren. Von jetzt an wird es einfacher werden, du wirst schon sehen. Wart's nur ab."

Mark war davon nicht überzeugt. „Ich glaube nicht, daß es auf diesem verdammten Fluß jemals einfach sein wird! Es ist einfach verrückt weiterzumachen."

Ich wußte, daß er recht hatte, aber ich wollte es riskieren und weiterfahren. Leichtsinnig vielleicht, aber immer noch besser, als umzukehren. Ich habe schon immer ungeheures Vertrauen in meine Fähigkeiten gehabt, aus schwierigen Situationen einen Ausweg zu finden. Aber das ist eine Einstellung, mit der man andere nicht anstecken kann, und Mark teilte meinen Optimismus in keiner Weise. Mir schien es, als würde er sich an irgendeinen Vorwand klammern, um eine Entschuldigung fürs Aussteigen zu haben. Er machte nicht den geringsten Versuch, die Probleme abzuschätzen und nach einem Ausweg zu suchen, wie man sie überwinden konnte. Statt dessen benutzte er jedes einzelne als Bekräftigung für seine Miesmacherei.

„Diese Reise war bisher enttäuschend", fuhr er fort, „und alles erscheint mir ziemlich sinnlos. Vielleicht kommen wir durch und schaffen es sogar, die Sierra Tumucumaque zu überqueren. Aber was soll das alles?"

Das kam mir wie Meuterei vor! Wie konnten wir nach nur fünf Wochen aufhören, in denen wir, zugegebenermaßen, fast nichts erreicht hatten? Wir hatten doch so viel geplant und eine Menge Geld hineingesteckt. Natürlich war nicht *mein* Fuß verbrannt, *meine* Stimmung war auch nicht auf dem Tiefpunkt, aber Marks Miesmacherei verstärkte meine eigene Starrköpfigkeit.

„Du wirst anders über das Weitermachen denken, wenn wir uns erst einmal tüchtig ausgeruht haben und dein Fuß geheilt ist", versuchte ich ihm einzureden. Aber ich wußte, daß bei einer Dschungel-Expedition der Enthusiasmus nicht zurückkehrt, wenn er erst einmal verschwunden ist.

Während dieser Debatten hatte unsere Beziehung einen Knacks bekommen. Ganz plötzlich. Denn bis dahin waren wir recht gut miteinander ausgekommen. Mark hatte sich als gutgelaunter und patenter Begleiter erwiesen, der seinen Mann stand, wenn es schwierig wurde. In England hatte ich ihn wiederholt darauf hingewiesen, daß ich nach jemandem suchte, der nicht so schnell aufgab, wenn es kritisch wurde. Das bedeutete nicht, daß es nicht auch für mich Grenzen gab, versuchte ich ihm zu erklären. Es müßte aber ein sehr guter Grund zum Aufgeben sein. Jetzt konnten wir sehen, daß wir beide verschiedene Ansichten darüber hatten, was gute Gründe dafür waren.

„Ein verbrannter Fuß, Malaria, kein Material zum Ausbessern des Kanus, knappe Lebensmittelvorräte und Medikamente: all das ist für dich kein guter Grund", knurrte er und vermied es, mir in die Augen zu blicken. „Was wäre dann einer? Der Tod?"

Wir verbrachten danach lange Stunden in angespanntem Schweigen, und das *Camp des verbrannten Fußes* wurde ein ungemütlicher Aufenthalt. Ich ging auf ausgedehnte ermüdende Jagdausflüge, um meine Frustration abzureagieren, und Mark schaukelte mit abweisendem Gesicht in seiner Hängematte unter dem Moskitonetz. Nach dieser Reise hatte er vor, in die USA zu fahren, ehe er nach Australien zurückkehrte. Jetzt verbrachte er Stunden damit, ostentativ über Landkarten von Amerika zu brüten und Prospekte von Jugendherbergen zu wälzen. Das war eine ausgebuffte psychologische Taktik.

„Wie sieht's eigentlich in Colorado aus?" fragte er zum Beispiel wie beiläufig.

„Warum fragst du mich das?"

„Warst du denn noch nicht dort?"

„Doch, aber warum fragst du mich das gerade jetzt?"

„Damit ich etwas habe, worüber ich nachdenken kann."

„Heißt das, daß du aussteigen willst?"

„Ich weiß es noch nicht."

Das machte mich gewöhnlich so wild, daß ich zur Beruhigung auf einen besonders langen Jagdausflug gehen mußte.

Wir sprachen drei Tage kein Wort miteinander, und das schien mir mehr auf die Nerven zu gehen als ihm. Er hielt alle Trümpfe in der Hand. Er wußte, daß ich ohne ihn nicht weitermachen konnte. Die Gefahr, daß ich ihn verlassen würde, bestand nicht. Wenn er ausstieg, mußte auch ich alles abblasen. Es gab viel zu viele Stellen, an denen das Kanu getragen werden mußte, als daß ich alleine hätte weitermachen können. Ich hing von seiner Gnade ab, und ich haßte ihn dafür.

Während der letzten Wochen hatte jeder von uns Tagebuch geführt, und ich wurde von der Idee besessen, daß ich herausfinden könnte, was in seinem Kopf vorging, wenn ich einen Blick auf seine letzten Eintragungen werfen könnte. Zweifellos hatte er die gleiche Absicht – aber bessere Gelegenheiten dazu. Er verließ das Lager nur, um sich zu erleichtern, aber ich war oft stundenlang nicht da. Dehsalb fing ich an, meine Eintragungen gezielt für ihn zu verfassen, wobei ich Enttäuschung und Kritik ausdrückte oder an seinen Stolz und seine Männlichkeit appellierte. Soweit ich seinen Charakter beurteilen konnte, war er ein Macho. Deshalb schrieb ich: „Mark ist zäh, und er ist ganz versessen darauf, sich einer zähen Elite-Truppe anzuschließen: der australischen Armee. Ich halte ihn nicht für einen Drückeberger; ich bin davon überzeugt, daß wirklich alles schiefgehen muß, ehe er aufgibt. Wenn er sich dennoch als Drückeberger erweisen sollte, dann habe ich ihn falsch eingeschätzt. Ich bezweifle allerdings, ob sich die australische Armee so leicht zum Narren halten läßt." Jeden Tag schrieb ich ein paar Seiten in dieser Art, und dann klappte ich das Tagebuch lautstark zu, um seine Aufmerksamkeit zu erregen, erhob mich, nahm mein Gewehr und ging.

Zum Teufel, nicht einmal ein Heiliger hätte unter diesen Umständen der Versuchung widerstehen können, einen Blick hineinzuwerfen. Ich hatte auch immer einen sehr auffälligen Ort gewählt, um in das Tagebuch zu schreiben, und jedesmal, wenn er in meine Richtung blickte, kaute ich sehr gedankenvoll an meinem Kugelschreiber und betrachtete ihn dabei. Als ich es schließlich schaffte, in seinem Tagebuch zu lesen, stellte ich fest, daß es keine wirklichen Überraschungen enthielt. Er war von meiner Rücksichtslosigkeit überzeugt, und er hatte die Nase voll.

„John ist nur deswegen so sehr darauf erpicht, daß ich weitermache, weil er mich braucht", lautete eine Eintragung. „Ohne mich kann er nicht weitermachen." Er durchschaute mich, soviel war sicher.

Ich versuchte, mir darüber klarzuwerden, warum ich so besessen war, weiterzumachen. Objektiv betrachtet, gab es eine ganze Menge von Gründen aufzugeben, und Mark hatte recht, wenn er von der Sinnlosigkeit der ganzen Sache sprach. Warum war es dann so wichtig für mich? Konnte ich mir wirklich einreden, daß mir die letzten fünf Wochen Spaß gemacht hätten? War meine Besessenheit mit Vernunft zu erklären? Offensichtlich nicht, denn ich wollte trotz der Risiken weiterfahren.

Ich vermute, daß auf einer derartigen Reise nur eine Art von Besessenheit die Willenskraft so stärkt, daß man auch unter schwierigsten Bedingungen weitermachen kann. Wir hatten das konkrete Ziel, die Hügel von Tumucumaque zu überqueren und nach Französisch-Guyana zu kommen, und objektiv gesehen war das ein bedeutungsloser und etwas lächerlicher Plan. Und doch war es der Sinn und das Ziel dieser Reise, und ich hielt wie besessen daran fest. Mark sah das von einem ganz anderen Blickwinkel aus und viel objektiver. Wir konnten vielleicht über die Sierra kommen, aber wozu sollte das gut sein? Natürlich konnte man das in Frage stellen, aber ohne Ziel ist man nicht motiviert.

Nach Tagen des Gekränktseins, des Schweigens, der schlechten Laune, des Trübsinns und der Mutlosigkeit setzten wir uns schließlich zusammen und sprachen uns aus. Ich gab zähneknirschend zu, daß es vernünftiger wäre, die Expedition zu unterbrechen und flußabwärts zu fahren, um unsere Vorräte aufzustocken. Aber selbst in Carecaru würden wir eine ganze Menge der Sachen, die wir benötigten, nicht bekommen. Wichtige Dinge wie Blinker oder das Polyesterharz würde es dort auf gar keinen Fall geben. Es wäre vielleicht besser, das Kanu dort zu lassen und hinunter bis nach Belem zu fahren – die Sache also gleich richtig zu machen und alles, was wir benötigten, zu einem vernünftigen Preis dort zu erstehen.

„Ich kann mir diese zusätzlichen Ausgaben wirklich nicht leisten", hielt Mark mir vor, und ich versicherte ihm, daß ich von zu Hause Geld anfordern und für alles aufkommen würde. Ich wußte, daß ich im nächsten Jahr wieder an den Jari reisen würde, wenn ich jetzt das Projekt abbrach, und das würde, alles in allem, viel teurer zu stehen kommen. Später erfuhr ich, daß Mark daheim sehr viel mehr Ersparnisse hatte als ich, aber nachdem wir nun einen Kompromiß gefunden hatten, schüttelten wir uns die Hand – und das Lagerleben wurde wieder erträglicher.

Zwei Tage später machten wir uns flußabwärts auf den Weg, nachdem wir einen großen Teil unserer Ausrüstung aussortiert und für unsere Rückkehr zurückgelassen hatten. Wir hatten alles in einer Hängematte verstaut – damit es nicht auf dem Boden lag – und diese außer Sichtweite vom Fluß aufgehängt, falls jemand vorbeikommen sollte. Das Kanu war danach ziemlich leicht. Wir brachen in der Morgendämmerung auf und paddelten lange und angestrengt. Nach den Wochen, in denen wir gegen die Strömung gekämpft hatten, schienen wir jetzt garadezu dahinzufliegen. Da Marks Fuß nicht naß werden durfte, fuhren wir durch alle Stromschnellen und gerieten dabei ein paarmal in gefährliche Situationen und knallten gegen etliche Felsen, aber um vier Uhr nachmittags erreichten wir Carecaru.

In der Nähe des Flugplatzes begegneten wir einem Ehepaar aus der Handelsniederlassung, und sie informierten uns, daß bald ein Flugzeug abfliegen und uns der Pilot vermutlich gratis mitnehmen würde – wegen Marks verletztem Fuß und meiner Malaria. Wir fanden den Piloten, und er stimmte tatsächlich zu. Das war wirklich unverschämtes Glück, denn wir hatten uns darauf eingestellt, mehrere Tage auf ein Boot, das stromabwärts fuhr, warten zu müssen. Der Pilot war in großer Eile und ließ uns nur wenig Zeit, um ein paar Sachen aus dem Kanu zu holen und mit den Leuten, die wir am Nachmittag kennengelernt hatten, eine Vereinbarung zu treffen, daß sie sich bis zu unserer Rückkehr in zwei oder drei Wochen um unser Kanu kümmern sollten. Die Maschine holperte die Landebahn hinunter, hob ab, und fünfundzwanzig Minuten später landeten wir in Monte Dourado.

Wir kamen total ungepflegt und struppig, sonnenverbrannt, mit zerfetzten Kleidern und nach Schweiß und Holzrauch stinkend an. Als wir versuchten, ein Taxi zur Stadtmitte zu bekommen, wollte der Fahrer zuerst unser Geld sehen. Beide waren wir zwei humpelnde Wracks. Mark hatte seinen Fuß in schmutzige Bandagen gehüllt, und ich hatte an meinen Fußsohlen sehr schmerzhafte, wunde Stellen, die für mich das Gehen zur Qual machten.

Auf dem Weg zur Stadt sagte uns der Fahrer, daß das billigste Hotel in Monte Dourado 8 US-Dollar kosten würde und daß wir über den Fluß nach Beiradao fahren müßten, wenn wir etwas Preiswerteres haben wollten. Beiradao schien uns sowieso interessanter zu sein, und wir fanden dort auch bald ein Hotel, wo ein Zimmer nur 1,50 US-Dollar kostete. Wir verdrückten ein gewaltiges Abendessen, bestehend aus Steak, Spiegeleiern, Reis und Bohnen, und beschlossen, früh schlafen zu gehen. Aber unser Zimmer lag direkt über der Bar mit ihrem plärrenden Fernseher. Durch das offene Fenster drang außerdem die Musik und der Lärm der Betrunkenen von sechs oder sieben Nachtclubs, die bis drei Uhr morgens geöffnet hatten. Die Zivilisation!

Der erste Kontakt mit dem Stadtleben nach einem Dschungeltrip ist immer wieder ein Schock voller Lärm, Gestank, zu vielen Menschen. Sogar das heißersehnte kalte Bier ist eine Enttäuschung.

Während des Abendessens hatten wir mit dem Kapitän eines Frachtbootes gesprochen. Er war bereit, uns in den nächsten ein oder zwei Tagen umsonst nach Belem mitzunehmen. Und wenn wir ihn verfehlen würden, gäbe es ein Passagierschiff.

Am nächsten Morgen gingen wir zunächst ins Krankenhaus. Als *gringos* wurden wir sofort behandelt, und man säuberte und verband Marks Fuß. Der hatte sich nicht entzündet, war nur nicht geheilt. Dann telefonierte ich nach Hause und bat, mir Geld nach Belem zu überweisen.

An diesem Nachmittag stieg Marks Temperatur auf über 40° Celsius. Ich versuchte zuerst im Hotelzimmer seine Temperatur durch kalte Umschläge herunterzudrücken. Als das nichts nützte, brachte ich ihn wieder ins Krankenhaus. Dort wurde *Malaria tropica* diagnostiziert, und Mark bekam Chinin. Der arme Kerl! Das waren nicht gerade angenehme Tage für ihn. Außerdem entdeckte er, daß irgendwann auf dem Fluß, vermutlich als das Kanu gekentert war, sein Paß durch das Wasser ruiniert worden war und er ihn erneuern mußte, bevor wir nach Französisch-Guyana einreisen konnten.

Von dem Kapitän hatten wir auch am darauffolgenden Tag noch nicht wieder gehört, außerdem hatten wir festgestellt, daß es in den nächsten fünf Tagen kein Passagierschiff nach Belem geben würde. So lange in Beiradao bleiben zu müssen, war keine erfreuliche Aussicht. Beim Einkaufen stieß ich zufällig auf den Kapitän, der mir erklärte, daß sein Boot in fünfzehn Minuten auslaufen würde. Ich rannte ins Hotel zurück, zerrte Mark von seinem Krankenlager und ging mit ihm an Bord.

Jorge, der Kapitän, war schon weit gereist und sprach recht gutes Englisch. Die Fracht, die er zwischen Belem und Beiradao transportierte, war Bier, und er erzählte uns, daß allein in Beiradao jede Woche 30 000 Flaschen davon getrunken würden. Wie ich Beiradao kennengelernt hatte, überraschte mich das nicht.

Die anderen Besatzungsmitglieder waren Jucelino, der Mechaniker, und Oscar, der Steuermann. Es war ein angenehmes Schiff, aber kein sehr tüchtiges. Oscars Erinnerungsvermögen, die Flußtiefe betreffend, schien etwas gelitten zu haben: Bereits eine halbe Stunde, nachdem wir Beiradao verlassen hatten, liefen wir auf Grund und mußten sechs Stunden auf die Flut warten, damit sie uns wieder flottmachte. Mark und mir war das egal. Wir arbeiteten uns durch ein gewaltiges Abendessen aus Steak, Eiern und Kartoffeln und gingen früh schlafen. Um Mitternacht schwamm das Schiff wieder, aber in der Morgendämmerung unterlief Oscar abermals eine Fehleinschätzung, und wir liefen wieder auf Grund. Dieses Mal saßen wir fast den ganzen Tag fest. Endlich trieben wir einen Pfahl in den Morast, banden ein Tau daran, und indem wir daran zogen und gleichzeitig die Maschinen mit voller Kraft rückwärts laufen ließen, schafften wir es freizukommen.

Am Abend bat mich Jorge, von Mitternacht bis fünf Uhr morgens bei Oscar zu sitzen, mit ihm zu plaudern und ihn dadurch wachzuhalten. Es wurde eine reine Friedhofsschicht, und es kostete uns beide große Mühe, gegen das Einschlafen anzukämpfen. Oscar hatte einen großen Vorrat an Gewürznelken gegen die Seekrankheit, an denen er ständig lutschte. Immer wieder nickte er ein, und dann fiel er nach vorne über das Steuerrad und drehte es dabei so herum, daß sich das Boot die ganze Nacht mitten auf der befahrenen Schiffahrtsstraße im Kreise bewegt hätte. Taktvoll und diskret stupste ich ihn dann immer mit dem Fuß an, worauf er schuldbewußt emporfuhr und mit beschämtem Gesichtsausdruck in meine Richtung blickte. Da ich ein Gentleman bin, schaute ich dann stets angestrengt aufs Wasser oder zündete mir eine Zigarette an.

Es ist nicht erlaubt, auf diesen kleinen Frachtbooten Passagiere mitzunehmen, und wenn Jorge erwischt worden wäre, hätte er als Strafe für jeden an Bord gefundenen Passagier ein Doppeltes seines Monatsverdienstes zahlen müssen. Zweimal mußten wir uns in einem abschließbaren Wandschrank verstecken, als ein Patrouillenboot aufkreuzte. Die Reise war also – zumindest für mich – sehr unterhaltsam. Jorge war ein guter Gesellschafter und versorgte uns mit Bier und frischem Fisch. Den Fisch erstand er bei den Anwohnern des Flusses, die zu den Schiffen hinauspaddelten, um ihre Ware zu verkaufen.

Mark wurde allerdings immer mürrischer, und jedesmal, wenn ich mich neben ihn setzte oder ihm bei einem Sonnenbad auf dem Dach Gesellschaft leisten wollte, stand er auf und ging weg. Ich wußte, daß es ihm wegen der Malaria wahrscheinlich immer noch sehr schlecht ging – aber er zog wieder diese verdammten Landkarten von den Vereinigten Staaten hervor und machte mich kribbelig vor Ungewißheit, wie er sich schließlich entscheiden würde.

Durch meine Abhängigkeit von ihm in bezug auf die Fortsetzung unseres Unternehmens mußte ich eine Menge einstecken. Ich schlich sozusagen auf Zehenspitzen umher, um ihn nur ja nicht zu ärgern und ihm keinen Anlaß zu geben, endgültig auszusteigen. Mein Vertrauen in ihn war fast völlig geschwunden, und ich wunderte mich, daß mir immer noch soviel an seinem Mitmachen lag.

Am dritten Tag liefen wir wieder auf Grund. Dieses Mal schien das Stranden ernsthafter Natur zu sein, denn wir lagen auf dem Rand einer Sandbank mit sehr seichtem Wasser auf der einen und tiefem Wasser auf der anderen Seite. Jorge hatte Angst, daß bei starker Ebbe das Boot kentern könnte. Sicherheitshalber schliefen wir auf dem Dach. Mitten in der Nacht legte sich das Boot plötzlich beängstigend auf die Seite. Mit wild klopfendem Herzen erwachte ich und harrte der Dinge, die da kommen würden. Aber der Kahn blieb mit einem ziemlich alarmierenden Neigungswinkel liegen, bis er bei Flut endlich wieder flottkam.

Wir fuhren den ganzen nächsten Tag und mußten dabei eine riesige Bucht durchqueren, in der eine sehr starke Dünung herrschte. Oscar schaffte es irgendwie, das Boot seitlich gegen die Wellen zu steuern, woraufhin die leeren Bierkisten über das ganze Boot purzelten. Ich hatte allmählich den Eindruck, daß Oscar nach dem Ende dieser Reise vor dem Arbeitsamt stehen würde, vermutlich in Begleitung von Jucelino, denn als wir uns gegen eine heftige Strömung nach Belem hineinkämpften, war er auf der Toilette, um sich für die Mädchen in der Stadt schön zu machen – dabei hatte er ganz vergessen, den Benzintank zu schließen. Der Motor starb ab, der Generator auch, und wir trieben zehn Minuten lang unbeleuchtet auf die vielbefahrenen Fahrrinnen des Hafens zu, während die Benzinleitungen geleert und der Motor erneut in Gang gebracht werden mußten.

Wir machten in einer schmalen Bucht neben einer Ziegelei fest, und am nächsten Tag begleitete ich Mark zum Krankenhaus, wo sein Fuß untersucht werden sollte. Seine Malaria war völlig unter Kontrolle, und er schien etwas besserer Dinge zu sein.

„Ich gehe nicht mehr auf den Jari zurück", sagte er, als ich am anderen Morgen aufwachte. „Tut mir leid, aber ich hab keinen Bock mehr auf diesen Trip."

„Wann hast du dich entschieden?" fragte ich, während diese Neuigkeit langsam in mein schlaftrunkenes Hirn eindrang.

„Ich hab die ganze letzte Woche darüber nachgedacht, aber gestern hab ich mich dann endgültig entschieden."

„Warum hast du mir das denn nicht gleich gesagt?"

„Ich wollte den letzten Abend mit Jorge nicht verderben."

„Ich glaube eher, daß du dich nicht um das Essen bringen wolltest, das ich euch spendiert habe. Wolltest noch mal richtig was aus dem dämlichen John rausholen, was? Wie kannst du nur einfach dasitzen und dich auf meine Kosten vollstopfen, obwohl du genau weißt, daß du am nächsten Morgen aussteigen wirst?" Es tat richtig gut, ihn anzubrüllen. Ich hatte schon fast vergessen, wie es war, wütend und unhöflich zu sein. Meine Enttäuschung über seine Entscheidung wurde durch die Erleichterung gemildert, daß ich endlich wieder ich selbst sein konnte. „Du hast doch diese Entscheidung schon getroffen, bevor wir noch das *Camp des verbrannten Fußes* verlassen haben, oder? Wir haben eine Reise von sechs Monaten geplant, und du wirfst schon nach lausigen fünf Wochen das Handtuch. All dieses Macho-Gerede, all dieses Getue eines zähen Burschen – das war doch alles nur Scheiße. Du hast meine Zeit und mein Geld zum Fenster hinausgeworfen, und wenn wir schon von Geld reden, ich glaube, du schuldest mir fünfundsiebzig Pfund – und die will ich heute morgen wiederhaben."

Ich rollte mich aus der Hängematte und stand auf. Als ich über meine Situation nachdachte, verwandelte sich mein Ärger in Niedergeschlagenheit. „Scheiße, du hast die Sache wirklich völlig verbockt, du Mistkerl. Was zum Teufel soll ich jetzt machen? Heimgehen, ohne irgend etwas erreicht zu haben? Ich habe dich immer wieder gewarnt, daß diese Reise hart werden würde, und du hast mir immer versichert, das sei kein Problem. Nun haben wir beide gesehen, was du schaffst, oder? Nämlich nichts, du jämmerlicher Waschlappen."

Noch einmal von vorn

„Kannst du nicht verstehen, daß es möglicherweise von Mark mehr Mut erfordert hat, aufzugeben, als weiterzumachen?" fragte mich ein Freund mehrere Monate später. „Mein Gott, der arme Kerl! Wenn ich ein paar Wochen auf einem grauenvollen Fluß mit dir verbracht hätte, du widerlicher, bösartiger, alter Nörgler, dann hätte ich wahrscheinlich auch aufgegeben!"

Nachdem jetzt einige Zeit vergangen ist, kann ich Mark verstehen. Fünf Wochen Plackerei, ein verbrannter Fuß und Malaria waren wirklich mehr als genug für einen Dschungel-Trip.

An diesem Morgen in Belem empfand ich jedoch ganz anders. Verdammter Feigling, dachte ich. Er kriegt ein bißchen Fieber, und schon verläßt diesen Jammerlappen der ganze Mut.

Das Dumme bei der Sache war, daß ich den Jari nicht verlassen wollte, ohne etwas erreicht zu haben. Die ganze Reise war ein Fehlschlag gewesen, ein blasser Abklatsch dessen, was ich mir nach so vielen Vorbereitungen erträumt hatte. Schlecht gelaunt wanderte ich durch die Straßen von Belem. Ich erwiderte das Lächeln der Menschen mit finsteren Blicken und fuhr in Lokalen langsame Kellner an. Was sollte ich jetzt machen? Ich konnte in der nächsten Trockenzeit zurückkommen, aber das bedeutete, daß ich wieder ganz von vorn anfangen mußte. Zum Teufel! Mein Gepäck war über den ganzen Dschungel verstreut – das Kanu war in Carecaru, die Hängematte mit der Ausrüstung im *Camp des verbrannten Fußes*. Ich konnte mich nicht darauf verlassen, daß das alles nächstes Jahr immer noch an Ort und Stelle sein würde.

Das Geld von zu Hause war in Rekordzeit angekommen. Ich brauchte es jetzt nicht mehr, aber anstatt es wieder zurückzusenden, hatte ich es sicherheitshalber an eine Bank in Manaus überwiesen, für den Fall, daß ich dort Probleme haben würde. Dann ging ich zum Hafen hinunter und stellte fest, daß am Abend ein Boot nach Manaus auslaufen sollte. Ich kaufte mir ein Ticket. Später traf ich auf der Straße Mark und erfuhr, daß er das gleiche getan hatte.

Das Passagierschiff, ein gewaltiger Katamaran aus Stahl, war eines der größten auf dem Amazonas. Ich nahm an, daß ich „gepflegt" reisen würde, bis ich an Bord kam und feststellte, daß die Bedingungen noch primitiver waren als auf den kleinen Nußschalen, auf denen ich sonst gefahren war. Über siebenhundert Passagiere verbrachten die ersten Stunden der Fahrt damit, um einen Platz zu kämpfen, an dem sie ihre Hängematten aufhängen konnten. Das Unterdeck bestand aus käfigartigen Zellen, die nach Geschlecht und Familienstand aufgeteilt wurden: Männer, Frauen, Paare mit Kindern, Paare ohne Kinder, Frauen ohne Begleitung mit Kindern. Die alleinreisenden Männer waren in der Überzahl, und in unserem Käfig schaukelten die Hängematten unter-, über- und nebeneinander. Einige berührten den Boden, während andere wiederum so hoch oben angebracht waren, daß ihre Besitzer an den Rohren der Leitungen hinaufklettern mußten, um sie zu erreichen. Dort unten herrschte eine beklemmende Enge, und wir verbrachten den größten Teil der Reise auf dem winzigen Stückchen an Deck, das für die einfachen Passagiere zur Verfügung stand.

Das Essen war schrecklich: mickrige Portionen, die auf kleinen Tabletts von Luftfahrtgesellschaften serviert wurden, mit winzigen Stückchen Fleisch, etwas *farinha*, einem Klumpen Reis oder einem Löffel Bohnen. Ich äußerte gegenüber einem Brasilianer, der zum Essenfassen in der Reihe vor mir stand, daß für ein Land, in dem die Menschen normalerweise umfangreichere Mahlzeiten zu sich nehmen, das Essen auf dieser Reise absolut kärglich sei.

Er lächelte. „Sie sind offensichtlich noch nicht lange genug in Brasilien, um zu wissen, wie hier die Dinge funktionieren. Wenn Sie mehr Essen haben wollen oder besseres, dann müssen Sie gleich am ersten Tag der Küche einen Besuch abstatten und dem Küchenpersonal ein paar Dollar zustecken. Dann werden Sie anderes Essen bekommen und mehr davon – und Sie werden sich auch nicht darum anstellen müssen." Er hatte recht, ich hätte es inzwischen wirklich wissen müssen.

Es waren mehr als zwanzig *gringos* an Bord – die meisten davon Rucksacktouristen wie ich, aber es gab auch eine Gruppe von reichen Amerikanern, und wir lernten uns in den nächsten fünf Tagen recht gut kennen. Als ich einmal hörte, wie Mark die Damen mit seinen Erfahrungen am Amazonas beeindruckte, mußte ich mich zusammennehmen, um nicht dazwischenzufahren. Ich versuchte, ihm danach so wenig wie möglich über den Weg zu laufen.

Am zweiten Tag wurde ich wieder krank und verbrachte den Rest der Reise mit Fieber in meiner Hängematte. Bei den wenigen Gelegenheiten, bei denen ich einigermaßen klar denken konnte, machte ich die Feststellung, daß zwei der Passagiere daran interessiert waren, Marks Platz einzunehmen. Das war ein recht glücklicher Umstand, aber zu diesem Zeitpunkt stand ich allem und jedem sehr skeptisch gegenüber. Ich ging auf die Angebote zunächst nicht ein und beobachtete die beiden statt dessen mißtrauisch.

Vielleicht würden sie auch nach fünf Wochen das Handtuch schmeißen?

Lutz war auf der Flucht vor irgendwelchem Ärger in Deutschland, dessen Ursachen ich niemals herausfand. Um ganz ehrlich zu sein, es hätte mich zu dem Zeitpunkt nicht einmal bekümmert, wenn er seine eigene Großmutter zerstückelt hätte, solange er nur die Fähigkeiten zeigte, die für eine Reise auf dem Fluß notwendig waren. Da er allerdings bereits mehrere Monate von Deutschland weg war, hatte er fast kein Geld mehr und wollte bei diesem Trip auf dem Jari das Angenehme mit dem Nützlichen verbinden, sprich Geld verdienen.

Peter, ein Schweizer, schien der geeignetere Mann zu sein. Seine Motive waren selbstlos, und er besaß auch nicht Lutz' Aggressivität. Peter trug eine Brille mit Goldrand, hatte schulterlanges, braunes Haar und war eher introvertiert. Er vermittelte den Eindruck von Zuverlässigkeit und entspannter Kraft. Mein Instinkt sagte mir, daß Peter der Richtige war. Wenn ich tatsächlich wieder zum Jari zurückkehren sollte, würde er mein Begleiter sein.

In Manaus ließ ich einen Bluttest machen. Diagnose: *Malaria tropica*. Mehrere Tage war ich sehr niedergeschlagen und wollte nach Hause. Manchmal ging es mir etwas besser, dann wollte ich sofort wieder in den Dschungel. Peter mußte über eine Woche mit dieser Ungewißheit leben.

Ich lag fiebernd im schmutzigsten, aber billigsten Hotel von Manaus, als Mark eines Abends die Treppen heraufstürmte. Er strotzte vor Gesundheit und Enthusiasmus. Sein Fuß war wieder in Ordnung, seine Malaria war auskuriert, und er wollte bald in die USA abreisen. Er war geradezu aufreizend gut gelaunt. Schwungvoll stieß er die Tür auf und knipste die nackte Glühbirne an. „He!" rief er. „Ich habe gerade zwei phantastische Küken aus England kennengelernt. Sie sind wirklich hinreißend und warten drunten in der Bar."

Ich brummte ohne Begeisterung irgend etwas unter meinen drei Decken hervor. Ich fror, fühlte mich miserabel und wünschte, er würde wieder gehen.

„Na, komm schon", drängte er, „du solltest sie wirklich kennenlernen. Wenn du diese beiden Süßen siehst, wirst du all deine Schmerzen vergessen!"

„Sind sie Krankenschwestern?" fragte ich.

„Krankenschwestern? Ich weiß es nicht." Mark runzelte die Stirn, und dann strahlte er mich wieder an. „Ich werde einfach runtergehen und sie holen."

Ich legte mich zurück, schloß die Augen und wartete. Es klopfte an der Tür, und herein kam eine Blondine. Da ich meine Kontaktlinsen nicht drin hatte, war das alles, was ich erkennen konnte. Dann schnappte ich vor Überraschung nach Luft. Es war Janis Jordan! Hinter ihr betrat Martin das Zimmer – und der grinsende Mark. Wir begrüßten uns lautstark und gerührt. Es war so schön, sie wiederzusehen. Sie hatten etwas abgenommen, waren aber in recht guter Verfassung. Lachend und aufgeregt erzählten wir uns unsere Abenteuer. Sie hatten eine recht harte Zeit auf dem Mapuera durchgemacht – eine Stromschnelle nach der anderen –, und sie hatten schon sehr frühzeitig eingesehen, daß sie die vorgenommene Route nicht bewältigen würden. Ihre Reise schien der unseren auf dem Jari sehr zu ähneln, mit zwei wichtigen Ausnahmen: Bei ihnen hatte es fast überhaupt nicht geregnet, und sie hatten keine Moskitos gehabt. Sie hatten natürlich auch keine Malaria bekommen. Für mich und Mark klang das geradezu paradiesisch.

Wir gingen in das Restaurant hinunter und berichteten weiter von unseren jeweiligen Abenteuern. Dieser Abend bestärkte mich darin, wieder zum Jari zurückzukehren.

Als ich wieder gesund war, begannen Peter und ich mit unseren Vorbereitungen. Wir kauften Polyesterharz, Blinker, Angelschnüre und eine große Plane. Martin und Janis überließen uns freundlicherweise einen großen Teil ihrer Medikamente, ihr Gewehr, ihre Moskitonetze und ein Serum gegen Schlangenbisse.

Dann war es soweit: Peter und ich flogen nach Santarem; wir hatten es plötzlich eilig, zum Fluß zu kommen. Besorgt hatte ich beobachtet, wie schnell der Wasserspiegel im Jari gesunken war. Trotz des Regens, der gefallen war, hatte ich ihn in den neun Tagen, die wir im *Camp des verbrannten Fußes* verbracht hatten, fast 25 Zentimeter fallen sehen. Ich war mir nicht sicher, ob weniger Wasser für uns besser oder schlechter war, aber es bestand kein Zweifel daran, daß zu wenig Wasser unser Vorankommen ungeheuer erschweren würde, je näher wir dem Oberlauf kamen.

In Santarem erstanden wir Nahrungsmittelvorräte, und dieses Mal kauften wir sehr viel mehr ein: 20 Liter Öl, 15 Kilo Haferflocken, 30 Kilo Reis, 15 Kilo Bohnen, 10 Kilo Zucker, 10 Kilo Salz, 20 Kilo Weizenmehl, 4 Kilo Trockenmilch, 15 Kilo Spaghetti, 3 Kilo Kaffee. Zusammen mit den Vorräten, die wir am Fluß zurückgelassen hatten, sollte das eigentlich reichen.

Wir mußten auch unsere Angelhaken ergänzen. Die von England mitgebrachten hatten sich als zu schwach und zu klein erwiesen. Nach ein paar Piranha-Attacken waren sie verbogen und nutzlos. Dieses Mal kauften wir zwei Dutzend, und zwar robustere.

Wir versuchten auch, unsere Chinin-Vorräte aufzustocken, aber in der Apotheke war es unglaublich teuer: umgerechnet über drei Mark für jede 250-mg-Tablette. Da man für jede Behandlung fünfzig Stück benötigt, versuchten wir im Krankenhaus welche zu bekommen, aber dort weigerte man sich, uns welche zu verkaufen. Mit den fünfzig Tabletten, die wir von Martin und Janis bekommen hatten, besaßen wir einen Vorrat, der nur für insgesamt vier Malaria-Behandlungen reichte. Als zusätzliche Vorbeugungsmaßnahme kauften wir daher eine Menge Fansidar. Man hatte uns erzählt, daß Fansidar die Krankheit zwar nicht heilen, aber zumindest unter Kontrolle halten würde. Wenn wir gewußt hätten, was drei Monate später passierte, hätten wir auch noch unseren letzten Pfennig für Chinin ausgegeben.

Wir fuhren nach Monte Dourado, um uns nach Booten in Richtung Carecaru umzuhören. Wir erfuhren, daß sie von einem Punkt 50 Kilometer stromaufwärts starteten, am Ende einer Straße, die an den Wasserfällen von Santo Antonio und mehreren anderen Stromschnellen vorbeiführte. Als ich das hörte, mußte ich unwillkürlich lachen. Mark und ich waren vor ein paar Wochen so erpicht darauf gewesen, die Stadt so schnell wie möglich zu verlassen, um irgendwelchen ehrgeizigen Bürohengsten aus dem Weg zu gehen, daß uns diese wichtige Information entgangen war. Der mühselige Transport unseres Kanus samt Ausrüstung um die Fälle von Santo Antonio wäre unnötig gewesen. Wir hätten uns damit sechs oder sieben Tage Plackerei ersparen können!

Eine Nacht verbrachten wir in demselben Hotel in Beiradao, in dem Mark und ich auch übernachtet hatten.

Es war Sonntag, und fast jeder in Beiradao schien betrunken zu sein. Einige lagen ausgestreckt auf dem Gehsteig, andere torkelten an den Hausmauern entlang. Aus jedem Haus schallte ohrenbetäubende Musik. Überall krabbelten nackte Kinder herum. Beiradao benötigte dringend Regen, der den ganzen Unrat wegwusch, der sich unter den Pfählen der Häuser auftürmte. Und wie so oft in Brasilien fand ich mich auch hier in den Bars immer wieder in lange Unterhaltungen über Football und den FC Liverpool verwickelt, obwohl ich weder von dem einen noch dem andern Ahnung hatte.

Nach einem Frühstück mit Spiegeleiern fuhren wir früh am nächsten Morgen zu der Stelle, wo die Kanus abgehen sollten. Ein Dutzend Goldschürfer wartete dort bereits – einige von ihnen schon eine Woche! Peter und ich waren ungeduldig, wir wollten uns endlich auf den Weg machen. Außerdem waren die Mücken unangenehm, und es war heiß und langweilig. Als nach sechs Stunden Warterei endlich ein Boot in Sicht kam, liefen wir erleichtert zur Anlegestelle. Ich hatte den Bootsmann bereits in Carecaru kennengelenrt, und der sagte mir, daß er bloß bis zu den Stromschnellen von Tracaja fahren würde. Wir wollten trotzdem mit – wenn wir nur endlich weiterkämen!

Es war möglicherweise keine sehr vernünftige Entscheidung, denn vielleicht würden die Kanus, die bis Carecaru durchfuhren, in Tracaja bereits voll sein. Aber wir wollten das Risiko auf uns nehmen und ließen uns nicht einmal durch die Schauermärchen abhalten, die uns einer der Goldschürfer erzählte: Der Bootsmann sei unfähig, die Woche zuvor hätte er das Boot kentern lassen, und er, der Goldsucher, hätte dabei seinen Revolver, sein Gewehr und seine Reserverkleidung in einer Stromschnelle verloren.

„Er hat von nichts 'ne Ahnung. Ich bleibe lieber zwei Wochen hier sitzen, als daß ich noch einmal mit diesem Kerl fahre!" schrie er.

Schwätzchen mit zwei „garimpeiros" – Goldschürfern

Nach ein paar Stunden erreichten wir wohlbehalten Tracaja, obwohl uns der Bootsmann tatsächlich ein paarmal in Situationen gebracht hatte, die uns die Haare zu Berge stehen ließen. Mehr als einmal waren wir in der reißenden Strömung gezwungen gewesen, ins Wasser zu springen und das Kanu zu ziehen. Außerdem bedurfte der Motor dringend einer Überholung – er neigte nämlich dazu, in den ungelegensten Augenblicken auszusetzen.

In Tracaja kampierten wir zwei Nächte, und das war nicht sonderlich angenehm. Da es drei Wegstunden entfernt ein Goldfeld gab, war Tracaja ein Umschlagplatz für Männer und Vorräte. Wir bewachten unser Gepäck sehr sorgfältig, während die *garimpeiros,* die Goldschürfer, einer nach dem anderen vorbeikamen, um uns in Augenschein zu nehmen. Wir sprachen mit einer ausgemergelten Prostituierten, die uns erzählte, daß sie schon einunddreißigmal Malaria gehabt hätte. In ihrem Oberschenkel hatte sie eine frische Schußwunde von einer Auseinandersetzung in einer Bar.

„Das ist bei meinem Geschäft etwas hinderlich", sagte sie lachend, die eine Hand auf meinem Bein. „Ich muß daher Ferien machen, aber ich glaube, ich kann es mir leisten. Ich hab eineinhalb Kilo Gold auf die Seite gelegt."

„Warum fährst du nicht heim nach Rio und verläßt diesen Dschungel, ehe er dich umbringt?" fragte ich.

„Weil das noch nicht genügend Geld ist, um sich zur Ruhe zu setzen, und in Rio kann ich nicht viel verdienen. Wie sollte ich mit den wunderschönen Mulattinnen dort konkurrieren können? Ich kann hier nur deshalb reich werden, weil ich die einzige bin, es gibt hier keine anderen Mädchen. Ich hab hier das Monopol." Sie lachte und entblößte dabei ihren einen verfärbten Zahn. Wenn sie tatsächlich reich geworden war, dachte ich unwillkürlich, dann mußten es die *garimpeiros* hier ganz besonders nötig haben ...

Ein Mann stolzierte mit zwei Revolvern im Gürtel seiner Shorts umher. Er war Goldeinkäufer und trug in einem Kasten eine Goldwaage bei sich. Er hielt sich ganz offensichtlich für einen besonders harten Typen und fuchtelte ständig mit seinem Schießeisen rum. Danach tauchte ein anderer Typ auf, der sich sehr großzügig von unserem Rum bediente und uns Räubergeschichten von seinen riesigen Goldfunden erzählte.

In dieser Art ging's weiter – ein unaufhörlicher Strom von Neugierigen, einige davon sehr interessant. Peter reparierte derweil Marks altes Moskitonetz, das so viele Löcher und Risse aufwies, daß es mehr einen symbolischen als nützlichen Zweck erfüllt hatte. In Tracaja stieg Peter auch zum ersten Mal in eine Hängematte, oder besser gesagt, er stieg auf der einen Seite hinein und fiel auf der anderen Seite wieder heraus, wie das Neulingen so oft passiert. Die *garimpeiros* amüsierten sich köstlich darüber und beschrieben es jedem, der es nicht selbst gesehen hatte. Immerhin entdeckte Peter eine Methode, wie man das Ende des Netzes so einschlagen konnte, daß es für die Moskitos undurchdringlich wurde. Ich wäre nie selbst darauf gekommen, und es sah ganz so aus, als würde Peter etwas schweizerischen Erfindungsgeist in unser Unternehmen bringen.

Am Morgen des ersten Tages berichteten uns zwei *garimpeiros*, daß wir von der Polizei in Monte Dourado zur Vernehmung gesucht würden. Alle Taxifahrer waren angewiesen worden, uns zur Polizei zu bringen, wenn sie uns sehen würden. Wir waren offensichtlich gerade noch rechtzeitig abgehauen.

„Wißt ihr, was sie von uns wollen?" fragte ich.

„Also, sie sagen, daß ihr jetzt schon zum zweiten Mal Monte Dourado mit einer Menge von Vorräten verlassen habt. Seid ihr nicht schon vor ein paar Monaten dagewesen?"

„Ja, ich schon – aber wir haben nichts verbrochen."

„Vielleicht nicht – aber habt ihr eine Reiseerlaubnis?"

„Nein."

„Wahrscheinlich will euch die Polizei deswegen sehen."

Warum kommt einem immer der Bürokratismus in die Quere? Normalerweise wäre ich darüber nicht sonderlich beunruhigt gewesen – schließlich waren wir fast 70 Kilometer von Monte Dourado entfernt –, aber wir erfuhren, daß jeden Dienstag ein Polizeibeamter zu den Goldfeldern von Tracaja fuhr, wenn es dort Ärger gegeben hatte. Heute war Dienstag, und es war anzunehmen, daß es in einem Goldgräberlager jede Woche Ärger gibt. Wenn man uns zwingen würde, wegen der Reiseerlaubnis zurück nach Macapa zu fahren, würden wir unseren Trip nie machen. Wir wünschten uns, wir hätten unser eigenes Kanu hier und könnten einfach damit verschwinden.

Zu unserem Glück war in dem nächsten Boot, das ankam, kein Polizist, sondern ein netter Steuermann, der bereit war, uns nach Carecaru mitzunehmen. Er war jedoch aufreizend gelassen und ließ sich unglaublich viel Zeit. Wir transportierten sein Acht-Meter-Kanu über die Felsen, schleppten Säcke mit Proviant hinterher, aßen eine Kleinigkeit zu Mittag, schliefen etwas, kalfaterten das Kanu, und dann war es mittlerweile so spät geworden, daß wir unsere Abfahrt auf den nächsten Morgen verschieben mußten. Unsere Ungeduld war sicher unhöflich und typisch für uns *gringos* – aber wir hatten Angst, daß das nächste Boot den Polizisten bringen könnte, ehe wir abgehauen waren. Es stellte sich heraus, daß unser Kanu siebzehn Leute, drei Dutzend Fünfzig-Kilo-Säcke und das ganze Gepäck der Passagiere nach Carecaru bringen sollte. Die einzige Art, das zu bewerkstelligen, war, es auf Raten zu machen – drei oder vier Fahrten pro Tag hin und zurück –, und das bedeutete ein quälend langsames Vorankommen. Wir fuhren ein oder zwei Stunden, mußten dann lagern und den Rest des Tages warten, während das Kanu die restlichen Passagiere holte.

Um das Maß voll zu machen, holte ich mir in dieser Zeit auch noch eine Erkältung. Ich war es wirklich allmählich leid, ständig krank zu sein, aber während dieser drei Tage war ich immerhin dankbar dafür, daß ich die meiste Zeit in meiner Hängematte verbringen konnte.

Die Art und Weise, wie dieser Bootsdienst funktionierte, war folgende: Die *garimpeiros* bezahlten für die Fahrt stromaufwärts zu den Goldfeldern nichts; zu diesem Zeitpunkt hatten sie sowieso zumeist nur wenig oder gar kein Geld. Als Gegenleistung mußten sie die Proviantsäcke transportieren und das Kanu durch die Stromschnellen ziehen. Auf dem Weg stromabwärts bezahlten sie dann mit zwei Gramm Gold, mußten nichts tun, denn das Kanu hatte ja keine zusätzliche Fracht, und schließlich waren die Männer in der Regel zahlungsfähig, wenn sie von den Goldfeldern zurückkamen. Das schien ein faires System zu sein. Wir allerdings mußten wegen unseres vielen Gepäcks 30 Dollar zahlen.

Wir benötigten neun Tage, um wieder nach Carecaru zurückzukommen. Es war interessant, dieselbe Route zu befahren, die Mark und ich ein paar Wochen vorher so mühsam zurückgelegt hatten, aber es gab eine ganze Menge Stellen, an die ich mich nicht erinnerte. Wir mußten in anderen Seitenarmen gepaddelt sein. Peter jedenfalls war beeindruckt.

„Mark hat mich vor dem Jari gewarnt", sagte er, „aber so schwierig hätte ich ihn nie erwartet. Ihr habt ein ganz schönes Stück Arbeit geleistet, so weit zu kommen."

Ich sah ihn sorgenvoll an. Hatte er schon von seinem ersten Blick auf einen wilden Amazonas-Fluß die Hosen voll? Würde er mich auch sitzenlassen? Auch dieses Mal war ich wieder mit einem völligen Anfänger unterwegs. Er hatte noch nie vorher ein Kanu gepaddelt oder einen Fuß in einen Regenwald gesetzt. Zu diesem Zeitpunkt wußte ich so gut wie gar nichts über ihn. Ich hatte lediglich das Gefühl, daß er der Richtige war. Momentan konnte ich nichts anderes tun, als seine Reaktionen zu beobachten und zu beten, daß er mein unbewiesenes Vertrauen in ihn rechtfertigen würde.

Unsere Mitfahrer in dem Kanu waren ein freundlicher Haufen. Sieben von ihnen gehörten zur Crew, und es war ein Vergnügen, ihnen dabei zuzusehen, mit welcher Geschicklichkeit sie das Kanu um jedes Hindernis herummanövrierten. Barfuß hüpften sie mit dem Seil von Fels zu Fels und stemmten sich gegen die Stakstange, um den Motor, der gegen die reißende Strömung ankämpfte, zu unterstützen. Der Außenbordmotor fiel sehr oft aus, und es wurde bald ein feststehender Scherz, daß die Maschine gerade immer dann aussetzte, wenn sie am dringendsten gebraucht wurde, wodurch wir auch gezwungen wurden, in das schäumende Wasser zu springen, um das Boot am Zurücktreiben zu hindern.

An einem Tag nahm ich die Kamera, um eine solche Szene festzuhalten, und die Männer waren so begeistert von der Idee, fotografiert zu werden, daß sie wieder ein Stück stromabwärts fuhren, damit ich sie in einer möglichst dramatischen Situation ablichten konnte. In Manaus hatte sich die Kamera von ihrem Wasserbad beim Kentern unseres Kanus wieder erholt. Sie hatte nur neue Batterien gebraucht, und ich hatte sie mit einer ganzen Filmrolle ausprobiert. Das Ergebnis war perfekt gewesen.

Die Männer klammerten sich also an das Seil, spannten ihre Muskeln an und grinsten breit in die Kamera. Peter mußte ebenfalls aufs Bild – und ins Wasser.

„Bleibt so!" rief ich und drückte auf den Auslöser.

„Oh, verdammte Scheiße!"

„Was ist denn los?"

„Dieses blöde Stück von einer japanischen Kamera, das ist los!" Ich schwang sie über meinen Kopf und überlegte einen Augenblick lang, ob ich sie nicht in die Stromschnellen werfen sollte. Innerhalb von zwei Wochen waren die Batterien ausgelaufen, und der Apparat war wieder unbrauchbar. Ich hätte wissen müssen, daß elektronische Kameras nicht so einfach ein Wasserbad überstehen!

„Dann muß ich wohl wieder mit meinen Zeichnungen anfangen", meinte Peter, und von diesem Zeitpunkt an verbrachte er jede ruhige Minute mit seinem Zeichenblock.

Während dieser Fahrt wurden wir sehr gut verpflegt. Die Männer warfen jede Nacht ein Netz aus und fingen oft siebzig Kilo Fisch und mehr. Einmal boten sie uns *acai*, einen Drink aus der

Frucht der Acai-Palme, an. Ich hatte ihn schon vorher getrunken und mochte ihn. Gemischt mit *farinha* und Zucker schmeckt er köstlich. Die Brasilianer schätzen an ihm den hohen Gehalt an Vitaminen und Eisen und halten ihn offensichtlich für ein starkes Aphrodisiakum. Jedesmal wenn ich *acai* trank, machten sie grinsend und lachend eindeutige Zeichen mit den Fingern und Fäusten. Hier im Dschungel war das Getränk allerdings diesbezüglich reine Verschwendung – aber es schmeckte immerhin sehr gut.

Nach neun Tagen kamen wir endlich nach Carecaru und marschierten sofort zu dem Haus, wo ich das Kanu und die Ausrüstung zurückgelassen hatte.

„Bei wem hast du denn das Boot untergestellt?" hatte mich Peter eine Tag zuvor gefragt.

„Ach, bei einem Ehepaar, das dort wohnt."

„Kennst du die gut?"

„Nein, eigentlich überhaupt nicht. Sie waren nur gerade auf dem Flugplatz, als Mark und ich abgeflogen sind."

Er hatte die Stirn gerunzelt. „Kannst du ihnen trauen? Meinst du, das Kanu ist wirklich noch da?"

Darüber hatte ich mir natürlich auch schon Gedanken gemacht. Wir waren mit solchen Bergen von Proviant und neuer Ausrüstung beladen, und nach dem langen und ermüdenden Weg wäre es einfach verheerend, das Kanu nun nicht vorzufinden.

Die zwölfjährige Tochter der beiden begrüßte uns scheu und schien den Auftrag zu haben, uns abzuwimmeln. Sie vereitelte jeden unserer Versuche, durch die Tür zu treten, und von innen konnten wir die Eltern wispern und herumlaufen hören. Das alles war äußerst verdächtig. Wir gingen zum Flußufer hinunter und waren sehr beunruhigt, als wir feststellten, daß das Kanu nicht bei den anderen lag.

Wir hockten über zehn Minuten im Hof herum, ehe das Paar schließlich erschien, mit roten Köpfen und außer Atem. Wir hätten uns keine Sorgen zu machen brauchen. Die Verzögerung hatte nur auf der weltweit verbreiteten Panik beruht, Gäste in einem unaufgeräumten Haus zu empfangen. Ganz offensichtlich hatten sie einiges von unserer Ausrüstung benutzt (und warum auch nicht?), aber sie wollten uns unbedingt alles auf einem netten, ordentlichen Haufen präsentieren. Die Frau hatte sogar unsere Decken gewaschen und eine alte Shorts geflickt. Das Kanu war nicht da, weil ihr Sohn damit auf dem Rio Carecaru beim Fischen war.

Wir waren froh, daß alles so gut abgelaufen war. Vorsorglich hatte ich auch ein paar kleine Geschenke für die Kinder mitgebracht, um unsere Dankbarkeit für die Freundlichkeit der Leute zu zeigen.

Jetzt hatten wir alles, was wir brauchten: ausreichend Proviant und ein Kanu, das durch eine Fiberglas-Behandlung der Außenhaut wieder im alten Glanz erstrahlte. Wir waren ganz wild darauf, uns endlich auf den Weg zu machen!

Zuerst war das Paddeln nach der langen Ruhepause und Krankheit ziemlich harte Arbeit für mich, und noch schlimmer war es für Peter, der hier das erstemal überhaupt paddelte. Das Kanu war bis zum Rand vollgepackt, und beim *Camp des verbrannten Fußes* mußten wir noch mehr zuladen. Wir würden aber sicherlich bald einen Teil der eßbaren Vorräte vertilgt haben – und außerdem: besser zuviel als zuwenig.

Ungefähr eineinhalb Kilometer stromaufwärts machten wir halt, um eine Indianerfamilie zu besuchen, die Mark und ich auf unserem Trip kennengelernt hatten. Der Mann war ein augenzwinkernder, pausbackiger Komiker, der ständig in Lachen ausbrach oder ein Lied anstimmte, seine Frau eine heitere, ruhige Frau, die Kinder schwarzäugig und bezaubernd. Wir machten an ihrem Anlegesteg fest, und ich wunderte mich über die ungewöhnliche Stille. Ich konnte Rauch sehen, also war jemand daheim. Wir kletterten die Stufen empor, die in das steile Ufer gehauen waren, und gingen auf eine Gestalt zu, die still in einer Hängematte neben der Hütte lag. Es war unser Feund.

„Ah, *voltou* – ihr seid zurückgekommen", murmelte er ausdruckslos und ohne Interesse. Ich war von seinem Anblick erschüttert. Er hatte sicherlich mehr als zehn Kilo abgenommen, und seine Augen blickten stumpf aus dem hageren Gesicht.

„Ja, ich bin zurückgekommen. Bist du krank, Manolo? Wo ist Teresa? Wo sind die Kinder?"

Eine große, einzelne Träne rann seine Wange hinunter.

„Teresa ist tot." Er deutete schwach auf ein weißes Holzkreuz am Rand der Lichtung, das ich vorher nicht bemerkt hatte.

„O mein Gott, das tut mir leid, Manolo! Wann und wo ist es passiert?"

„Vor zwölf Tagen. Sie ist einfach gestorben. Sie fiel um und war tot. Ich weiß nicht, warum." Jetzt rannen mehrere Tränen über sein eingefallenes Gesicht. „Und dann nahmen sie mir die Kinder weg."

„Wer?"

„Sie." Er rollte seinen Kopf zur Seite und machte damit klar, daß es zuviel für ihn war, den Versuch einer Erklärung zu unternehmen.

Ich inspizierte die Lichtung. Die Haustiere waren noch da – die Papageien, das kleine grunzende Wildschwein und der zahme Affe an seiner Leine –, aber sie sahen vernachlässigt und traurig aus. Das war nicht die fröhliche Menagerie, die ich einen Monat zuvor gesehen hatte.

„Wann hast du zum letzten Mal etwas gegessen?" fragte ich Manolo.

„Ich habe keinen Hunger."

„Du solltest aber etwas essen. Peter und ich werden jetzt fischen gehen und dir etwas kochen. Du brauchst es."

„Ich will aber nicht."

„Du mußt essen, Manolo."

Seine Stimme wurde eine Spur lebhafter. „Schau, João, du bist freundlich, aber ich will deine Freundlichkeit nicht. Mir wäre es lieber, wenn du gehen würdest. Ich will allein sein." Er drehte uns den Rücken zu.

Nachdem wir eine Weile hilflos und linkisch herumgestanden hatten, fütterten wir die Tiere, gaben ihnen Wasser, und dann machten wir uns wieder auf den Weg. Mehrere Minuten paddelten wir schweigend dahin.

„Er wird einfach nur dort liegen und auf den Tod warten", sagte Peter.

Ja, genauso sah es aus.

Die ersten paar Tage ließen wir die Sache ganz langsam angehen. Immer wieder gingen kurze, heftige Regenschauer über uns nieder, die ganz offensichtlich Bestandteil der Trockenzeit am Jari waren.

Sie hatten keinerlei Einfluß auf den Wasserstand des Flusses, der inzwischen ein ganzes Stück niedriger war, und das schien sich zu unserem Vorteil auszuwirken. Auf dem Weg zum Ipitinga hinauf konnten wir einige Stellen des Flusses durchwaten, wo Mark und ich sechs Wochen vorher noch gezwungen gewesen waren, das Kanu zu tragen.

Wir hatten wirklich großes Glück gehabt, noch ein Kanu von Monte Dourado zu erwischen – die meisten hatten ihre Fahrten bis zum Beginn der Regenzeit eingestellt. Für die Außenborder war der Fluß inzwischen zu seicht und zu schwierig geworden. Man erzählte uns, daß der Fluß zu diesem Zeitpunkt (Mitte September) einen Wasserniedrigstand hatte, den er normalerweise erst Ende November erreichte. Der Grund dafür war, daß die vorherigen Regenfälle geringer als gewöhnlich ausgefallen waren und der Fluß nicht seinen normalen Höchststand erreicht hatte. Wir fragten uns, ob es am Oberlauf noch genügend Wasser für unser Kanu geben würde.

Vier Tage später erreichten wir das *Camp des verbrannten Fußes* und stellten fest, daß unsere zurückgelassenen Sachen noch da waren. Um unsere Rückkehr gebührend zu feiern, vertilgten wir ein Feinschmecker-Menü aus Trockennahrung und verbrachten einen Tag damit, die Gegestände zu sortieren und im Kanu unterzubringen. Ein paar Dinge, die wir nicht mehr brauchen konnten, verbrannten wir, darunter auch ein paar alte Kleidungsstücke von Mark. Ich wollte gerade seine alte Kampfjacke ins Feuer werfen als Peter mir einen Zettel zeigte, den er aus seiner Tasche hervorgezogen hatte: „Als Gegenleistung dafür, daß er mir meine Kampfjacke nach Australien nachschickt, schenke ich Peter mein Schweizer Armee-Messer, meinen Kompaß und alle anderen Dinge, die ich in Carecaru oder im *Camp des verbrannten Fußes* zurückgelassen habe."

Ich war wütend. „Das ist eine schwere Jacke! Wir werden sie die nächsten fünf Monate mühsam mitschleppen müssen. Wirf sie ins Feuer."

Peters Gesicht wurde ausdruckslos. „Ich hab Mark versprochen, sie ihm zurückzuschicken."

„Wir sind hier nicht weiter als hundert Meter vom nächsten Postamt entfernt, oder?" sagte ich aufgebracht. „Das ist eine unmögliche Forderung."

„Ich werde sie nicht verbrennen", erwiderte Peter und wickelte die Jacke in einen Plastiksack.

„Dann kann ich dir versprechen, daß diese verdammte Jacke das erste Stück sein wird, das ich wegwerfe, wenn ich der Meinung bin, daß wir unser Gewicht verringern müssen."

Es war eine Erleichterung, das *Camp des verbrannten Fußes* mit all seinen Moskitos und den unangenehmen Erinnerungen endlich zu verlassen und die Fahrt ins Ungewisse fortsetzen zu können. Wenn uns der Jari wohlgesonnen war, konnten wir die Mündung des Cuc vielleicht in fünf Wochen erreichen und in weniger als drei Monaten die Überquerung der Hügel nach Französisch-Guyana beginnen. Wir hatten noch eine sehr lange Strecke vor uns, aber als wir das Lager verließen, waren wir voller Optimismus. Die Stromschnellen hinter dem Camp, die vor ein paar Wochen noch so gewaltig ausgesehen hatten, hielten uns jetzt nur ein paar Minuten auf. Danach war der Fluß den Rest des Tages über sanft und leicht zu befahren. Vielleicht war der Jari der Meinung, daß wir die Anfangstests gebührend bestanden hatten.

Plötzlich schien es auch viel mehr Wild zu geben. Wir sahen einen Tapir, einen Hirsch, einen Otter und einige Affen. Als wir zum Mittagessen auf einer Sandbank haltmachten, warf ich die Angel aus und fing in weniger als fünf Minuten einen *trairao* und fünf Piranhas. Wir warfen die Piranhas in den Fluß zurück. Das war zwar mehr, als diese kleinen Räuber verdienten, aber wir waren einfach optimistisch eingestellt.

Man sollte sich nie darauf verlassen, daß sich der Jari ständig freundlich benimmt. An diesem Nachmittag fühlte sich Peter nicht besonders gut, und wir schlugen früh unser Lager auf. Während der Nacht übergab er sich mehrere Male, hatte Schüttelfrost und eine Temperatur von über 40 Grad. Für mich sah das sehr nach Malaria aus, aber eigentlich war es noch zu früh für ihn, da wir uns noch nicht einmal drei Wochen auf dem Fluß aufhielten. Wir blieben vier Tage an dieser Stelle, bis er sich wieder besser fühlte. Es war ein ungemütlicher Lagerplatz, voller Moskitos und umgeben von einem Dschungel, der durch Überschwemmungen während der Regenzeit voller Abfälle und Unrat war und in dessen unteren Ästen verfaulendes Treibgut hing. Wenn man nach Feuerholz suchte, schien einem alles unter den Händen zu zerbröseln, und die Termiten krabbelten einem über die Handgelenke.

Ich ging jeden Tag auf die Jagd, entfernte mich aber nie sehr weit vom Lagerplatz. Durch eine derartige verfilzte Vegetation zu brechen ist anstrengend und geräuschvoll zugleich, so daß jegliche Beute sofort gewarnt wird. Ich schoß ein kleines Dschungelhuhn,

das sich ahnungslos in einem Baum hinter unserem Camp niedergelassen hatte. Das Fleisch reichte gerade für eine Person, und da
Peter in der letzten Zeit nur sehr wenig gegessen hatte, überließ
ich es ihm ganz.

Einmal überquerte ich den Fluß, um zu sehen, ob auf der anderen Seite das Jagen einträglicher wäre, und stieß dabei auf einen
wunderschönen, verwunschenen Ort. Es war ein Teich – ein alter
Seitenarm, der abgeschnitten worden war, als der Fluß irgendwann einmal seinen Lauf geändert hatte. Das Wasser war dunkel,
übersät mit heruntergefallenen Blättern, und die Bäume bildeten
ein Dach darüber. Elastische Spinnweben berührten mein Gesicht,
und eine kleine Gruppe von Fledermäusen, die gegen den dunklen
Stamm eines Baumes nicht sichtbar gewesen war, löste sich lautlos
von den Ästen, flog wie Blätter im Wind zu einem neuen Ruhe-
platz und war sofort wieder mit dem Dunkel verschmolzen.

Das Wasser sah abgestanden aus, war aber ganz und gar nicht
unbelebt. Scharmützel und Kämpfe wurden dort unten ausgetra-
gen. Die Oberfläche wurde von Rückenflossen durchfurcht, als ein
großer Fisch einen kleinen jagte, ein noch größerer wiederum hinter dem großen her war. Schwärme von goldfarbenen *tucunares*
flitzten durch die Untiefen und veranlaßten die Fischbrut, panikar-
tig das Weite zu suchen.

Ich steckte ein Stück von einem Fisch auf den Haken und warf
ihn in die Mitte des Teiches. Von allen Seiten rasten Fische darauf
zu, aber ein Leichtgewicht von etwa 500 Gramm erreichte den Köder zuerst. Enttäuscht begann ich die Leine einzuholen, da ver-
schluckte ein drei Kilo schwerer *tucunare* den ersten Fisch mit-
samt dem Haken. Jetzt zog es schon etwas mehr an meiner Leine.
Inzwischen hatte sich die Leine um einen versunkenen Ast ein
paar Meter vom Ufer entfernt gewickelt. Als ich an der Leine rüttelte, um sie freizubekommen, sah ich einen gewaltigen schwarzen
Schatten aus der Tiefe aufsteigen, der sich den *tucunare* schnappte
und sich mit der Beute davonmachte. Ich versuchte die Angel zu

halten, aber die Zwanzig-Kilo-Leine riß wie ein billiger Baumwollfaden – und ich stand ohne Beute da.

Als Peter und ich uns schließlich wieder auf den Weg machten, mußten wir durch ein paar kleine Stromschnellen waten, aber im großen und ganzen war der Fluß träge und tief. Die Karte, die beste, die wir hatten auftreiben können, war ursprünglich für Piloten gedacht. Abgesehen von den blauen Linien der Flüsse, von denen wir hofften, daß sie der Wirklichkeit entsprachen, war auf ihr fast nichts eingezeichnet. Und quer über die Hügel von Tumucumaque waren Stempel mit Hinweisen wie „Angaben über Höhenzüge unvollständig" oder „Höhe beträgt vermutlich nicht über 3000 Meter" angebracht. Das waren ausgesprochen informative Mitteilungen, und wir konnten nur hoffen, daß wir nicht an der Cuc-Mündung vorbeipaddeln würden.

Als wir gerade wieder einmal bei unserem Abendbrot saßen, hörten wir, wie sich im Dschungel etwas bewegte. Ich griff nach der Flinte, in der Hoffnung, daß es ein Wildschwein oder ein Reh wäre. Das Gebüsch teilte sich, und zwei Tapire trotteten gemächlich auf unser Lager zu. Sie grasten und nahmen von uns überhaupt keine Notiz. Ich grinste und senkte mein Gewehr. Tapire waren viel zu groß, um auf unserer Jagdliste zu stehen. Sie standen fünf Meter von uns entfernt, blinzelten uns vertrauensselig an und waren taub gegenüber unseren spöttischen Bemerkungen über ihre Intelligenz. Ganz offensichtlich stand der Wind so, daß sie uns nicht wittern konnten.

Allmählich entwickelten wir eine gewisse Routine. Wir standen um fünf Uhr beim ersten Morgenlicht auf, vertilgten ein gewaltiges Frühstück und waren noch vor sieben auf dem Fluß. Dann paddelten wir ungefähr vier Stunden lang, aßen zu Mittag, paddelten weitere zwei Stunden und schlugen dann unser Nachtlager auf. Da wir schnell vorankamen, konnten wir es uns leisten, früh

Ein Tapir nähert sich vertrauensselig unserem Lagerplatz

haltzumachen. Auf diese Art hatten wir ein paar Stunden Tageslicht, in denen wir uns entspannen, lesen, Tagebuch führen, schwimmen oder fischen und das Abendessen noch vor Sonnenuntergang – meist gegen sieben Uhr – zubereiten konnten. Danach kamen die Moskitos aus ihren Schlupfwinkeln, und wir wurden in unsere Hängematten unter die Netze getrieben.

Als Lagerplatz suchten wir uns, wenn irgendwie möglich, Stellen aus, an welchen es mindestens einen flachen Felsen gab, auf dem wir unser Feuer entfachen konnten. Je weiter wir vom Dschungelrand entfernt waren, desto besser war es, denn dann hatten die Moskitos einen längeren Weg zu uns. Wenn es nach

Regen aussah, mußten wir unser Feuer allerdings unter den Bäumen in der Nähe der Hängematten entfachen, wo wir einen Regenschutz aufstellen konnten. Angenehmer wäre es natürlich gewesen, unsere Decken auf den Felsen auszubreiten und unter dem freien Sternenhimmel zu schlafen, aber die Moskitos verhinderten das. Außerdem wurden die Felsen offensichtlich von Schlangen geliebt, wie leicht aus den zahlreichen abgestreiften Häuten geschlossen werden konnte.

Es gab auch noch andere Gefahren. Eines Morgens, als Peter an der Reihe war, das Frühstück zu machen, und ich noch fünfzehn Minuten länger liegenbleiben konnte, beobachtete ich ihn, wie er in unserem Lebensmittelsack kramte. Plötzlich sprang er in die Höhe und stieß einen Schrei aus: „Oh, verdammte Scheiße! Scheiße! Scheiße!" Er hüpfte herum und hielt sich den Finger.

„Was ist denn passiert?" fragte ich kichernd. Der Anblick, wie er da so nackt ums Feuer herumtanzte, war einfach zu komisch.

„So ein Scheiß-Viech!" brüllte er.

„Was für ein Viech?"

„Ein Skorpion! Verdammt, tut das weh!"

Ich erbot mich an seiner Stelle, in dem Sack nach Kaffee zu suchen – und prompt kam ein zweiter Skorpion herausgerannt. Doch er benutzte meine Hand nur als Fluchtweg und ließ sich dann zu Boden fallen. Glücklicherweise schien der Skorpion nicht sehr giftig gewesen zu sein, denn außer scheußlichen Schmerzen und einer geschwollenen Hand erlitt Peter keinen Schaden.

Eines Tages, als wir gerade einen kleinen Seitenarm erforschten, der immer schmaler wurde, sahen wir etwa 50 Meter vor uns einen Mann auf einem Felsen sitzen. Da dieser Anblick so unerwartet kam, waren wir ziemlich erschrocken und zogen uns schnell etwas an, ehe wir zu ihm hinpaddelten. Im ersten Moment dachten wir, er sei ein Indianer, aber als wir näher kamen, erkannten wir in ihm einen weißen Brasilianer, der fischte.

Wir haben nicht herausbekommen, wer er war und was er dort machte, denn er wich all unseren Fragen aus , worauf wir auf seine neugierigen Fragen ebenso verschlossen blieben. Das war nicht gerade die beste Grundlage für eine lebhafte Konversation. Er hockte da, mit der Angelschnur zwischen den Fingern, und in den zehn Minuten, die wir uns bei ihm aufhielten, bewegte er sich nicht ein einziges Mal. Er hatte augenscheinlich nicht die Absicht, wegen eines unnützen Schwätzchens auch nur einen Fisch zu verpassen. Auf uns machte er den Eindruck, als sei er eine sehr lange Zeit allein gewesen. Seine Stimme klang rostig, als hätte er sie schon lange nicht mehr benützt, und wenn er jemals Benehmen oder Humor gehabt hatte, dann waren ihm diese Eigenschaften im Dschungel total abhanden gekommen. Er war uns unheimlich, deshalb paddelten wir bald weiter, ohne unsere Neugier befriedigt zu haben.

Der Seitenarm, dem wir nun folgten, wurde immer felsiger und flacher, so daß es einfacher war, auszusteigen und zu waten. Schließlich mußten wir unsere erste Portage seit Carecaru bewerkstelligen. Bis dahin war alles gutgegangen, elf Tage waren wir gepaddelt, ohne das Kanu tragen zu müssen. Mark hätte es sicher nicht für möglich gehalten, daß der Jari derartig unkompliziert sein konnte.

Erst beim Transportieren wird einem klar, wieviel Sachen man dabeihat, und an diesem Tag mußten wir dreimal über Land, bis wir endlich wieder einen breiteren Seitenarm erreichten. Dort forderte uns bald eine gewaltige Stromschnelle, durch die wir uns mit dem Seil ziehen mußten, anschließend kam eine Strecke mit ruhigem Wasser, und schließlich stießen wir auf einen Wasserfall, der sich über mehrere Stufen herunterstürzte und um ein Gewirr aus Inselchen herumschäumte. Die Bewältigung dieses Abschnitts nahm uns den ganzen nächsten Tag in Anspruch. Dazwischen konnten wir nur ganz kurze Teilstücke paddeln.

Meine Sorglosigkeit war nach der Beinahe-Katastrophe mit

Mark verschwunden, und ich war ausgespochen vorsichtig, wenn wir wieder einmal ins Wasser mußten. Wir wateten dabei jeweils rechts und links vom Bug des Kanus. Wenn jedoch das Wasser sehr reißend war oder die Felsen besonders schlüpfrig, ging einer von uns erst einmal voraus, verschaffte sich einen sicheren Stand, und dann kam erst der andere nach.

Der nächste Tag begann mit einer großen Stromschnelle, die uns wieder zum Umgehen zwang. Die Strecke blieb auch weiterhin bis zu unserem Stopp am frühen Abend schwierig. Drei Tage lang hatten wir jetzt ununterbrochen mit Stromschnellen zu kämpfen gehabt: Das war der Jari, den Mark und ich kennengelernt hatten! In dieser Nacht lagerten wir in einer engen felsigen Schlucht. Aus nicht allzu weiter Entfernung konnten wir ein unheilvolles Tosen vernehmen. Es war recht deprimierend, in den Hängematten zu liegen und dem Geräusch zuzuhören, das Mühe und Plage für den nächsten Tag ankündigte. Mit dem Donnern des herabstürzenden Wassers in den Ohren, das die Geräusche des Dschungels übertönte, konnte auch nicht der größte Optimismus vortäuschen, daß wir das Schlimmste bereits überstanden hätten.

Schweren Herzens machten wir uns am nächsten Morgen auf den Weg, und gleich hinter der nächsten Flußbiegung wurden alle unsere bösen Vorahnungen Wirklichkeit. Der Fluß stürzte durch eine schmale Schlucht über nicht weniger als acht felsige Stufen in die Tiefe. Das bedeutete acht Transporte über die scharfkantigen Felsen, die mit gefährlichen Löchern und ausgewaschenen Höhlen übersät waren.

Jeder einzelne dieser acht Transporte erforderte von uns jeweils sechs bis sieben Märsche, ehe wir das Kanu hinauftragen und oberhalb des Wasserfalls wieder zu Wasser bringen konnten. Dann beluden wir es, paddelten ein paar Meter bis zur nächsten Stufe, und alles fing von vorne an. Damit waren wir den ganzen Tag beschäftigt. Am Abend hatten wir höchstens einen Kilometer zurückgelegt und immer noch kein ruhiges Wasser erreicht.

Während das Abendessen im Topf kochte, wanderte ich stromaufwärts, um zu erkunden, was uns am nächsten Tag erwartete.
Schon auf den ersten 200 Metern würden wir mindestens dreimal
umgehen müssen. Ich genoß es dennoch, in der relativen Kühle
des Spätnachmittags über die Felsen zu klettern, während das
Licht sanfter wurde. Und zum ersten Mal an diesem Tag mußte
ich keine schweren Lasten balancieren. Unter den Felsen und in
den Löchern konnte ich das Gurgeln des Wassers hören, ab und zu
vernahm ich das Piepsen von jungen Vögeln in ihren Nestern. Die
Eltern wollten mich weglocken, indem sie eine Verletzung vor-
täuschten oder mich durch Scheinangriffe abzulenken versuchten.

Als nächstes überraschte ich einen Jaguar auf einem Felsen. Er
hielt für eine Sekunde inne – sein geflecktes Fell glühte golden im
orangefarbenen Licht der untergehenden Sonne –, dann drehte er
sich um und sprang in gewaltigen Sätzen auf den Dschungel zu,
wobei er bei jedem Satz Sandfontänen auf dem schmalen Strand
aufwirbelte. Ich schritt seine Spuren ab, um die Länge seiner Sätze
zu berechnen: über fünf Meter. An diesem Abend fand ich noch
Spuren von einem Tapir, einem Alligator, einem Ozelot und von
Rotwild.

Zum Abendessen aß jeder von uns anderthalb Kilo Fisch mit
Reis, und obwohl der Tag sehr anstrengend gewesen war, fühlten
wir uns großartig. Die Transporte waren zwar eine langwierige
und harte Arbeit, aber die Landschaft an den Stromschnellen war
immer wieder atemberaubend: glitzernde Wasserfontänen,
Felseninselchen mit Miniatur-Dschungel in der Mitte, Blumen,
ausgebleichtes Treibholz, schwarze Felsen, blauer Himmel, fi-
schende Reiher und dazu Papageien und Schmetterlinge, die dem
Ganzen einen grellbunten Anstrich gaben.

Die Woche, die folgte, gab uns immer weniger Anlaß zur Freude.
Die Portage am nächsten Tag war zwar einfach und ging schnell,
aber im Laufe des Tages mußten wir noch vier weitere schwierige

Passagen überwinden, und am Abend stellten wir fest, daß wir nicht mehr als 400 Meter zurückgelegt hatten. Vor uns lag eine weitere Anzahl von Stromschnellen und Wasserfällen, und nachdem wir am nächsten Morgen einige davon bewältigt hatten, erreichten wir eine Stelle, wo das Ufer völlig unpassierbar war. Gewaltige Felsbrocken mit riesigen Spalten versperrten uns den Weg. Am linken Ufer wuchs der Dschungel bis ans Wasser heran, so daß wir die Stromschnelle auch auf der Seite nicht umgehen konnten. Wir beschlossen, es auf einem kleinen Seitenarm zu versuchen, stellten aber rasch fest, daß auch da kurz hintereinander fünf bis sechs Wasserfälle zu überwinden waren.

Wir setzten uns auf die Felsen und starrten einander düster an.

„Was denkst du?" fragte Peter.

„Erinnerst du dich daran, daß uns Leute von einer großen Flußschleife und einer Stromschnelle namens Macocoara erzählt haben, die irgendwo hier in dieser Gegend sein soll und wo es notwendig sei, das Boot über einen Hügel zu transportieren? Das hier könnte diese Stelle sein."

„Heiliger Strohsack", murmelte Peter nur.

Es gab tatsächlich keine andere Möglichkeit. Wir mußten uns einen Pfad durch den Dschungel schlagen, schleppten erst die Gepäckstücke und am nächsten Morgen das Kanu über den Hügel. Es war eine harte Bewährungsprobe. Das Boot verkeilte sich zwischen den Bäumen, verfing sich in Ranken, glitt uns aus den Händen.

„So ungefähr wird auch der Transport nach Französisch-Guyana ablaufen", ächzte Peter, „nur, daß es dort anstatt fünfhundert Meter fünfzehn Kilometer sein werden. Wir sind total verrückt, das ist der reine Wahnsinn!"

Wir lagen auf dem Dschungelboden und keuchten.

„Außerdem werden wir über einen dreihundert Meter hohen Berg klettern müssen und nicht über ein dreißig Meter hohes Hügelchen wie hier! Es ist wirklich völlig irrsinnig", sagte ich, und wir begannen beide zu kichern.

Wir waren guter Laune, weil wir das Gefühl hatten, das Schlimmste nun hinter uns zu haben. Irgendwann mußten wir wieder ruhiges Wasser erreichen. Nachdem wir jedoch fünf Minuten gepaddelt waren, kamen wir um eine Biegung – und fluchten: Es nahm einfach kein Ende! Den Rest des Tages bewältigten wir noch weitere vier Transporte, und am nächsten Tag erging es uns nicht anders.

Meine Füße begannen mir wieder Ärger zu machen. Es war eine Art von Fußfäule, hervorgerufen durch das häufige Waten durchs Wasser, ständig nasses Schuhzeug mit Sand oder kleinen Steinchen darin. Zwischen und unter den Zehen und am Spann zeigten sich kleine Stellen, an welchen das rohe Fleisch zum Vorschein kam. Wenn die Füße ein paar Tage trocken blieben, würde es aber rasch wieder heilen. Wenn . . .

Es fiel uns immer schwerer, am Morgen aufzustehen, da wir wußten, welche ewig gleiche Quälerei vor uns lag: Jeden Tag Lasten schleppen, unter überhängenden Ästen durchs Wasser waten, Steine und Treibholz beiseite schieben, um eine Fahrrinne zu schaffen, das Kanu durch seichte Stellen schieben, die Gepäckstükke aus- und einladen, Büsche und versunkene Äste wegdrücken. Unsere gerade verschorften Wunden rissen imer wieder auf, neue Verletzungen an Waden und Schienbein kamen hinzu, die Knöchel wurden in Spalten unter Wasser eingeklemmt, dornige Äste peitschten uns . . . Neun Tage verbrachten wir auf diese Art, ehe wir endlich ruhigeres Wasser erreichten. Neun Tage, in denen wir höchstens zwanzig Kilometer zurückgelegt hatten.

Unser Urlaub war wirklich großartig!

Den Cuc hinauf

Wie herrlich war es, den ganzen Tag über gemütlich im Kanu zu sitzen – die Sonne auf dem Rücken, mit trockenen Füßen und nur das Paddel einzutauchen! Der Jari hatte uns noch einmal auf die Probe gestellt, und da wir offensichtlich bewiesen hatten, daß wir es wert waren, mehr von ihm zu sehen, vergönnte er uns jetzt eine Atempause. Innerhalb eines Tages schafften wir fünfzehn Kilometer, passierten dabei die Einmündung des Mapari (was uns ermöglichte, unsere Position auf der Karte genau zu bestimmen) und überwanden zwei weitere Stromschnellen, die für uns aber keine Herausforderung bedeuteten.

Einmal in der Woche erlaubten wir uns den Luxus, einen Ruhetag einzulegen – soweit es die Moskitos zuließen. Es hatte zehn Tage nicht geregnet, der Dschungel war sehr trocken, aber das schien keinerlei Einfluß auf ihre Anzahl zu haben. Jedesmal wenn wir ein neues Lager aufschlugen, dauerte es nur ein paar Stunden, bis die Biester uns entdeckten, und wenn sie uns erst einmal gefunden hatten, blieben sie auch Tag und Nacht, bis wir wieder abfuhren. Nach Einbruch der Dämmerung war der einzige sichere Platz die Hängematte. Und das bedeutete eine lange Nacht ...

Ein paar Kilometer unterhalb des Zusammenflusses mit dem Ipitinga verlief der Äquator quer über den Jari. Aus diesem Grund hatten wir wie in den Äquator-Zonen Tage und Nächte, die fast gleich lang waren. Etwa um 7 Uhr wurde es dunkel, und die Morgendämmerung brach erst gegen 5 Uhr 30 an. Normalerweise hatten wir uns den Tag über so abgeplagt, daß wir abends ziemlich müde waren und recht schnell einschlafen konnten. Aber es gab Nächte, in denen wir fünf oder sechs Stunden unter dem heißen, atembeklemmenden Netz wach lagen, schwitzten und uns herum-

Manchmal leisten wir uns den Luxus eines Ruhetages

wälzten. Draußen surrten die Moskitoschwärme, während wir unter den Stichen litten, die uns ein Dutzend von ihnen, dem es gelungen war, unsere Abschirmung zu durchbrechen, versetzt hatte. In meinem normalen Leben gehöre ich zu denjenigen, die gerne spät ins Bett gehen, und für mich waren bei einem Dschungel-Trip die erzwungenen frühen Nächte und langen Stunden der Dunkelheit immer das schlimmste. Schlaflosigkeit zu Hause wird erträglich, weil man das Licht anschalten und lesen, Radio hören oder aufstehen kann, um den Kühlschrank zu plündern. Im Dschungel darf man die Taschenlampen-Batterien nicht fürs Lesen verschwenden, und so kann man nichts weiter tun, als geduldig zu schwitzen, an zu Hause zu denken und irgendwelche Pläne zu schmieden.

Neue Schwierigkeiten tauchten auf. Der Jari wurde immer seichter, und seine mit Felsbrocken übersäten Seitenarme waren fast ausgetrocknet, hatten nur noch vier bis fünf Zentimeter Wasser. Oft waren die Abstände zwischen den Felsen so schmal, daß wir das Kanu nicht durchziehen konnten. Zahllose ermüdende Transporte waren notwendig. Wir verbrachten den größten Teil der Tage damit, das Kanu zu schieben oder zu ziehen. Teile des Fiberglasmantels am Rumpf wurden abgewetzt und davongeschwemmt. Peter zerbrach sein Paddel bei dem Versuch, sich von einem Felsen abzustoßen, und die ganze Sache war eine Marter für unsere Rücken und unsere gerade abgeheilten Füße. Wir mußten fünf lange Transporte machen, bis wir zu einem Wasserfall kamen, der über zehn Meter in die Tiefe stürzte. Er zwang uns, das Kanu über einen halben Kilometer zu tragen, und der Blick, der sich uns oberhalb des Wasserfalls bot, war deprimierend: Felsen, so weit das Auge reichte – wie eine vom Wasser zerklüftete Ebene bei Ebbe mit einigen Tümpeln. Der Fluß teilte sich in so viele Seitenarme, daß keiner von ihnen genug Wasser führte.

„Ach, Jari, du gemeines Biest", murmelte ich. „Warum mußt du bloß immer so verdammt boshaft sein?"

Die nächsten eineinhalb Tage verbrachten wir damit, durch dieses Labyrinth zu marschieren. Am zweiten Tag hatten wir ein seltsames Erlebnis. Ich hatte ein Hokkohuhn geschossen, und Peter saß auf einem Stein, um es zu rupfen, während ich sein zerbrochenes Paddel reparierte. Plötzlich erblickte ich mehrere hundert Meter entfernt eine Gestalt. Wir winkten, und sie schien zu antworten, machte aber keine Anstalten, sich in unsere Richtung in Bewegung zu setzen. Wir verbrachten über eine Stunde dort, und die ganze Zeit über stand die Gestalt in der heißen Sonne auf derselben Stelle und beobachtete uns. Wir hätten gerne ein Fernglas gehabt, um diesen Menschen näher zu betrachten. Aus der Entfernung schien er nackt und hellhäutig zu sein, aber wir waren uns nicht sicher. Schließlich arbeiteten wir uns mit unserem Kanu durch einen schwierigen Abschnitt auf ihn zu – und da verschwand er.

„'n merkwürdiger Typ, was?" sagte ich zu Peter.

„Ich glaube, der ist noch irgendwo in der Gegend, versteckt sich vermutlich im Gebüsch und beobachtet uns", erwiderte er.

„Schon möglich." Wir blickten uns argwöhnisch um.

„Vielleicht zielt er gerade im Moment mit dem Pfeil auf dich. Mich wird er nicht erschießen. Ich bin zu mickrig. Aber du, du bist große, fette Beute", sagte Peter, und wir lachten beide nervös. Wir waren ziemlich sicher, daß unser unsichtbarer Fremder ein Indianer war. Die Situation war uns jedenfalls nicht geheuer.

„Komm raus, Rothaut!" riefen wir scherzhaft auf englisch. „Komm raus und schau dir die tollen Geschenke an, die wir dir mitgebracht haben!" Nichts rührte sich.

„Laß uns abhauen!"

„Gute Idee!" stimmte Peter zu. Wir wateten unter häufigem Zurückblicken weiter, entschlossen, bis zum Sonnenuntergang eine möglichst große Strecke zwischen ihn und uns zu legen. Später sahen wir auf der Karte, daß in dieser Gegend ein Nebenfluß in den Jari mündete. Wir überlegten uns, daß der Indianer sehr gut aus einer Siedlung in der Nähe stammen konnte.

Auf unserem Weg sahen wir wieder eine Menge wilder Tiere: Wasserschwein-Familien, die ein warnendes Bellen ausstießen und in den Fluß galoppierten, Tapire, Pelztiere, die wir nicht kannten, zahlreiche Affen und drei Riesenottern. Letztere sind possierliche Tiere. In sehr vielen Flüssen Amazoniens sind sie allerdings ein seltener Anblick geworden, weil sie wegen ihres Pelzes in großer Anzahl gejagt worden sind. Einer von ihnen glitt bei unserem Näherkommen von seinem Felsen ins Wasser. Die beiden anderen blieben auf dem Rücken liegen, die Pfoten in die Luft gestreckt. Sie bemerkten uns nicht und ignorierten das warnende Schnattern ihres Gefährten. Wir kamen ihnen bis auf drei Meter nahe, ehe sie uns sahen. Dann tauchten auch sie ins Wasser, schwammen um unser Kanu herum und steckten immer wieder ihre Köpfe wie Periskope aus dem Wasser.

Endlich wurde der Fluß wieder etwas tiefer – er hatte durch ein felsiges Gebiet einen Kanal gegraben, und wir konnten paddeln, obwohl die Strömung ziemlich reißend war. Unsere Annahme, daß wir die schwierigen Stromschnellen von Macocoara in den vorausgegangenen Wochen überwunden hatten, stellte sich als Trugschluß heraus. Erst am folgenden Tag erreichten wir sie.

Zuerst hatten wir nur das Donnern des herabstürzenden Wassers gehört, aber das Wasser vor uns war ruhig. Nur auf dem Kamm eines der Hügel, die den Fluß umgaben, machten wir ein weißes Glitzern aus, das aber noch zu weit entfernt war, um von uns genauer erkannt zu werden. Fünfhundert Meter weiter konnten wir dann sehen, daß es der obere Teil des Wasserfalls war.

Das Umgehen erwies sich als überraschend problemlos, gemessen an der Höhe des Falls. Und doch wurde er von den Leuten in Carecaru als der „schlimmste" Wasserfall bezeichnet, von dem sie je gehört hatten. Am Rand des Pfades entdeckten wir eine kleine Säule mit den Namen der Mitglieder einer früheren brasilianischen Expedition von 1937. In den dreißiger Jahren schien sich auf dem Jari eine ganze Menge abgespielt zu haben. Schon in Santo Antonio hatten wir das Kreuz eines Verstorbenen einer deutschen Expedition gesehen.

Der Wasserfall selbst war beeindruckend. Er ergoß sich über ein Dutzend Felsstufen, die mit Moos und Blumen behangen waren. Das Wasser glitzerte im Sonnenlicht, Kolibris und grüne Papageien schossen durch die Gischt und die darüber flimmernden Regenbogen.

Am nächsten Tag fühlte ich mich wieder krank, und meine Füße machten nicht mehr mit. Wir mußten über scharfe Felsen klettern, und ich humpelte mühsam durch die Gegend, schaffte die Strecke nur einmal, während Peter die Strecke dreimal bewältigte. Die Entzündung hatte sich über meinen ganzen Fuß bis zum Spann ausgebreitet, und es gab nichts, was Erleichterung bringen konnte. Es wäre nicht so schlimm gewesen, hätten wir einen oder zwei Tage ruhig vor uns hin paddeln können, aber der Tag hatte schon damit begonnen, daß wir über eine Strecke von einem Kilometer waten mußten, und nach 300 Metern war ich am Ende.

„Wir müssen ein paar Tage pausieren, Peter. Wenn ich meinen Füßen jetzt keine Ruhe gönne, werden sie nur um so länger brauchen, bis sie wieder in Ordnung sind. Es tut mir leid."

Peter war einverstanden. „Wenn du dich jetzt nicht ausruhst, werd ich dich bald auch noch tragen müssen", sagte er grinsend.

Der gute alte Peter! Er war genauso erpicht darauf vorwärtszukommen wie ich, aber er beklagte sich nie. Er befestigte meine Hängematte an zwei Bäumen, und ich kroch hinein. Es war eine Wonne, meine gemarterten Füße auszuruhen. Ansonsten fühlte ich mich aber ziemlich schlecht, und ich kannte diese Symptome nur zu gut!

Durch das Moskitonetz beobachtete ich Peter, der die Stromschnelle hinaufwatete und die Angelschnur auswarf. Abgesehen von ein paar Kleinigkeiten wie das Fehlen von Bekleidung, die stechende Sonne und die üppige Vegetation hätte er genausogut ein Forellen-Angler an einem schottischen Fluß sein können. Plötzlich sah ich ihn ins Wasser greifen, und seine Hand tauchte mit einem Gewehr wieder auf – ein bißchen verrostet, aber vielleicht noch brauchbar. Vermutlich stammte es aus einem gekenterten Kanu.

Später am Tag hatte ich dann einen Malaria-Anfall wie aus dem Lehrbuch: Schüttelfrost, über 40 Grad Fieber und anschließend Schweißausbrüche. Ich nahm drei Fansidar-Tabletten. Die Ärzte warnen vor den Nebenwirkungen dieses Medikaments – man sollte nie mehr als drei Stück pro Woche einnehmen. Und tatsächlich stellten sich bei mir jedesmal, wenn ich drei Stück geschluckt hatte, seltsame Symptome ein: Ich fühlte mich empfindungslos, vermeinte zu schweben und konnte nur noch verzerrt hören. Die Geräusche kamen in Wellenbewegungen. Der Wind, der durch das Blätterdach des Urwalds strich, klang für mich wie das Schwirren von Hubschrauber-Rotoren. Kurz gesagt, ich war *stoned*, und das war immerhin eine willkommene Ablenkung vom sonstigen elenden Gefühl eines Malaria-Anfalls.

Wir machten noch einen weiteren Tag Pause. Der Zustand meiner Füße hatte sich nach dieser kurzen Zeit um einiges gebessert. Meine Temperatur war auch etwas gesunken, und im Vergleich zum vorherigen Abend fühlte ich mich ausgesprochen munter. Ich wagte mich sogar auf einen kurzen, wackeligen Ausflug, um nach Gold zu suchen. Da wir wußten, daß es am Jari Gold gab, hielten wir immer unsere Augen offen. Wir hatten nicht die Absicht, Gold zu waschen und dabei Tonnen von Sand oder Erde zu sieben oder uns sonst auf irgendeine Art anzustrengen, wir wollten nur ein paar Nuggets finden, von denen jedes ein Pfund wog!

In der Nähe des Lagers war eine kleine Bucht, die für unsere ungeübten Augen wie eine Goldmine aussah, und wir verbrachten den Nachmittag damit, mit den Händen den Sand und Kies zu durchwühlen. Da wir so viel Zeit damit verbracht hatten, den Fluß hinaufzukommen, hatten wir das Gefühl, daß es nur fair wäre, wenn wir ganz zufällig über eine Goldader stolpern und reich nach Hause zurückkehren würden. Wir machten uns scherzhaft Gedanken darüber, was wir aus dem Kanu werfen würden, um Platz für unseren Goldschatz zu schaffen. Überflüssig zu erwähnen, daß wir nie auch nur einen einzigen Goldkrümel fanden.

In den Büschen, die in der Nähe unseres Lagers über den Fluß hingen, nistete eine Kolonie von Hoatzins. Diese braunen Hühnervögel, die etwa so groß wie Fasane werden, kreischten und stritten unaufhörlich, und sie verdankten es nur der Ungenießbarkeit ihres Fleisches, daß sie von uns nicht ein paar Schrotkörner in den Hintern bekamen. Ihr Fleisch riecht streng und unangenehm, und dieser widerliche Geruch ist ihr Schutz. Wissenschaftler betrachten den Hoatzin als das lebende Bindeglied zwischen den primitiven und den neuen Arten der Vögel, da er der einzige Überlebende seiner Spezies ist, der dem ältesten aller bekannten Vögel ähnelt – dem Archäopteryx –, der nach einem Fossil, das in Bayern gefunden worden ist, rekonstruiert wurde. Ich hatte gelesen, daß die Hoatzin-Nestlinge zwei Fingerkrallen an jedem Flügel haben. Das frisch geschlüpfte Küken kann sich damit an Zweigen verankern. Wenn es Gefahr wittert, läßt es sich aus dem Nest ins Wasser fallen, wo es mit erstaunlicher Geschwindigkeit davonschwimmt. Sobald die Gefahr vorbei ist, kann es wieder in das Nest klettern, indem es die Flügel wie Griffe benutzt. Ich beobachtete die Hoatzins eine ganze Weile. Leider waren ihre Eier noch nicht ausgebrütet, und so konnte ich die Behauptungen über die Behendigkeit der Jungen nicht mit eigenen Augen nachprüfen.

Obwohl ich in dieser Nacht wieder einen Fieberanfall hatte, fühlte ich mich am nächsten Tag stark genug, um weiterzufahren. Macocoara war die letzte große Stromschnelle, die auf unserer Landkarte eingezeichnet war, und so hatten wir allen Grund, optimistisch zu sein. Der Cuc war jetzt nur noch 75 Kilometer entfernt, und vielleicht konnte sich der Jari dazu überwinden, sich zum Abschied uns gegenüber freundlich zu verhalten, damit wir ihn in guter Erinnerung behalten würden.

Wie als Antwort auf unsere Gebete veränderte sich der Zustand des Flusses zum Positiven. Plötzlich gab es keine Inseln mehr, und das Wasser war tief genug. Es war kaum zu glauben: das erste Mal seit Monte Dourado, daß der Fluß sich über einen Kilometer lang in einem Bett ohne Verästelungen dahinschlängelte. Und das Fehlen von Inseln machte es für uns sehr viel einfacher, den Krümmungen und Biegungen auf der Karte zu folgen. Wir wußten fast auf den Kilometer genau, wo wir uns befanden und regi-

Der Jari einmal friedlich

strierten unsere Fortschritte genau. Die Möglichkeit, daß wir die Einmündung des Cuc verpassen könnten, weil sie auf der anderen Seite einer Insel versteckt lag, verringerte sich.

Allerdings war jetzt Peter mit dem Kranksein an der Reihe. Den ganzen Morgen hatte ein starker Wind geweht. Ich fand ihn erfrischend, aber Peter klagte darüber, daß ihm kalt sei, und er zog ein Sweatshirt an und legte sich eine Decke über die Schultern – bei einer Lufttemperatur von über 30 Grad! Ich weiß nicht, wie ich aussah, als ich Malaria hatte – vermutlich nicht besonders gut –, aber Peter schaute in diesem Zustand immer erbärmlich aus. Er hat von Natur aus einen dunklen Teint, und im Verlauf unserer

Reise wurde er sehr braun. Aber wenn er krank war, nahm sein Gesicht eine graue Farbe an. Er übergab sich häufig, und seine Temperatur stieg auf über 40 Grad. Während dieser Malaria-Anfälle betreuten wir einander mit großer Fürsorge. Glücklicherweise traten sie nie bei uns beiden gleichzeitig auf.

Drei Tage pausierten wir, damit sich Peter wieder etwas erholen konnte. Ich vertrieb mir währenddessen die Langeweile, indem ich ein paar notwendige Arbeiten verrichtete. Zuerst ging ich unsere Nahrungsvorräte durch, um zu sehen, ob irgend etwas verdorben war und welche Sachen knapp wurden. Wir hatten immer noch genügend Grundnahrungsmittel, aber die „Luxus-Artikel" wie Zwiebeln, Trinkschokolade, Tomatenpüree etc. waren zu Ende. Ich wusch ein paar Kleidungsstücke, ging mit einigem Erfolg zum Fischen und mit gar keinem zum Jagen. Dann verspürte ich plötzlich das dringende Bedürfnis, kurze Haare zu haben, und säbelte sie mir mit der kleinen Schere meines Schweizer Armee-Messers ab. Ich schnitt sie vorne und an den Seiten bis auf einen Zentimeter rundherum ab, und Peter bearbeitete den Hinterkopf. Schließlich stutzte ich noch meinen Bart und sah zum Schluß wie ein entflohener Sträfling aus. Aber was machte das schon? Es war angenehmer, und wer würde mich schon in den nächsten Wochen sehen?

Ich reparierte auch einen unserer Campingstühle, der langsam auseinanderzufallen begann. „Du wirst alt und bequem", hatte Mark lachend gesagt, als er vor unserem Abflug nach Brasilien meine Neuerwerbung, einen kleinen Faltstuhl, sah. Trotz der enorm hohen Frachtgebühren hatte ich beschlossen, daß ein Stuhl die Lebensqualität am Jari gewaltig verbessern würde: eine kleine Konzession an die Bequemlichkeit. Ich wußte sehr gut, wie es einem ohne Stuhl am Ende eines harten Tages im Dschungel so geht: Man lehnt sich erschöpft an einen Baum, der von Ameisen nur so wimmelt, oder man setzt sich auf den schlammigen Dschungelboden.

Mark hielt das für unwichtig oder sagte das zumindest in England. Einen Tag, bevor wir Manaus verließen, kam er jedoch mit einem breiten Grinsen und einem Paket unterm Arm ins Hotel. In dem Paket war ein Faltstuhl – größer, leichter, billiger und sehr viel bequemer als meiner.

Unsere Jagdausflüge waren selten erfolgreich, aber sie brachten uns vom Fluß weg und belohnten uns mit schönen und interessanten Anblicken. Da gab es Seidenäffchen, Schildkröten, ab und zu ein Faultier, das von einem Ast hing und schläfrig in die Runde blinzelte, aber wir sahen nicht annähernd so viele Tiere, wie wir eigentlich erwartet hatten. Meist war das auf den Lärm zurückzuführen, den wir machten. Irgendwann sahen wir dann ein, daß wir schlechte Jäger waren, und begannen unsere Ausflüge eher als interessante Spaziergänge in der Natur zu betrachten.

Wir kamen an gigantischen Bäumen vorbei, deren Stämme so stark und hochgewachsen waren, daß uns schwindelte, wenn wir zu der Krone zig Meter über dem Erdboden emporblickten. Sie hatten Luftwurzeln, die oft höher als unsere Köpfe reichten, aber nur zwei oder drei Zentimeter dick waren. Es war angenehm, sich unter einen solchen Baumriesen zu setzen, sich gegen seine faserige, rotbraune Rinde zu lehnen und auf die Geräusche des Dschungels zu lauschen.

Spechte hämmerten an den Bäumen, hielten den Kopf schräg, um auf die Bewegungen ihrer Beute in den Löchern zu lauschen, setzten dann in einem unglaublich lauten Stakkato das Klopfen fort.

Inzwischen hatte ich mich mit einer großen Anzahl der Geräusche des Dschungels vertraut gemacht, aber manchmal war ich mir nicht sicher, ob sie von Insekten oder Vögeln verursacht wurden. Da klang es mitunter wie das Pfeifen des Windes oder das Geräusch, das beim Messerschleifen entsteht, wie das an- und abschwellende Grölen von Fußball-Fans oder das Zischen beim Öffnen einer Bierdose. Ich erkannte das schrille Kreischen der grünen Papageien und das heisere Rufen der Aras, die immer paarweise flogen, um ihre krächzende Unterhaltung weiterführen zu können, und ebenso vertraut war mir das Schwirren der winzigen Kolibris, die neben mir in der Luft hingen und die ihre Flügel so schnell auf und nieder schlugen, daß ich sie nur als einen verschwommenen Fleck wahrnehmen konnte.

Wir sahen wunderschöne, schillernde Schmetterlinge, so groß wie eine Hand. Wenn sie von einem Sonnenstrahl getroffen wurden, leuchteten sie wie ein türkisfarbener Blitz auf. Es wirkte fast so, als würden sie unbeholfen dahintaumeln, aber sie konnten mit großer Zielsicherheit durch ein Lianengewirr fliegen.

Der Dschungel war oft dicht und undurchdringlich, aber auch licht wie ein englischer Buchenwald – und dann war es, als würde man eine Kathedrale betreten. Die Baumstämme ragten wie Pfeiler in der Kühle des schattigen Dämmerlichts in die Höhe. Auf dem Boden des Dschungels wimmelte es vor Insekten. Ganze Armeen von Blattschneiderameisen schleppten Teile von Blättern, die viermal so groß wie sie selbst waren, über ihre exakt angelegten Pfade. Termiten hatten an der Außenseite jedes toten Baumes, an dem sie arbeiteten, Tunnels angelegt. Die Blätter der kleineren Büsche waren oft vollkommen von Raupen kahlgefressen. Wenn man ein moderndes Blatt hochhob, entdeckte man Dutzende von Käfern, und die Luft war ständig mit dem Summen der Bienen und dem Sirren der Insekten erfüllt. Glücklicherweise gab es tagsüber fast keine blutsaugenden Insekten.

Jedesmal entdeckten wir wieder etwas Interessantes oder Neues: zum Beispiel das Nest eines winzigen Vogels, das am Blatt eines Bäumchens klebte und das so klein und leicht war, daß es trotz der drei Eier, die darin lagen, den dünnen Blattstiel nicht bog. Oder einen Baum, der offensichtlich der bevorzugte Kratzbaum für Jaguare war. Ungefähr drei Meter über dem Boden konnten wir sehen, daß die Rinde zerfetzt worden war, zerrissen und verwüstet von den kraftvollen Klauen der Raubkatzen. Meistens kehrten wir verschwitzt, mit Dreck und Spinnweben bedeckt und zerkratzt ins Lager zurück.

So ein Jagdausflug diente auch als Ausrede, um einmal ein oder zwei Stunden allein zu sein; das war wichtig auf einer Reise, bei der wir sonst vierundzwanzig Stunden am Tag aufeinanderhockten.

Peter war bemerkenswert ausgeglichen, und wir stritten uns nur selten. Wenn wir es doch taten, dann war immer ich derjenige, der damit anfing. Er war ein sehr ruhiger Mensch, und da er Englisch nicht so gut beherrschte, hatte ich manchmal das Gefühl, daß er nur mit dem Kopf nickte, ohne zu verstehen, was ich sagte. Aber es war ein geselliges Schweigen, und außerdem bin ich auch nicht gerade ein Schwätzer. Ich reise lieber mit jemandem, der zuwenig spricht als umgekehrt.

Jeder glaubt gerne von sich, daß er in Streßsituationen kühl und überlegt reagiert, bei schwierigen Aufgaben den Humor nicht verliert und ein hilfsbereiter Begleiter ist. Diese Reise stellte derartige Vorstellungen auf die Probe, und ich muß zu meiner Schande gestehen, daß ich sie oft nicht bestand. Ich wurde mürrisch und launisch und bekam mittlere Wutanfälle, bei denen ich gegen das Kanu trat, die Säcke mit den Lebensmitteln herumwarf oder fluchend auf den Boden stampfte. Jedesmal wenn ich mich so aufführte, sagte mir eine innere Stimme ruhig und überlegen: „Mein Gott, was bist du kindisch", was mich erst recht bis zur Weißglut reizen konnte und meine Wutausbrüche nur verstärkte. Dabei kam ich mir äußerst lächerlich vor. Peter verlor selten die Ruhe. Er beendete gelassen die von mir begonnene Arbeit, wenn ich wegrannte und mich finster brütend an den Fluß setzte. Das ärgerte mich dann noch mehr.

Eines Nachts schlich sich ein Jaguar in unser Lager und erschreckte mich fast zu Tode. Wir campierten auf einer Flußinsel. Obwohl wir zahlreiche Jaguarfährten endeckt hatten, die am anderen Ende den Strand durchzogen, hatten wir nicht daran gedacht, das Feuer am Brennen zu halten. Jaguare gab es genug am Jari, aber wir waren der Meinung, daß sie sich von Menschen fernhalten würden. Viele Tierforscher sind davon überzeugt, daß Jaguare nicht aggressiv sind und nur angreifen, wenn sie verwundet werden oder ihre Jungen verteidigen müssen.

In dieser Nacht erwachte ich plötzlich und war ganz sicher, daß sich irgend etwas Bedrohliches ganz in meiner Nähe befand. Ich lag bewegungslos da und starrte in die Dunkelheit. Es war eine mondlose Nacht, und ich war von totaler Finsternis umgeben. Plötzlich schepperte ein Kochtopf. War das Peter, der mitten in der Nacht Hunger bekommen hatte?

„Peter", flüsterte ich. Keine Antwort. Es war wieder still – nur mein Herz hämmerte wie wild. Nach einer Weile fragte ich mich, wovor ich mich eigentlich fürchtete. Wir hatten nachts oft Besuch von irgendwelchen Tieren. Warum war ich nur so aufgeregt? Ich schnupperte. Eine Katze! Ich konnte den strengen Geruch eines Katers riechen. Dann nahm ich die vorsichtigen Bewegungen eines großen Tieres wahr, das sich ein paar Schritte auf meine Hängematte zubewegte, ehe es wieder innehielt. Um Himmels willen! Ein Jaguar! Ich konnte mir deutlich vorstellen, wie er zwei Meter von mir entfernt dastand, kraftvoll, muskulös, den Kopf erhoben. Die kleinste Bewegung, und er würde sich auf mich stürzen, während ich in dem Gewirr meines Netzes gefangen war. Und wenn Jaguare dieselben Gewohnheiten wie Hauskatzen hatten, gefiel mir der Gedanke gar nicht, in meiner Hängematte von einem spielenden Kätzchen herumgeschleudert zu werden, dessen Krallen so groß wie meine Hand waren.

Mir wurde bewußt, daß ich vollkommen verkrampft dalag. In meiner Kehle kitzelte es, ich würde gleich husten müssen. Auch der Jaguar rührte sich nicht, aber ein- oder zweimal hörte ich ihn schnuppern. Ich mußte irgend etwas unternehmen, sonst würde das die ganze Nacht so weitergehen. Ich sprach ein kurzes Gebet, holte tief Luft, setzte mich abrupt in meiner Hängematte auf und stieß ein schreckliches Geheul aus. Ich weiß nicht, wer sich mehr erschrocken hat, der Jaguar oder Peter. Auf jeden Fall prallte das Tier gegen einen Stapel schmutzigen Geschirrs, schoß über unsere herumliegenden Gepäckstücke hinweg, durchquerte platschend den seichten Fluß und machte, daß es wegkam.

Den ganzen Jari entlang gab es eine enorme Menge von Fröschen. Abends begannen sie mit ihrem durchdringenden Chorgesang – oftmals zwanzig oder mehr auf einmal. Normalerweise gelang es mir, sie zu ignorieren, aber eines Nachts, als ich nicht einschlafen konnte, begann ich die Quaktöne eines Frosches zu zählen. Er hatte schon eine ganze Weile herumgelärmt und dabei ungefähr jede Sekunde einen Quaker von sich gegeben. Ich schwöre, daß dieser kleine Mistkerl ohne Pause 10 000mal gequakt hat, bevor ich das Zählen aufgab. Das bedeutet, daß ich ungefähr zweieinhalb Stunden dalag und zählte – wir waren also beide gleichermaßen außer Puste. Ich stand in der Dunkelheit auf, griff nach der Schrotflinte und verbrachte eine halbe Stunde damit, seinen Sitzplatz ausfindig zu machen, um ihn endlich zum Schweigen zu bringen.

Als Peter sich etwas erholt hatte, fuhren wir weiter den Fluß hinauf. Der Jari blieb auch einigermaßen tief und ruhig. Er war jetzt ungefähr 50 Meter breit und plätscherte friedlich und gelassen dahin. Es gab ungeheuer viel Fische, vor allem Piranhas, die sich vermutlich zum Laichen versammelten. Wir kamen an Stellen vorbei, an denen über fünfzig Rückenflossen aus dem Wasser ragten. Wenn sie in solchen Massen auftraten, gelang es uns nie, einen zu fangen. Sie hatten dann andere Dinge im Kopf als Fressen.

Als wir einmal unseren Haken zwischen die Fische warfen, in der Hoffnung, einem damit gemeinerweise den Rücken zu durchbohren, ging unsere Angel kaputt. Zuerst riß die Leine, dann brach der Griff. Das war ein schwerer Schlag, denn wir ernährten uns hauptsächlich von Fischen, und von diesem Zeitpunkt an konnten wir sie praktisch von unserem Speiseplan streichen. Nun mußten wir unsere Vorräte sehr viel genauer einteilen, und unsere ganze Hoffnung war jetzt die Schrotflinte.

Unser Appetit war riesig, und die Nahrungsbeschaffung wurde zur fixen Idee. Wir versuchten unseren Speiseplan so abwechslungsreich und interessant wie möglich zu gestalten, aber wir waren in unseren Möglichkeiten natürlich beschränkt. Wir dickten Reiskuchen mit Mehl ein und brieten ihn, machten Haferbrei oder Haferklöße, Kuchen aus *farinha* – entweder süß oder salzig – und Pfannkuchen. Als Abwechslung, auf die wir uns jedesmal freuten, kochten wir zweimal in der Woche Spaghetti mit einer Soße aus Öl und Knoblauch. Während der ersten Zeit hatten wir noch Zwiebeln, Tomatenpüree und sogar Parmesankäse dazu gehabt, aber diese Sachen waren uns ausgegangen. Wir aßen auch Unmengen von Bohnen, gebratene Teigklößchen oder „Stock-Brot".

„Stock-Brot" ist köstlich – zumindest erscheint es einem hungrigen Expeditionsteilnehmer so. Man mischt Mehl, Wasser und ein wenig Backpulver zu einem weichen Teig, knetet ihn durch, wikkelt ihn spiralförmig um einen grünen Ast und bäckt das Ganze über den heißen Kohlen des Lagerfeuers. Das Brot braucht ungefähr eine Stunde, bis es gar ist. Deshalb hat man genügend Zeit, sich nach der Zivilisation zu sehnen, wo man einfach in eine Bäkkerei gehen und sich viel köstlichere Dinge kaufen kann. Ich war dem „Stock-Brot" gegenüber etwas mißtrauisch geworden, nachdem ich kurz vor unserem Trip von zwei Reisenden gelesen hatte, die in Ost-Afrika gestorben waren, weil sie den Teig um einen giftigen Ast gewickelt hatten, eine Gefahr, an die ich vorher nie gedacht hatte.

Wir versuchten auch mehrere Male Bohnensprossen herzustellen. Das ist normalerweise ganz einfach: Man gibt eine Handvoll Bohnen in einen Plastikbeutel und läßt sie über Nacht mit warmem Wasser bedeckt stehen. Am Morgen sticht man Löcher in den Beutel und läßt das Wasser ablaufen. Zwei- bis dreimal am Tag begießt man die Bohnen mit Wasser, bis sich nach einigen Tagen Sprossen gebildet haben. Wir stellten jedoch fest, daß wir für diese Reise völlig unbrauchbare Bohnen gekauft hatten. Sie waren so alt und ausgetrocknet, daß man sie über zwölf Stunden kochen mußte, selbst wenn man sie vorher eingeweicht hatte. Sie trieben niemals auch nur eine Sprosse, eher begannen sie zu faulen und mußten weggeworfen werden. Es war ein Trauerspiel, dabei hätten wir so gern ab und zu einen frischen Salat aus Bohnensprossen genossen.

Um unseren Speisezettel zu bereichern, mußten wir also das Schießverbot, das wir uns für bestimmte Tiere selbst auferlegt hatten, wieder aufheben und uns auf die Suche nach nahrhaftem Fleisch machen.

Eines Morgens erlegten wir ein Wasserschwein. Die Gruppe bestand aus elf Tieren: sechs ausgewachsene und fünf junge. Wir verfolgten sie den Fluß entlang und schossen ein ausgewachsenes Weibchen. Nachdem das Tier ein paar Sekunden lang gezappelt hatte und gestorben war, ging es unter. Glücklicherweise war der Fluß an dieser Stelle seicht.

Das Weibchen war sehr fett und schwer, und wir verbrachten den restlichen Tag damit, es zu enthäuten und zu zerlegen. Es dauerte ziemlich lange, bis wir das Fell abgezogen hatten, dann wurde ein Teil des Fleisches zu Steaks geschnitten – die wir mit der Leber und dem Herz braten wollten –, andere Teile zerkleinerten wir in Würfel für einen Eintopf und das übrige Fleisch in dünne Streifen, die wir einsalzten und zum Trocknen in die Sonne hängten. So besaßen wir Fleisch für mehrere Tage.

Unser Lager hatten wir an einem wunderschönen Ort aufgeschlagen, in einer Grassenke, die offensichtlich den größten Teil des Jahres unter Wasser stand, aber jetzt üppig bewachsen und trok-

Fette Beute: ein Wasserschwein – und ich „darf" es enthäuten

ken war. Es sah wie ein Park aus, mit saftigem Gras und ein paar Bäumen, die Schatten spendeten – eine willkommene Unterbrechung in der sonst üppig wuchernden Vegetation. Überall sahen wir Fährten von Tieren: Tapire, Wasserschweine, Ozelote, Otter, Rotwild und Alligatoren. Zu unserer Erleichterung gab es nur wenig Moskitos, und wir saßen nachts unter einem Vollmond, der alles fast taghell erleuchtete. Peter schätzte, daß wir seit dem Ipitinga 250 Kilometer zurückgelegt hatten, und das bedeutete kein schlechtes Vorankommen. Er glaubte, daß wir die Mündung des Cuc am nächsten Nachmittag erreichen würden. Beim ersten Tageslicht brachen wir auf, denn wir waren erpicht darauf, endlich den zweiten Teil unserer Reise in Angriff nehmen zu können.

An diesem Morgen sahen wir unsere erste Anakonda. Sie schlief halb unter Wasser, und wir konnten sehr nah heranpaddeln, ehe sie erwachte und unter der Wasseroberfläche verschwand. Wir schätzten sie auf ungefähr drei Meter Länge – ein Baby also. Die längste Anakonda, die jemals gemessen wurde, war 11,5 Meter lang. Viele absurde Übertreibungen und gestellte Fotos von gigantischen Exemplaren haben dazu beigetragen, der Anakonda das Image eines Riesenmonsters zu verpassen. 1980 erzählte mir zum Beispiel ein Brasilianer eine Geschichte aus seiner Zeit als Bootsführer auf dem Juruena-Fluß.

„Ich kenne jeden Meter dieses Flusses, Señor", sagte er, „jede Stromschnelle und jeden Wasserfall. Aber eines Tages kamen wir um eine Biegung und sahen einen Wasserfall, der noch nie dort gewesen war, der dort nicht hätte sein dürfen. Als wir näher kamen, sahen wir, daß es eine riesige *sucuriju* war, deren Leib sich, halb im Wasser und halb draußen, von einem Ufer zum anderen erstreckte. Dabei floß das Wasser über ihren Rücken. Aus der Entfernung sah es wie eine Stromschnelle aus." Er behauptete, daß der Fluß an dieser Stelle ungefähr 60 Meter breit war.

Solcher Unsinn ist Wasser auf die Mühlen derjenigen, die alles besser wissen. Sie weisen auch auf die Belohnung von 5 000 Dollar hin, die Theodore Roosevelt im Jahr 1913 für denjenigen ausgesetzt hatte, der die Haut und die Rückenwirbel einer Anakonda präsentieren konnte, die über 11 Meter lang war. 5 000 Dollar waren damals eine gewaltige Summe, und viele Menschen in Amazonien waren nach dem Niedergang des Gummi-Booms völlig verarmt. Dennoch wurde die Belohnung nie in Anspruch genommen.

Wie auch immer – richtig ist, daß eine Anakonda, wie hungrig oder wütend sie auch sein mag, nie einen Menschen angreifen

132

würde. Ihre Beute sind Kaimane, Wasservögel und Wasserschweine. Sie kann Tiere bis zu 70 Kilogramm Körpergewicht verschlingen. Entgegen der üblichen Meinung zerquetscht sie ihre Opfer nicht, sondern drückt sie nur so weit zusammen, bis sie erstickt sind, und schluckt sie dann in einem Stück hinunter. Die Anakonda hat ungefähr siebzig Zähne in jedem Kiefer, die längsten davon sind ungefähr vierzehn Millimeter lang und haben die Stärke einer Nadel. Sie sitzen in einem bestimmten Winkel zum Schlund der Schlange und werden dazu benutzt, die Beute zu packen und beim Hinunterwürgen einer derartig riesigen Mahlzeit zu helfen. Eine Anakonda im Zoo begnügt sich mit sechs großen Mahlzeiten pro Jahr, aber in der freien Natur geht sie alle paar Wochen auf Jagd.

Der Jari blieb auch weiterhin frei von Stromschnellen, wurde aber oft so seicht, daß wir von Ufer zu Ufer waten konnten, ohne daß uns das Wasser über die Knie stieg. Es gab blendendweiße Sandbänke, auf denen wir oft rasteten oder die wir nach einem Bad zum Sonnen benutzten. An anderen Flüssen konnte man an solchen Stellen Schildkröteneier finden, aber im Jari schien es keine zu geben. Vielleicht bildete der Wasserfall von Santo Antonio eine natürliche Barriere, wie auch für Stachelrochen und andere Fische.

In unserem Bestreben, ja nicht den Zufluß des Cuc zu verpassen, hielten wir uns dicht am rechten Ufer. Bei jeder Biegung renkten wir uns schier die Hälse aus, in der Hoffnung, die Mündung zu sehen. Am Spätnachmittag wurden wir endlich belohnt. Die Strudel, die sich durch den Zusammenfluß der beiden Flüsse bilden, hatten mitten im Jari eine große Sandbank entstehen lassen. Wir stießen einen Begeisterungsschrei aus und gönnten unseren lahmen Armen eine Pause. Fünf Wochen hatten wir von Carecaru aus bis hierher gebraucht. Wir lagen noch in unserem Zeitplan und konnten mit uns zufrieden sein.

Als wir das Kanu in eine schmale Bucht neben der Mündung zogen, deutete Peter aufgeregt auf den Sand. Eine Fußspur! Aber es war nicht der Abdruck eines barfüßigen Indianers, der noch nie die Enge eines Schuhs verspürt hatte, es war der Abdruck eines Stiefels, Größe neun, der mit viel Nachdruck niedergesetzt worden war. War das vielleicht ein Militärstiefel gewesen?

Wir schlugen unser Lager im Dschungel hinter der Bucht auf, und der Kaffee kochte gerade duftend über dem Feuer, als wir plötzlich das aufdringliche Geräusch eines sich nähernden Außenbordmotors hörten.

„Scheiße, das könnten Männer von einem Militärposten sein", sagte ich zu Peter. „Überlaß das Reden am besten mir."

Wir waren vor einem Ort namens Molocopote gewarnt worden, an dem uns die Armee am Weiterfahren hindern würde, obwohl niemand uns genau sagen konnte, wo sich dieser Ort befand. Vielleicht hier? Würde man uns jetzt, im Augenblick unseres ersten kleinen Triumphes, stoppen? Wir versteckten uns im Dschungel und hofften, daß das Boot vorbeifahren und uns nicht bemerken würde. Die Chance dafür war allerdings gering: Von unserem Lagerfeuer zog sich ein Rauchstreifen über den Fluß hin. Der Außenborder drosselte sein Röhren und bog in den Cuc ein. Beim Anblick unseres Kanus ertönten aufgeregte Stimmen. Es war Zeit, sich zu zeigen und die Besucher willkommen zu heißen.

Peter und ich traten aus dem Dschungel und sahen erleichtert, daß die drei Männer keine Uniformen trugen. Aber sie waren auf alles vorbereitet. Jeder trug eine Feuerwaffe. Ich erblickte ein Gewehr, das Mark gefallen hätte – es hatte genügend Durchschlagskraft, um einen Doppeldeckerbus umzuwerfen –, eine Schrotflinte und einen Revolver. Alle Waffen waren auf uns gerichtet. Aber als wir die drei Männer lächelnd begrüßten und ihnen einen Kaffee anboten, ließen sie sie verlegen sinken. Wir saßen um das Lagerfeuer, während ich versuchte herauszufinden, wer sie waren, und gleichzeitig bemüht war, ihren Fragen auszuweichen. Peter und ich grinsten viel, zuckten die Schultern und spielten ein wenig Katz und Maus. Wir waren zwei sehr geheimnisvolle *gringos*.

Schließlich stellte sich heraus, daß sie Geologen waren, die sich seit einem Monat in der Gegend aufhielten, um die Mineralvorkommen zu prüfen. Wir erfuhren auch, daß es vor mehreren Jahren an der Mündung des Cuc einen Indianerposten gegeben hatte. Der Flugplatz existierte noch, aber die Indianer hatten sich zurückgezogen. Jetzt begann dort militärisches Sperrgebiet, aber als wir fragten, ob es irgendwelche Truppen gäbe, lachten sie und versicherten uns, daß wir niemandem begegnen würden. Das war eine gute Nachricht.

Die Männer hatte ihre Unterkünfte ein paar hundert Meter entfernt auf dem Flugplatz, und sie luden uns ein, die Nacht dort zu verbringen. Es war jedoch ein harter Tag gewesen, unser Lager war bereits aufgeschlagen, und wir hatten nicht mehr die Kraft, einer geballten Ladung freundlicher Fragen Rede und Antwort zu stehen. Wir sagten zu, zum Frühstück hinüberzukommen, und sie versprachen uns, daß sie Briefe von uns aufgeben würden, sobald der Hubschrauber das nächste Mal mit Vorräten käme.

Wir feierten unsere Ankunft am Cuc mit einem Dinner aus kostbarer Trockennahrung und ein paar Wasserschwein-Steaks, obwohl ich merkte, daß ich wieder Fieber bekam und das Ganze nicht so recht genießen konnte. Am nächsten Morgen gingen wir zum Camp hinüber. Ungefähr fünfzehn Männer lebten dort. Wir tranken mit ihnen Kaffee, übergaben ihnen unsere Briefe und erfuhren, daß die Mannschaft bis Ende November bleiben würde – eine wichtige Information, falls uns stromaufwärts etwas zustoßen sollte.

Am Anfang war der Cuc unproblematisch, aber nach zwei oder drei Kilometern waren wir schon wieder in den ersten Schwierigkeiten. Der Fluß führte so wenig Wasser, daß wir alle 20 oder 30 Meter aussteigen und das Kanu schieben mußten. Die Geologen hatten den Wasserstand des Jari beobachtet und uns berichtet, daß er in der letzten Woche um zehn Zentimeter gefallen war. Deshalb konnten wir davon ausgehen, daß er auch im Cuc bald fallen würde. Mittags mußten wir anhalten, weil ich einen schweren Malaria-Anfall bekam. Ich schluckte wieder einmal drei Fansidar, fühlte mich am nächsten Morgen besser, und wir fuhren weiter.

Der Cuc war wunderschön: Er war nur zehn bis fünfzehn Meter breit und schlängelte sich um zahlreiche goldene Sandbänke. Wir sahen Rehe und zwei Tapire, und obwohl wir die meiste Zeit wateten und nicht paddelten, waren wir zufrieden. Jedenfalls bis zum frühen Nachmittag. Dann hatte ich einen weiteren schlimmen Anfall mit Schüttelfrost, und meine Temperatur stieg noch höher als am Tag zuvor.

Die Nacht verging nur langsam. Als ich einmal aufstand, um zu pinkeln, drehte sich alles um mich, und meine Beine gaben unter mir nach. Ich war schweißgebadet, mir tat alles weh, und ich kam mir sehr, sehr alt vor. Am nächsten Morgen ging es mir jedoch wieder besser. Also setzten wir unsere Fahrt fort.

„Wie geht's dir?" fragte mich Peter beim Mittagessen.

„Ganz gut. Ich wünschte nur, dieses verdammte Kopfweh würde endlich verschwinden."

Zehn Minuten später lag ich frierend in der Sonne, eingewickelt in sämtliche Decken und die übrigen Kleidungsstücke. Es war der schlimmste Anfall, den ich bis jetzt auf der Reise gehabt hatte. Der Schüttelfrost kam in Schüben, die ich zu kontrollieren versuchte, bis ich zu erschöpft dazu war. Meine Zähne klapperten, mein Körper zitterte, und ich bekam Halluzinationen, Alpdrücken und Paranoia. Peter trug mich zu meiner Hängematte, und dort zitterte, murmelte, schrie und schwitzte ich bis zum späten Abend. Während ich dort lag, kamen vier Männer aus dem Camp vorbei, und ich bat Peter, sich bei ihnen nach dem Hubschrauber zu erkundigen. Anscheinend war an diesem Tag einer gelandet, und der nächste würde in zehn Tagen kommen.

Wir mußten eine Entscheidung treffen. Der Cuc war so ausgetrocknet, daß er vermutlich in ein oder zwei Wochen vollkommen unpassierbar sein würde – mit Sicherheit weiter flußaufwärts. Es waren noch über 100 Kilometer bis zu dem Punkt, an dem wir mit dem Umsetzen nach Französisch-Guyana beginnen wollten. Es war immerhin möglich, daß wir irgendwann nicht mehr weiterfahren konnten. Bis dahin würde der Fluß so ausgetrocknet sein, daß auch eine Rückfahrt nicht mehr möglich war.

Wir hatten jetzt Ende Oktober, die Regenzeit würde erst in ein oder zwei Monaten beginnen. Sollten wir warten, bis die Regengüsse den Wasserspiegel wieder steigen ließen? Wenn ja, wie lange würde das dauern? Wir würden vielleicht bis Januar campieren müssen. Wollten wir so lange untätig rumsitzen? So lange an diesem Fluß bleiben? Dazu kam noch, daß wir den Transport des Kanus und den letzten Teil unserer Reise während der Regenzeit durchführen müßten. Und was war mit der Malaria? Wir hatten nur noch genügend Chinin für zwei Behandlungen, und wenn die Krankheit so häufig wie bisher auftrat, würden uns die Medikamente sicherlich ausgehen.

Jedesmal wenn mir die Malaria eine Verschnaufpause gönnte, redeten Peter und ich über diese wenig erfreulichen Möglichkeiten. In unserer Diskussion erkannte ich ironischerweise Parallelen zu der stressigen Zeit im *Camp des verbrannten Fußes*, als Mark aufhören wollte, ich aber nicht. Jetzt war es umgekehrt, und der Hubschrauber der Geologen bestärkte mich in meinen Überlegungen umzukehren. Er bot eine unerwartete Chance, vom Fluß und aus dem Dschungel wegzukommen, und ich war ganz scharf darauf, möglichst schnell medizinische Betreuung und sonstige Annehmlichkeiten in einer Stadt wie Belem genießen zu können. Ich warf all die Schwierigkeiten, die uns der Cuc machen konnte, als gute Gründe für die Rückkehr zum Flugplatz in die Waagschale. Aber Peter wollte nichts davon hören.

„Wir können jetzt nicht aufgeben", sagte er ärgerlich. „Stell dir einfach vor, daß es den Hubschrauber gar nicht gibt. Ohne ihn müßten wir doch auch weitermachen, oder?"

„Aber wir können auf diesem Rinnsal nicht weiterfahren. Schau es dir an – hier schon gibt es nicht mehr genügend Wasser zum Paddeln. Überleg mal, wie ausgetrocknet es weiter oben in den Hügeln sein wird. Ich werde das Kanu nicht fünfzig Kilometer weit tragen."

„Du brauchst nur Ruhe – dann wird es dir bessergehen", meinte Peter und machte sich daran, das Abendessen zuzubereiten.

Mir war beinahe zum Heulen. Wie konnte ich den Hubschrauber einfach ignorieren? Warum hatte ich mir nur diesen starrköpfigen Schweizer als Begleiter ausgesucht?

In der Zwischenzeit waren die Streifen aus Wasserschweinefleisch, die wir zu trocknen versucht hatten, nach drei bewölkten Tagen schlecht geworden. Sie schmeckten faul und mußten weggeworfen werden. Das Wetter machte den Eindruck, als würde es sich ändern. Große Wolkenbänke rollten aus dem Osten heran, aber abgesehen von ein paar kurzen Schauern blieb es trocken. Wir steckten Stöcke in den Fluß, um die Veränderung des Wasserstandes ablesen zu können, und begannen an die Frösche als Wetterpropheten zu glauben. Sie hatten runde Vertiefungen in den Sand gegraben, um dort ihren Laich abzulegen. Die Vertiefungen befanden sich genau am Rand des derzeitigen Wasserstandes, wo der Sand immer noch feucht genug war, um diese Löcher mit Wasser zu füllen. Der Laich und die Kaulquappen waren dort vor den Fischen sicher, bis sie sich entwickelt hatten. (Warum Vögel, wie z. B. Reiher, diese Löcher nicht leer fraßen, weiß ich nicht.) Es war klar, daß ihre ganze Arbeit und ihre Nachkommen davongespült werden würden, wenn sich der Wasserpegel nur um zwei oder drei Zentimeter hob. Aber war auf ihr Wissen um den Beginn der Regenfälle wirklich Verlaß? Sicher war, daß sie immer noch die Löcher gruben – also bestand die Möglichkeit, daß es noch eine Weile trocken bleiben würde.

Auf dem interessanten, aber wasserarmen Cuc

Als es mir wieder besserging, entschlossen wir uns für einen alternativen Plan. Ein Bootsmann hatte Mark und mir vor Wochen erzählt, daß der Nebenfluß Mapaoni besser für unser Vorhaben geeignet sei als der Cuc. Ein großer Vorteil dabei war auch, daß es dort angeblich einen Pfad gab, der den Mapaoni mit dem Litanie-Fluß in Surinam verbinden sollte. Wir hatten den Mapaoni anfänglich ganz bewußt aus unseren Plänen ausgeschlossen, weil wir eventuellen Ärger mit den Behörden in Surinam aus dem Weg gehen wollten. Jetzt allerdings war uns der Gedanke, daß die Grenze von Surinam zu Brasilien eine spannungsgeladene militärische Zone sein könnte, gänzlich unwichtig. Wir würden das Risiko auf alle Fälle eingehen, denn der Cuc war ganz offensichtlich unpassierbar. Der neue Plan bedeutete zwar, daß wir weitere 200 Kilometer auf dem Jari zurücklegen mußten, aber vielleicht würden in diesen zwei bis drei Wochen Regenfälle dafür sorgen, daß der Wasserpegel allgemein wieder anstieg.

So paddelten wir wieder zum Jari zurück. Wir hatten gehofft, die Nacht in dem Camp der Geologen verbringen zu können, aber alle waren unterwegs zu Vermessungen, außer dem Koch und einem Krankenpfleger. Und die wollten uns ohne offizielle Genehmigung nicht im Camp bleiben lassen. Der Koch saß am Tisch und fingerte nervös an einem Kugelschreiber herum, während er eine Entschuldigung nach der anderen für seine Ungastlichkeit hervorstieß.

„Ohne offizielle Genehmigung können wir euch nicht aufnehmen", (*klick-klick* machte die Kugelschreiberspitze beim Raus- und Reindrücken), „und unser Funkgerät tut's im Augenblick nicht, sonst hätte ich über Funk die Genehmigung von unserem Boß eingeholt." *Klick-klick.* Er redete unentwegt weiter. Unsere bloße Anwesenheit schien ihn nervös zu machen.

Wir waren müde und wollten eigentlich nur eine Zigarettenpause machen, ehe wir zu unserem Kanu zurückkehrten und nach einem Lagerplatz suchten. Ich ließ ein paar Bemerkungen darüber fallen, daß es bei den Menschen in Amazonien Tradition wäre, Reisenden Unterkunft zu gewähren, und erwähnte, daß der Boß selbst uns in das Camp eingeladen hatte. Das Klicken des Kugelschreibers wurde immer hektischer. Vielleicht sahen wir auch nicht gerade vertrauenerweckend aus: wilde Bärte, die Gesichter eingefallen von den Malaria-Anfällen, zerlumpte Kleidung. Ich betrachtete Peter ganz objektiv. Er sah wirklich ziemlich heruntergekommen aus. Wir hatten gehofft, wenigstens etwas Speiseöl gegen Zucker eintauschen zu können, aber es schien nicht der Mühe wert, überhaupt zu fragen. Der Koch war der Typ Mensch, der sich nicht mal ohne Genehmigung in der Nase bohren würde.

Wir campierten auf einer Sandbank, die in der Nähe der anderen Flußseite lag. Lange diskutierten wir darüber, ob wir uns in der Nacht von den Vorräten des Kochs „bedienen" sollten. Wir hatten Büchsen mit fast vergessenen Köstlichkeiten gesehen, die dort stapelweise herumstanden: Tomatenmark, Brühwürfel, Büchsenfleisch, Dosen mit Trinkschokolade und noch vieles mehr. Unsere Ernährung war inzwischen so dürftig geworden, daß es zu den Höhepunkten des Tages gehörte, wenn wir unsere süßen Multivitamin-Pillen einnahmen. Wir hatten sogar unsere Medikamente durchforscht und sämtliche Tabletten gegen Verdauungsstörungen hinuntergeschlungen, weil sie nach Pfefferminz schmeckten.

„Wir werden uns gegen zwei Uhr morgens auf den Weg machen", meinte Peter.

„Okay, aber wir müssen sehr vorsichtig sein. Sie haben Revolver und eine ganze Menge Gewehre. Dieser Koch ist so nervös, daß er mit Sicherheit losballert."

Wir legten uns in unsere Hängematten, schliefen ein und wachten erst in der Morgendämmerung wieder auf. Die Chance hatten wir verpaßt!

Wieder auf dem Jari

Unsere Entscheidung, zum Jari zurückzukehren, war ein Wagnis. Bis zur Mündung des Mapaoni waren es 200 Kilometer, und wenn uns der Jari Schwierigkeiten machte, würde sich unsere Reise um mehrere Wochen verlängern. Die letzen 75 Kilometer bis zum Cuc hatte sich der Jari friedlich gezeigt, aber es gab keine Garantie, daß er das auch weiterhin tun würde. Nach unseren Erfahrungen, die wir vorher mit ihm gemacht hatten, war vermutlich eher mit dem Gegenteil zu rechnen.

An diesem Morgen vom verlockenden Lager der Geologen wegzupaddeln, brach mir schier das Herz. Ich hatte gehofft, daß Peter nachgeben und der Idee mit dem Hubschrauber zustimmen würde, aber er blickte nicht einmal zurück. Zusammengekauert saß ich im Bug des Bootes, immer noch geschwächt von der Malaria und mit schrecklichen Kopfschmerzen, die durch das Gleißen des Wassers in keiner Weise vermindert wurden. Ich litt unter der Unbequemlichkeit, den Insekten, der anstrengenden Arbeit, der Krankheit, der eintönigen Kost. Die ganze Reise war zu einem unerfreulichen Härtetest geworden, und ich wollte nach Hause. Uns war eine hervorragende Gelegenheit geboten worden, die Sache zu beenden, ohne den ganzen Weg noch einmal durch eigene Kraft zurücklegen zu müssen, und jetzt paddelten wir einfach davon!

Selbstverständlich behielt ich diese Gedanken fein säuberlich bei mir. Ich hatte schon zweimal Peter vorgeschlagen, die ganze Sache sausenzulassen, aber er hatte nichts davon hören wollen. Ich wollte ihn nicht um jeden Preis dazu überreden. Das war ungewöhnlich, denn normalerweise bin ich sehr beharrlich, wenn ich meinen Kopf durchsetzen will. Im nachhinein glaube ich, daß ich die Reise in diesem Moment noch gar nicht endgültig abbrechen wollte. Mir war bewußt, daß mindestens noch eine Woche bis zur Ankunft des Hubschraubers vergehen würde. Es gab also genügend Zeit, in der ich herausfinden konnte, ob sich meine Begeisterung nach dem Abklingen der Malaria wieder einstellen würde oder nicht. In der Zwischenzeit war es sicher besser, in Bewegung zu bleiben, als auf dem Flugplatz herumzuhängen.

Soweit es unser Vorwärtskommen betraf, war auch der nächste Tag einfach, und wir „fraßen" die Kilometer nur so. In einer Woche sahen wir mehr Wild als in der ganzen vorausgegangenen Zeit. Fluß und Tiere schienen es darauf anzulegen, mich aufzumuntern und aus meiner Lethargie zu reißen. Wir fuhren in einer Entfernung von knapp fünfzehn Metern an einem Puma vorbei, der am Ufer lag und die sanfte Brise genoß. Neugierig betrachtete er uns aus seinen goldenen Augen. Dann witterte er uns, sprang auf und floh mit herrlich fließenden, graziösen Bewegungen davon. Das war das erste Mal, daß ich in Amazonien einen Puma gesehen hatte, und der erste Blick, den ich je auf eine der großen Katzen in freier Wildbahn erhaschen konnte.

Ein paar Kilometer weiter begegneten wir einer Gruppe von sechs Riesenottern. Uns wurde dabei klar, warum sie vom Aussterben bedroht sind. Arglos tauchten sie ein paar Meter vom Kanu entfernt auf und wären extrem leicht zu schießen gewesen. Sie haben einen herrlichen, dichten Pelz, der einen besseren Preis erzielt als ein Jaguarfell, deshalb gibt es für sie an einem bewohnten Fluß nur geringe Überlebenschancen. Ich habe gehört, daß ein Fell pro Stück einen Preis bis zu 1800 Dollar erzielt.

In den nächsten paar Tagen hatten wir genug zu essen, denn wir betrachteten dieses üppige Wildvorkommen nicht nur mit ästhetischer Freude. Wir schossen einen Affen, zwei Hokkohühner und einen kleinen Alligator.

Im letzten Jahrhundert ist der Alligator in Amazonien wegen seiner wertvollen Haut gnadenlos gejagt worden, aber wir erlegten ihn wegen seines zarten, nach Fisch schmeckenden Fleisches. Fünf

Millionen Alligator-Häute waren 1950 allein aus dem Staat Amazonien exportiert worden, der ungefähr ein Viertel des brasilianischen Amazoniens umfaßt. Bedenkt man, daß auf jede exportierte Haut etwa zwei weitere kommen – die durch falsches Trocknen nicht benutzt werden können oder weil der verwundete Alligator untergeht und nicht wiedergefunden wird –, bedeutet das, daß ungefähr zwölf Millionen Alligatoren getötet worden waren. Diese Zahl hat sich inzwischen stark reduziert – zum Teil wegen strengerer Kontrollen und dem Einfuhrverbot der USA, zum Teil auch, weil der Alligator an den bewohnten Flüssen ganz einfach ausgerottet worden ist. Am Jari beobachteten wir zahlreiche kleine Alligatoren, die ins Wasser glitten, wenn wir uns näherten. Der längste, den wir auf dem ganzen Trip sahen, war höchstens zweieinhalb Meter lang.

Wir nahmen uns vor, alles, was sich uns anbot, wenigstens einmal zu probieren, um unseren Speiseplan abwechslungsreicher zu gestalten. An einem Tag kochten wir ein paar Wasserschlangen, die ausgesprochen ekelhaft schmeckten. Ein anderes Mal legten wir an einer Kiesbank eine Pause ein und fanden dort ein paar Süßwassermuscheln. Wir sammelten sie ein, um *Spaghetti alle vongole* zuzubereiten. Das war schon schmackhafter. Es gab am Jari auch eine Menge Krabben. Sie waren ziemlich klein, und wir kochten ab und zu welche. Leider fanden wir niemals genügend auf einmal für einen richtigen Festschmaus.

Wir stellten fest, daß der veränderte Jari psychologisch schwer zu verkraften war. Da gab es lange, ruhige Strecken, auf denen wir uns vorwärtsschleppten, während wir in der Hitze fast umkamen. Wir brachten zwar weite Strecken hinter uns, aber es war eintönig und nervtötend. Ich war immer noch deprimiert und lustlos – mir ging ständig durch den Kopf, daß wir es noch rechtzeitig zurück zum Cuc und zum Helikopter nach Belem schaffen konnten, wenn wir jetzt umdrehten. Nachdem ich die Behandlung mit Chinin/Tetracyclin über eine Woche fortgesetzt hatte, ging es mir allmählich besser. Die Tabletteneinnahme hatte nach einem ziemlich komplizierten System zu verlaufen: vier Tabletten am Mittag, zwei um 6 Uhr, zwei um 8 Uhr abends, zwei um Mitternacht, zwei um 4 Uhr und zwei um 6 Uhr morgens. Da wir keine Uhr dabeihatten, gab es keine Möglichkeit für mich, sie zur absolut korrekten Zeit einzunehmen. Besonders in der Dunkelheit erwies sich das als undurchführbar. Ich nahm einfach jedesmal zwei Tabletten, wenn ich nachts aufwachte.

Erst nach meiner Rückkehr nach England erfuhr ich von den Nebeneffekten von Tetracyclin. Ich konnte zum Beispiel nicht begreifen, warum jeder Teil meines Körpers, auf den Sonnenstrahlen trafen, wie wahnsinnig schmerzte und juckte, und das, nachdem ich schon so viele Wochen der Sonne ausgesetzt war. Nachts hielten die Schmerzen und das Jucken an, und ich mußte Anti-Histamine einnehmen. Trotzdem hielt ich es oft nicht mehr aus und setzte mich in den Fluß. All das waren Nebenwirkungen dieses Medikaments, wie ich zu Hause erfuhr.

In dieser Woche muß ich ein miserabler Partner gewesen sein. Den größten Teil des Tages über schwieg ich, um Peter für seine Unnachgiebigkeit zu bestrafen. Schließlich schlug ich einen Ruhetag vor, und der tat mir gut. Wir beschlossen, die Geschenke durchzusehen, die wir für die Indianer mitgenommen hatten, auf die wir bald zu treffen hofften. Wir hatten 150 Fischhaken, 700 Meter Angelschnur, etwas Salz, Bohnen und ein paar billige Spiegel und Kämme dabei. Beim Kauf dieser Geschenke waren wir ziemlich knausrig gewesen. Was Indianer wirklich mögen, sind Messer, Äxte, Macheten, Töpfe und Pfannen – alles Dinge, die wesentlich teurer sind und auch mehr Platz benötigen. Die Spiegel waren gräßliche kleine Dinger, die auf Sperrholz geklebt waren, und wir hofften, daß unser Leben nicht von diesem Schund abhängen würde. Am Ende dieses Ruhetages fühlte ich mich wie umgewandelt: Ich war zuversichtlich und ganz erpicht aufs Weitermachen. Die Niedergeschlagenheit war wie weggeblasen.

Früh am nächsten Morgen gab es wieder eine Panne. Ich wachte vom Piepsen eines Hokkopärchens ganz in der Nähe unseres Lagers auf. In aller Eile griff ich nach meinen Kontaktlinsen – die ich unbedingt benötigte, wenn ich auf die Jagd gehen wollte – und ließ dabei eine auf den Dschungelboden fallen.

„Peter", rief ich, „da sind ein paar Hokkohühner. Sieh zu, daß du eines davon erwischen kannst." Bisher hatte immer ich gejagt, während Peter sich völlig zurückgehalten hatte, wie auch an diesem Morgen.

„Ich habe noch nie in meinem Leben auf ein Tier geschossen. Ich kann keines umbringen."

„Hör zu", sagte ich verärgert, „ich kann nicht, weil meine verdammte Linse runtergefallen ist und ich total blind bin. Ich mag auch kein Lebewesen töten, aber essen möchten wir sie schon. Es ist höchste Zeit, daß du auch deinen Teil dazu beiträgst."

Diese Unterhaltung wurde in wütendem Flüstern geführt, um die Vögel nicht zu vertreiben. Peter zögerte immer noch.

„Peter, ich bin kein Jagdgehilfe, den du engagiert hast. Ich habe keine Lust, das Töten für dich zu erledigen, die Drecksarbeit für dich zu machen. Ich hab es bisher getan, aber jetzt reicht es. Geh und schieß einen dieser Vögel, bevor sie abhauen!"

Er ging schließlich, und ich konzentrierte mich auf das Stück Dschungelboden, auf das meine Linse gefallen sein mußte. Es war wie das Suchen einer Nadel im Heuhaufen. Blätter und Äste lagen mehrere Zentimeter hoch, aber ich kniete mich hin und begann sie vorsichtig zu durchsuchen. Peter kam zurück – ohne Hokko: Die Vögel waren genau in dem Moment aufgeflogen, als er sie aufs Korn nehmen wollte. So half er mir bei der Jagd nach meiner Linse. Eineinhalb Stunden lang hoben wir im Umkreis von zwei Quadratmetern jedes Blatt einzeln hoch, und – welch ein Wunder – wir fanden sie tatsächlich.

*

Als wir uns der Mündung des Mapaoni näherten, kamen wir an ein paar Anzeichen menschlicher Besiedlung vorbei: ein alter Unterstand von der Art, wie ihn die Indianer bei ihren Jagdausflügen errichteten, ein verlassenes Haus und ein altes Kanu. Wir durchsuchten das Haus, dessen Strohdach eingefallen war. Zu unserer Freude entdeckten wir auf einer einstmals bepflanzten und jetzt zugewucherten Lichtung einen Papaya-Baum mit ein paar reifen Früchten. Da es uns nicht möglich war, an seinem glatten Stamm hinaufzuklettern, fällten wir ihn kurzerhand. Das war zwar ein Akt von Vandalismus, aber nichts hätte uns von den köstlichen Früchten abhalten können. Wir vermuteten, daß das Haus Indianern gehört haben mußte, und dieser Eindruck wurde noch durch den überwucherten Garten verstärkt, der voll war mit den kleinen roten Beeren, die von den Indianern zum Färben und Schmücken verwendet werden.

Wir paddelten weiter und erwarteten jeden Augenblick, auf Indianer zu treffen. Als wir deshalb am linken Ufer eine gerodete Lichtung erblickten, zogen wir Shorts an und kletterten das Ufer hinauf. Vom Uferkamm riskierten wir einen Blick – und duckten uns sofort wieder. Dort stand, mit gutem Einblick auf die Biegung des Flusses, eine Siedlung. Aber es war kein Indianerdorf; mehrere Basilianer liefen dort herum, und es gab sogar einen Funkmast. Das mußte Molocopote sein, die Kontrollstation, von der man uns erzählt hatte, und nach unserem Geschmack sah das Ganze viel zu offiziell aus.

Wir überlegten, ob wir den Leuten ganz offen gegenübertreten oder ob wir uns später im Schutz der Dunkelheit vorbeischleichen sollten. Wir entschlossen uns für die erste Möglichkeit und paddelten um die Flußbiegung. Auf einem Felsen stand ein junger Mann und wusch sich. Er war von oben bis unten mit Seifenschaum bedeckt und sang fröhlich vor sich hin. Er entdeckte uns erst, als wir nur noch zwei Meter von ihm entfernt waren. Sein Lied hörte abrupt auf, weil ihm der Mund offenstehen blieb, die

Seife entglitt seinen Fingern – und Peter und ich bogen uns vor Lachen.

Wir vertäuten das Kanu und marschierten mit allen möglichen Geschichten im Hinterkopf, mit welchen wir uns an eventuellen amtlichen Auflagen oder gar Verboten vorbeischwindeln wollten, zum Lager hinauf. Das erwies sich glücklicherweise als unnötig, denn wir trafen dort nicht auf Beamte, sondern auf eine weitere Gruppe von Geologen. Sie überwanden bewundernswert schnell ihre Verblüffung über unser Auftauchen, verwöhnten uns mit leckeren Speisen und luden uns schließlich ein, die Nacht bei ihnen zu verbringen.

Es war tatsächlich Molocopote, und bis vor zwei Jahren hatte es hier auch einen FUNAI-Posten gegeben. Über fünfzig Indianer hatten hier gelebt. Dann waren sie jedoch von einem Stamm, der vom Cuc herübergekommen war, überfallen worden, und die Überlebenden waren zum Paru-Fluß gezogen. Übriggeblieben waren ein großes gerodetes Gebiet mit ein paar verfallenen Hütten, eine Landebahn für Flugzeuge und eine verwilderte Herde von Wasserbüffeln. Es gab auch mehrere Gräber von Indianern, die bei dem Überfall ums Leben gekommen waren.

Einer aus dem Geologen-Team erzählte uns, aus Neugier zwei Gräber geöffnet zu haben. Er beteuerte, dies aus reinem archäologischem Interesse getan zu haben. Den Schädel eines Toten hatte er allerding nicht wieder beerdigt, sondern ihn an einen Balken der Hütte gehängt. Der Hobby-Archäologe hatte festgestellt, daß die Indianer mit einem merkwürdigen Sammelsurium an persönlichen Besitztümern bestattet worden waren: einer Hängematte, einer Tube Colgate-Zahnpasta, Patronen für eine Schrotflinte, Töpfen, Pfannen und einer leeren Coca-Cola-Flasche. Interessanterweise waren die Männer auch nicht durch Pfeil und Bogen, sondern von Schrotkugeln getötet worden.

Einer der Männer spielte Gitarre. Er hatte eine wundervolle Stimme, die in die kühle, sternenklare Nacht aufstieg und vom

Dschungel auf der anderen Uferseite zurückgeworfen wurde. Paulo kannte viele englische Lieder, die er sich eingeprägt hatte, ohne zu wissen, was die einzelnen Wörter bedeuteten, und er sang sie wunderschön. An diesem Abend wurde uns bewußt, wie sehr wir Musik vermißt hatten. Zu Beginn des Trips, mit Mark, hatten wir einen kleinen Kassettenrecorder und ein paar Bänder gehabt, was ein ungeheurer Luxus gewesen war. Aber das Gerät hatte Mark gehört.

Vier Männer, die vor zwei Wochen ungefähr 30 Kilometer weit den Mapaoni hinaufgefahren waren, erzählten, daß es sehr schwer sei, bei dem wenigen Wasser und den vielen Stromschnellen vorwärtszukommen. Das hatten wir mehr oder weniger erwartet. Immerhin hatten die Männer eine gute Karte des Flusses – im Maßstab 1 : 250 000 –, die wir uns kopieren konnten.

Wir hängten unsere Hängematten neben denen der Männer auf, und wie immer in solchen Camps war es alles andere als eine ruhige Nacht. Einer der Männer hörte zwei Stunden lang der Übertragung eines Fußballspiels zu. Brasilianische Sportreporter gehen einem noch mehr auf die Nerven als die englischen. Sie quasseln ununterbrochen in zungenbrecherischer Geschwindigkeit, und wenn ein Team ein Tor schießt, brüllen sie wie am Spieß, wobei ihre Stimme immer lauter wird und sie den Ton mindestens zwanzig Sekunden lang halten. Noch vor Sonnenaufgang spielten zwei andere Männer mit dem Sendersuchlauf an ihren Radios herum. Die anderen husteten, spuckten, kratzten sich und furzten. Dieser Aufenthalt war eine nette Unterbrechung unserer Routine gewesen, aber wir waren froh, wieder gehen zu können.

Peter sah bleich aus und blieb auch noch in eine Decke gewikkelt, lange nachdem die Sonne die morgendliche Kühle vertrieben hatte. Aber er meinte, daß er unbedingt weiterwollte. Deshalb schüttelten wir den Männern nach einem heißen Kaffee die Hand und paddelten davon.

Peter, mein verläßlicher Gefährte

Wir waren erst einen Kilometer weit gekommen, als sich Peters Zustand drastisch verschlimmerte. Eingewickelt in unser Bettzeug, lag er, nachdem wir haltgemacht hatten, auf dem Ufersand. Schließlich konnte ich ihn zur Rückkehr nach Molocopote überreden. Dort waren die meisten der Männer gerade dabei, das Camp zu verlassen, um zu einer Stelle stromaufwärts zu fahren, wo sie Goldfelder gefunden hatten, deren Abbau sich rentieren würde. Peter kroch in seine Hängematte, und ich verbrachte den Tag damit, mit den vier oder fünf Männern, die dageblieben waren, zu ratschen.

Am nächsten Tag machten sich auch die restlichen Männer stromaufwärts auf den Weg. Nur Elcio, der Boß, der auf ein Flugzeug wartete, sowie Peter und ich blieben zurück. Am Tag darauf fühlte sich Peter gut genug, um sich wieder auf den Weg zu machen. Ich mußte seine Willenskraft bewundern.

Bei meinem letzten Malaria-Anfall hatte es einen Hubschrauber gegeben, der mich in Versuchung geführt hatte, alles hinzuschmeißen, und hier, in Molocopote, wußte Peter, daß innerhalb einer Woche ein Flugzeug landen würde. Aber nicht ein einziges Mal dachte er daran aufzugeben. Ich hatte Glück gehabt, einen Begleiter von Peters Kaliber zu finden!

Jetzt, am Ende unserer Reise auf dem Jari, blieb sein Wasser auch weiterhin ruhig und friedlich, und es tat uns fast leid, daß wir ihn bald verlassen mußten. Als wir die Mündung des Mapaoni erreichten, machten wir auf einer Sandbank halt, um uns auszuruhen und dem Jari Lebewohl zu sagen. Wir schwammen ein letztes Mal in seinen grünen Fluten und probierten sein Wasser, um zu sehen, ob wir einen Geschmacksunterschied feststellen konnten. Peter war davon überzeugt, daß der Mapaoni nach Gold schmeckte – er war einfach ein Optimist!

An unserem ersten Tag auf dem Mapaoni legten wir ungefähr vier Kilometer zurück, bevor wir unseren Lagerplatz aufschlugen. Wir waren zuversichtlich: Es gab hier nicht so viele seichte Stellen wie im Cuc und eine für die Jahreszeit erstaunliche Menge von Wasser. Elcio hatte uns gesagt, daß der Mapaoni Stromschnellen habe, aber wir konnten uns nicht vorstellen, daß sie auf einem Fluß dieser Größe besonders aufregend sein könnten. Am nächsten Tag legten wir zwanzig Kilometer zurück, und abgesehen von ein paar kleineren Stromschnellen, durch die wir waten mußten, war alles sehr einfach.

Der Mapaoni ist der schönste Fluß, auf dem ich je gefahren bin. Auch der Jari war in seinem oberen Bereich interessant geworden, aber das hier war der Traum eines Paddlers. Der Fluß war zehn Meter breit und schlängelte sich durch eine Szenerie, die sich ständig veränderte: Sandbänke, kleine, felsige Inselchen, liebliche, dschungelüberwucherte Hügel zu beiden Seiten. Ich mochte diese hügeligen Ufer mit ihrem dichten Baumwuchs in allen nur denkbaren Grüntönen. Und jetzt, Mitte November, standen viele Bäume in voller Blüte. Ihre Kronen waren Wolken aus Gelb und hellem Violett.

Nach der Karte hatten wir schätzungsweise noch knapp 120 Kilometer bis zur Grenze vor uns, und der letzte große Nebenfluß, der Caripi, floß nach ungefähr 80 Kilometern in den Mapaoni. Damit blieben uns etwa 35 Kilometer mit wenig Wasser, die sehr hart zu werden versprachen. Aber wir blühten durch die herrliche Landschaft geradezu auf. Wir vergaßen unsere schmerzenden Muskeln, die Hitze, das ständige Kopfweh, das die Malaria während der ganzen Reise verursachte, und genossen den Fluß.

Der dritte Tag war etwas schwieriger, dennoch legten wir ungefähr 15 Kilometer zurück. Eine Stromschnelle zwang uns zum ersten Transportieren seit den Macacoara-Fällen, aber wir schafften es spielend.

Als wir am dritten Tag unser Mittagessen einnahmen, sahen wir eine Gruppe von Klammeraffen, die so groß wie zweijährige Kinder waren; hinter uns tummelte sich ein Rudel Kapuzineraffen, und in zehn Meter Entfernung zog ein Otter einen Fisch auf einen Felsen und verspeiste ihn, wobei ihn offensichtlich unsere Anwesenheit überhaupt nicht störte. Eine Schar von blau- und scharlachroten Aras zankten und kreischten, als sie über unsere Köpfe hinwegflogen, um in einem Baum in der Nähe zu landen, den sie mit ihren grellen Farben schmückten. Später auf dieser Reise sammelte ich ein paar Federn dieser Vögel und stellte fest, daß einzelne von ihnen mindestens fünf Farben hatten. Andere wieder waren auf einer Seite rot und auf der anderen blau. Die Schwanzfedern können übrigens bis zu 55 Zentimeter lang werden.

*

An diesem Abend, nach einer üppigen Hokko-Mahlzeit, versuchte ich ein paar Welse für das nächste Frühstück zu fangen. Ich saß im Mondlicht rauchend auf den Felsen in der Nähe unseres Lagers und zog einen Fisch nach dem anderen aus dem Wasser. Innerhalb von nur fünfzehn Minuten bissen auch zwölf Piranhas an, die ich aber alle wieder zurückwarf. Es machte Spaß, im Mondlicht, das sich im Wasser spiegelte, dazusitzen. Feuerfliegen umkreisten mich, Peters Singen tönte vom Lagerplatz zu mir herüber, begleitet vom nächtlichen Chor des Dschungels. An diesem Teil des Mapaoni gab es wieder mehr Moskitos, aber an diesem Abend quälten sie mich nicht zu sehr. Ab und zu stießen Fledermäuse herab und schwebten zwei bis drei Zentimeter vor meinem Gesicht vorüber. Sie waren fast unsichtbar, aber mit dem Schlag ihrer Schwingen verwehten sie mein Haar. Sie waren hinter den Moskitos her und mir daher sehr willkommen. Schnappt sie euch nur, Freunde, dachte ich. Ich fing einen weiteren Piranha und tötete ihn, um einen größeren Köder zu haben. Dann wechselte ich den Haken, steckte eine Hälfte des Piranhas darauf und warf die Leine aus, die ich mir, um eine Zigarette zu rollen, zwischen die Knie geklemmt hatte. Zufrieden nippte ich an meinem Kaffee und träumte vor mich hin.

Plötzlich wurde die Leine so heftig weggerissen, daß ich mir den Kaffee über die Brust kleckerte. Nach wildem Zerren und Platschen zog ich einen zweieinhalb Kilo schweren *trairao* aus dem Wasser und warf ihn auf die Felsen, wo er nach Luft schnappte. Wenn ich an all die Stunden denke, die ich damit verbracht habe, in englischen Flüssen zu fischen – wobei ich allenfalls ein mickriges, hundert Gramm schweres Rotauge an Land zog –, war das Fischen in Amazonien wirklich ein reines Vergnügen. Es hat mich für das Angeln in England für immer untauglich gemacht. Ich beförderte den *trairao* mit einem Schlag auf den Kopf ins Jenseits und schuppte ihn mit dem Rücken meines Messers. Diese Arbeit liebte ich nicht besonders, denn anschließend hatte ich die Schuppen alle in meinen Haaren und im Bart. Dann fuhr ich mit dem Messer flach am Rückrat entlang und löste zwei saftige Filets ab, die ich morgens zum Frühstück braten wollte. Bis dahin legte ich sie in einen Topf mit Salzwasser.

Am nächsten Morgen mußte ich meine wunderschönen *trairao*-Filets allerdings den Flußgöttern opfern. Gerade als wir frühstückten, schwamm ein aufgeblähter, toter Tapir vorbei. Was für ein Gestank! Der Kadaver verfing sich in einem versunkenen Baum genau vor unserer Nase, und als ich versuchte, ihn mit einem Stock wegzustoßen, fiel der aufgeblähte Körper wie ein Luftballon zusammen und setzte einen gewaltigen Schwall von stinkendem Gas frei. Wir hielten uns die Nasen zu, sammelten hastig unsere Habseligkeiten ein und machten, daß wir wegkamen.

In der relativ unberührten Gegend am Mapaoni hatten die Tiere wenig oder gar keine Angst vor uns Menschen, standen oftmals seelenruhig da und nahmen die merkwürdige, fremde Witterung auf. Nur die Leguane reagierten anders. Wir störten sie oft beim Sonnenbaden auf den oberen Ästen eines Baumes. Sie ließen sich dann wie ein Stein in das oftmals zwanzig Meter darunterliegende Wasser fallen. Dabei schlugen sie auf den unteren Zweigen auf und machten Purzelbäume, ehe sie mit einem lauten Platschen ins Wasser plumpsten. Wie sie es vermieden, sich dabei zu verletzen, ist mir ein Rätsel. Wenn sie einfach ruhig liegengeblieben wären, hätten wir sie übrigens niemals bemerkt.

Auf einer unserer Karten waren am Oberlauf Indianerdörfer eingezeichnet, und wir bereiteten uns auf eine erste Begegnung mit ihnen vor – mit gemischten Gefühlen, wie man sich denken kann. Wir hofften, sie noch vorzufinden, weil ohne sie der Pfad, der dort existieren sollte, sicher überwuchert sein würde. Außerdem wäre es eine interessante Erfahrung. Andererseits hatten wir natürlich gewisse Bedenken, denn wie konnten wir sicher sein, daß sie uns freundlich gesinnt waren? Es gab so viele Faktoren, die ihr Verhalten beeinflussen konnten: wie sie in der Vergangenheit von Außenstehenden behandelt worden waren, ob sie sich bedroht fühlten, ob der fragliche Stamm generell kriegerisch oder friedliebend veranlagt war. Wir waren immerhin Eindringlinge und hatten kein Recht, dort zu sein. War der Kontakt erst einmal hergestellt, wollten wir auf unser Einfühlungsvermögen und unsere Diplomatie vertrauen. Aber vielleicht bekamen wir gar nicht die Chance, ihnen zu zeigen, was für nette Kerle wir waren! Vielleicht marschierten wir geradewegs in einen Hinterhalt von unsichtbaren Angreifern. Wir beschlossen, keinesfalls unsere Gewehre zu benutzen, wenn wir angegriffen werden sollten – auch wenn uns bei diesem Gedanken nicht sehr wohl war.

Während der Strecke auf dem Jari, die frei von Stromschnellen gewesen war, waren wir faul geworden, aber fünf Tage mit Stromschnellen brachten uns schnell wieder in die alte Höchstform zurück. Wir stießen jetzt auch wieder auf ziemlich große Wasserfälle. Manche von ihnen stürzten fünfzehn bis zwanzig Meter in die Tiefe. Wir schafften pro Tag nur noch fünf Kilometer, und wir warteten ungeduldig darauf, den Caripi zu entdecken, den letzten großen Nebenfluß.

Fluß mit Hindernissen

Acht Tage nachdem wir den Jari verlassen hatten, erreichten wir die Mündung des Caripi. In den vergangenen acht Tagen hatten wir über 80 Kilometer zurückgelegt, was wesentlich schneller war, als wir erwartet hatten. Doch nun zeigte sich, daß die guten Zeiten vorbei waren. Der Mapaoni war jetzt nur noch drei Meter breit, und das Hauptproblem waren umgestürzte Bäume. In Amazonien sind Bäume grundsätzlich eine wackelige Angelegenheit. Sie haben oft Wurzeln, die nur ein paar Zentimeter unter der Erdoberfläche verlaufen, und wo diese Wurzeln dem reißenden Wasser des Flusses ausgesetzt sind, werden sie unterspült, der Baum stürzt quer über den Fluß. Ungefähr alle fünfzehn Meter lag eine solche Barriere vor uns.

Der Blick den Fluß hinauf war ziemlich demoralisierend, da ein Hindernis nach dem anderen auftauchte. Wenn wir Glück hatten, lagen die Ufer hoch, und der Baum war von einem Hochufer auf das andere gefallen, wobei er darunter die notwendige Lücke gelassen hatte, die wir benötigten, um uns mit unserem Kanu hindurchzuzwängen. Manchmal waren die Bäume beim Aufprall auseinandergebrochen oder später, nach dem Verrotten, zerfallen, so daß es in der Mitte oder an der Seite eine Stelle gab, die wir passieren konnten. Aber meistens hatten wir nicht soviel Glück. Manche Bäume lagen halb untergetaucht mitten auf unserem Weg, und wir mußten alles über sie hinwegschaffen. Wenn sie nur ein paar Zentimeter aus dem Wasser ragten, konnten wir das beladene Kanu darüberziehen, standen sie ein bißchen höher heraus, entluden wir vor dem Ziehen einen Teil unseres Gepäcks. Ragten sie allerdings dreißig Zentimeter oder mehr aus dem Wasser heraus, mußten wir alles ausladen und das Kanu darüberheben. Paddeln war fast unmöglich geworden. Oft mußten wir uns zu Fuß mit den Macheten einen Weg durch die abgestorbenen Äste bahnen. Wir hüpften auf den verrotteten Baumstümpfen herum, um sie zu zerbrechen, und zerrten kleine Stümpfe aus dem Weg.

An manchen Stellen hatte der Dschungel von diesen Brücken aus Baumstämmen Besitz ergriffen und war von einem Ufer ans andere gewachsen, hatte oft eine üppig wuchernde Barrikade aus Lianen, Dornen und Büschen errichtet, die häufig mehrere Meter dick war. Wir mußten dann einen Tunnel hindurchschlagen. Dann standen wir bis zur Brust im Wasser, in dem sich im Laufe der Jahre eklige Dinge angesammelt hatten, und hackten fluchend auf die Wand ein. Das Hacken und Schütteln störte natürlich

Über den Fluß gestürzte Bäume versperren den Weg

Ameisen, Spinnen, stechende Insekten und Fliegen auf. Spinnweben, Staub und Teile des zerfallenen Holzes regneten auf uns nieder. Hatten wir schließlich einen Tunnel geschaffen, mußten wir das Kanu vorsichtig hindurchmanövrieren, nur um dann erneut einem Hindernis dieser Art gegenüberzustehen.

Das Kanu hatte sich bisher recht gut gehalten, aber unter diesen Bedingungen zeigte es schnell „Ermüdungserscheinungen". Der Konstrukteur in England hatte uns davor gewarnt, das vollgeladene Kanu über Baumstämme zu zerren. Er könnte dabei zerbrechen. Er hatte uns geraten, die Verstrebungen der Ruderbänke herauszunehmen und damit den Boden zu verstärken. Wir hätten das in Santarem machen sollen, als wir das Kanu zusammenbauten, aber wir hatten auf unser Glück vertraut. Doch jetzt gingen wir bei jedem Baumstamm ein Risiko ein. Selbst wenn das Boot leer war, konnten wir sehen, unter welcher Beanspruchung es stand. Der Boden wölbte sich nach oben, wenn das Kanu über einen Stamm rutschte, und weil sich dabei die Form des Kanus veränderte, sprangen die Ruderbänke aus ihren Dollbord-Halterungen. Wir zurrten die Ruderbänke wieder fest und fuhren noch einen Tag eigensinnig weiter, ehe wir einsahen, daß wir einen Ruhetag einlegen und das Kanu wieder sorgfältig auf Vordermann bringen mußten. Der halbe Kiel hatte sich inzwischen schon gelöst, und so hatten wir eine Menge Arbeit zu erledigen.

Abends am Lagerfeuer häutete ich den Affen, den Peter am Nachmittag geschossen hatte, eine Arbeit, die ich sehr ungern verrichtete. Affen waren einfach so schrecklich menschenähnlich. Die Augen – obwohl durch den Tod getrübt – schienen einen traurigen Ausdruck zu haben, der besagte: „Was hab ich dir denn getan?"

Unser Opfer war, nach dem Zustand seiner Zähne zu urteilen, ein Opa. Wenn man Affen jagt, erwischt man meistens den Häuptling der Gruppe, der stets etwas zurückbleibt, um die Flucht seiner Sippe zu sichern. Tut mir leid, alter Junge, aber ich glaube, du hattest ein langes und erfülltes Leben, und vielleicht wäre schon bald ein junger Draufgänger gekommen und hätte dich in ein einsames Rentnerdasein vertrieben! Ich schälte den Pelz von seinem Gesicht, da Peter und ich Geschmack am Hirn und an der Zunge gefunden hatten und uns jeweils abwechselnd diese Delikatesse gönnten. Wir beschlossen, den Affen zu braten, aber er war so zäh wie ein alter Stiefel und ungefähr genauso schmackhaft. Wir bissen uns an ihm fast die Zähne aus und warfen den Rest schließlich in einen Topf, um ihn zu kochen.

Meine Fußfäule wurde immer schmerzhafter, und ich mußte nachts ein weiches Hemd um meine Füße wickeln, um sie vor dem rauhen Material der Hängematte zu schützen. Da ich meist nackt durch den Dschungel marschierte, hatten sich auch Dutzende von

Zecken an mir festgebissen. Es ist immer am besten, die Zecken sich vollsaugen zu lassen, bis sie vom Blut ganz dick sind, ehe man versucht, sie zu entfernen. Auf diese Art gehen sie leichter ab, aber ich hatte zu viele, um derartig gastfreundlich sein zu können. Ich kratzte sie mit den Fingernägeln ab. Dabei blieben zweifellos die meisten Köpfe stecken, die dann später kleine Infektionen verursachten.

Zum Glück waren wenigstens die Moskitos verschwunden, und diesmal für immer. Ohne sie war das Leben gleich ganz anders. Es gab keine stickigen, schweißtreibenden Nächte mehr, nichts störte mehr unseren Blick auf die Sterne am Himmel oder die Tiere, die vorbeistrichen. Jetzt umwehte uns eine kühle Brise, und wir schliefen viel besser.

Am nächsten Tag arbeiteten wir lange und angestrengt am Kanu. Ich vermute, daß eine derartige Arbeit außerordentlich charakterbildend ist und einem hilft, seinen faulen inneren Schweinehund zu überwinden, aber wir hätten es trotzdem vorgezogen, den ganzen Tag lang in der Hängematte zu schaukeln. Ich zog eine Menge Schrauben aus der nutzlos gewordenen wasserdichten Luke, um den halben Kiel wieder zu befestigen. Dann schnitt ich ein Stück Holz zurecht, um die fehlende Hälfte zu ergänzen. Es sah nicht so aus, als ob es lange halten würde – aber es würde verhindern, daß der Boden des Kanus allzuoft über den Grund schabte. Wir verstärkten auch behelfsmäßig die Verstrebung der Hauptruderbank. Dann gingen wir unsere Nahrungsvorräte durch und machten Bestandsaufnahme. Eine ganze Menge davon war feucht geworden, und wir breiteten es zum Trocknen um das Lagerfeuer herum aus, weil die Sonne durch den dichten Dschungel nicht bis zum Fluß herunterdrang.

Eine Familie von Wasserschweinen schwamm auf uns zu. Zwei Erwachsene und drei Junge näherten sich uns bis auf zwei Meter, ehe sie uns entdeckten. Instinktiv griff ich nach der Flinte, um eines der saftigen Jungen zu schießen, aber dann hielt ich inne. Es war so eine nette Familienszene, und ich hatte vom Töten die Nase voll.

Am nächsten Tag setzten wir unseren Kampf mit dem, was vom Mapaoni übriggeblieben war, fort. Es waren vermutlich nur noch 30 Kilometer bis zum Oberlauf. Vormittags kamen wir recht schnell voran. Einen großen Teil der Bäume konnten wir überwinden, ohne das Kanu entladen zu müssen, da die Stämme nur ein paar Zentimeter aus dem Wasser ragten. Wir standen dabei jeweils auf einer Seite des Stammes und wuchteten das Boot gleichzeitig empor „Eins – zwei – drei – hoch!" Nach drei oder vier Versuchen war das Kanu drüben, und wir konnten weiterfahren.

Beim Hacken der Tunnels wechselten wir uns ab. Einer von uns saß da und ruhte sich aus, bis der andere den Tunnel fertig hatte und das Kanu auf die andere Seite geschoben werden konnte. Ich rauchte und sah Peter gerade dabei zu, wie er energisch die Machete schwang, als er plötzlich einen Schrei ausstieß und durch das brusttiefe Wasser zurückstürmte.

„Strom! Elektrischer Strom!" schrie er. Er sah schreckensbleich aus, und mir war sofort klar, daß er einen Schlag von einem Zitteraal bekommen hatte. Er lehnte sich schlotternd ans Kanu. „Scheiße", murmelte er. „Was zum Teufel war das? Ich hab einen elektrischen Schlag bekommen!"

„Das war ein Zitteraal, Peter."

„Was für ein Aal?"

„Ein elektrischer –"

„Ein elektrischer Fisch! Ist das dein Ernst?"

„Ja. Eine weitere Kuriosität von Amazonien."

Er grinste schwach. „Dieser verdammte Dschungel kann doch immer wieder mit neuen Überraschungen aufwarten, was? Also, jetzt bist du dran mit der Machete."

„Ganz und gar nicht! Du bist noch nicht fertig mit deiner Arbeit. Jeder ein Dickicht."

„Ich geh da nicht mehr rein zu diesem elektrischen Fisch."

Da Peter immer noch ziemlich geschockt aussah, nahm ich die Machete und schlug einen langen Ast von einem Baum am Ufer ab. Dann ging ich langsam und vorsichtig auf das Gestrüpp zu und schlug dabei mit der flachen Seite der Machetenklinge auf das Wasser und stocherte mit dem Ast am Flußboden herum. Es war nicht ungefährlich. Zitteraale können einen Schlag bis zu 550 Volt erzeugen, mehr als genug, um einen Mann zu betäuben. Unser Aal hatte offensichtlich das Weite gesucht. Aber es war kein sehr erfreulicher Gedanke, daß wir für den Rest unserer Reise mit dieser Art von Tieren rechnen mußten.

Der Zitteraal ist eigentlich kein richtiger Aal – eher ein Süßwasserfisch, der mit dem Wels verwandt ist. Er kann über zwei Meter lang werden und ernährt sich von Fröschen, Schalentieren und Fischen. Er muß alle fünfzehn Minuten an die Oberfläche kommen, um Luft zu holen. Sein Kopf ist der Pluspol und der Schwanz der Minuspol, und beide müssen das Opfer berühren, damit sich der Strom entladen kann.

Auf unserer Landkarte war das erste Indianerdorf ungefähr fünf Kilometer vor unserem jetzigen Standpunkt eingezeichnet, und wir ertappten uns dabei, daß wir mit scharfen Augen den Dschungel nach beobachtenden Gesichtern und die Sandbänke nach Fußabdrücken absuchten. Aber es gab immer noch keinen Hinweis auf Menschen. Wir hielten die Augen offen nach einem Hinweis auf andere Verrückte, die sich mit dem Boot in dieser Gegend durchzuschlagen versuchten, aber es gab keine. Zweifellos benutzten die Indianer auf solchen Flüssen keine Kanus, aber wir schimpften trotzdem darüber, daß sie ihre Wasserwege nicht besser in Ordnung hielten.

Von Zeit zu Zeit schlängelte sich der Fluß durch sumpfiges Gebiet mit grasigen Ufern, und hier kamen wir wesentlich schneller voran, denn es gab weniger große Bäume am Uferrand, die umstürzen und den Fluß blockieren konnten. In einem dieser Gebiete sahen wir am Ufer Anzeichen, die auf Indianer hinwiesen – ein Feld mit breitblätterigen Pflanzen. Wir suchten den Horizont nach Rauch ab, und unsere nervöse Anspannung steigerte sich. Als plötzlich zwei Wasserschweine „bellten" und vom Hochufer drei Meter vor uns ins Wasser hüpften, sprangen wir so entsetzt hoch, daß wir beinahe das Boot zum Kentern brachten.

Zu diesem Zeitpunkt überlegten wir uns, ob wir die Flinte überhaupt noch benutzen sollten. Der Knall würde sehr weit tragen und jeden Indianer im Umkreis von etlichen Kilometern aufschrecken. Da wir auch wußten, wie man sich zu benehmen hat, holten wir unsere Shorts heraus, damit sie für die erste Begegnung bereitlägen. Unsere Anspannung dauerte noch ein paar Tage, doch nachdem wir keinen einzigen Indianer zu Gesicht bekamen, hörten wir allmählich auf, nach menschlichen Spuren Ausschau zu halten.

„Ich glaube nicht, daß es hier welche gibt", bemerkte ich Peter gegenüber.

„Wie kommst du auf diese Idee?" fragte er.

„Nun, sie sind intelligente Menschen. Und kein intelligenter Mensch würde doch in so einem beschissenen Winkel leben wollen, oder?"

Wir legten nun durchschnittlich drei bis vier Kilometer pro Tag zurück. Es war eine harte Zeit, die nur durch die angenehmen Abende erträglich wurde. Unsere Körperreinigung, die während der ganzen Reise ein Ritual gewesen war, wurde jetzt zu einem wahren Hochgenuß. Unsere Schnitte und Kratzer einzuseifen, die Stiche und juckenden Stellen zu kühlen, den Dreck und Schweiß abzuwaschen und die Ameisen aus unserem Haar und unseren Bärten zu klauben, versetzte uns immer wieder in gute Laune. Wir konnten uns in aller Ruhe unsere Abendgarderobe anziehen – lange Hosen und Hemd –, denn es gab keine Moskitos, die uns zur Eile antrieben. Wir konnten uns ebenso in aller Ruhe zu einer großen Tasse Kaffee und unserem Abendessen hinsetzen. Leider waren uns Tee und Milchpulver schon lange ausgegangen. Aber Kaffee war ja auch nicht schlecht. Wir saßen da und sprachen über den Tag, jammerten und bemitleideten uns, redeten über die Welt draußen, die so weit entfernt schien, schrieben in unsere Tagebücher, und ich rauchte ein paar Zigaretten.

In einem der Sumpfgebiete teilte sich der Fluß in zwei kleine Seitenarme. Da wir uns nicht sicher waren, welchen wir nehmen sollten, trennten wir uns und gingen einzeln auf Erkundungsreise. Wir wateten durch Wasser, das uns bis zum Hals und manchmal über den Kopf ging, wenn der Grund plötzlich unerwartet unter unserem Gewicht nachgab. Ich wünschte, ich hätte die Flinte zurückgelassen, denn dann hätte ich einfach schwimmen können. So aber wirbelten meine Füße dichte Faulgas-Wolken vom schlammigen Boden des Flusses auf, und das stehende Wasser war zu trübe, als daß ich die versunkenen Baumstämme hätte sehen können. So blieb es nicht aus, daß bei manchem Schritt nach vorne meine ohnehin schon zerschundenen Schienbeine und Knie gegen Hindernisse stießen.

Auf diese Weise hatte ich ungefähr einen halben Kilometer zurückgelegt, als mich plötzlich die Angst vor Zitteraalen überfiel. Das war genau die Art von Gewässer, die sie bevorzugten, und ich stand bis zum Hals darin. Schreckensstarr stand ich da, überzeugt, daß ich den Schlag meines Lebens bekommen würde, wenn ich mich nur einen Schritt vorwärtsbewegen würde. Über fünf Minuten stand ich unbeweglich da und kämpfte gegen meine Panik an, ehe ich mich zum Weitergehen zwingen konnte. Ich wollte aus dem Wasser heraus, aber das Ufer war einfach zu sumpfig. Es blieb nur der Fluß.

Einen Kilometer hatte ich mich vorwärtsgekämpft, als ich plötzlich um die nächste Biegung herum ein Platschen hörte. Ein Tapir oder ein Indianer? Die Angst kehrte zurück. Das Platschen kam direkt auf mich zu. Ich legte mich auf den Rücken und schwamm auf einen überhängenden Busch zu; die Flinte hielt ich dabei krampfhaft über Wasser. Das Geräusch kam näher. Was immer es auch war, es würde sehr nahe an meinem Versteck vorbeikommen, denn es hielt sich offenbar dicht an meiner Uferseite. Ich zog mich so weit wie möglich unter das Gebüsch zurück und äugte durch die Zweige. Plötzlich wurde die Spannung von einem Schwall von Flüchen in Englisch mit Akzent durchbrochen. Peter hatte es sich angewöhnt, auf englisch zu fluchen. Ich hatte ihn ziemlich regelmäßig darin unterrichtet.

„Oh, Scheiße, du verdammter Bastard", brüllte er und hob dabei ein blutiges Knie aus dem Wasser, wo ihm ein versunkener Baumstamm eine Schramme verpaßt hatte. Ich ließ ihn vorbeigehen, ehe ich mit einem Schrei aus meinem Versteck sprang. Nachdem sich sein Pulsschlag soweit beruhigt hatte, daß er wieder sprechen konnte, erzählte er mir, daß sich sein Seitenarm und meiner stromaufwärts vereinigten, so daß es egal war, welchen Weg wir nehmen würden. Die beiden letzten Stunden waren also reine Zeitverschwendung gewesen. Wir schleppten uns mühsam zu unserem Kanu zurück.

Etwas später allerdings war der Fluß so vollkommen mit lästigem Dornengestrüpp und Lianen versperrt, daß wir, nachdem wir uns durch drei dieser Barrieren gehackt hatten, beschlossen, lieber das Kanu 300 Meter zu tragen, als uns noch durch fünf weitere Pflanzenbarrieren zu hacken. Wir lagerten an der Stelle, an der wir das Kanu wieder zu Wasser lassen konnten.

Die Zeckenköpfe, die in meinen Beinen geblieben waren, hatten sich in eitrige Pickel verwandelt. Ich mußte sie jeweils morgens und abends mit Jod behandeln, was ziemlich brannte. Wenn wir damit fertig waren, all unsere Schnitte, Schrammen, Stiche und Hautabschürfungen einzupinseln, sahen wir so bunt aus, daß die Indianer unsere Bemalung sicher für sehr schick gehalten hätten.

*

Wir waren erstaunt über die Menge Wasser, die der Fluß immer noch führte. Da jetzt das Ende der Trockenzeit war und wir uns nur noch ungefähr zwanzig Kilometer vom Ursprung des Flusses entfernt befanden, hatten wir den Eindruck, daß es dort oben ein paar gewaltige Quellen geben müßte, die den Fluß mit Wasser versorgten. Oder es regnete ununterbrochen im Quellgebiet. Ab und zu gab es seichte Stellen mit sandigem Boden, wo das Kanu nicht frei schwimmen konnte und wir es mühsam durch den zähen Schlick schieben mußten, aber normalerweise war das Wasser zumindest knietief. Natürlich war Paddeln jetzt nur noch ein seltenes Vergnügen – es rentierte sich einfach nicht für die knappen zehn Meter, die zwischen zwei Hindernissen lagen.

Einmal schoß Peter zum Mittagessen einen Affen. Er gehörte zu einer Gruppe, die in einem Baum gehockt hatte, der über den Fluß hing. Alle Affen flüchteten, bis auf diesen einen, der nach dem Schuß sitzen blieb, langsam hin und her schaukelte und kleine Schreie ausstieß. Peter wollte eine neue Patrone einlegen, um ihm den Todesschuß zu geben, da kippte der Affe um, klammerte sich noch eine Sekunde lang mit einer Hand am Ast fest und stürzte dann in den Fluß. Ich wartete ab, bis ihn die Strömung zu mir trieb, und stellte fest, daß er immer noch am Leben war. Er zuckte krampfartig und färbte das Wasser mit dem Blut, das aus einer Brustwunde strömte. Ich ergriff ihn und drückte ihn unter Wasser, während er in meiner Hand zuckte und strampelte. Was ist nur mit dir los? fragte ich mich, während ich spürte, wie die kleine Brust nach Luft rang und sich doch nur mit Wasser füllte. Fühlte ich Gewissensbisse, Schuld oder Mitleid? Nein, ich betrachtete das Töten von Tieren inzwischen nur noch als notwendiges Übel, als Teil unserer täglichen Routine. Sogar als die Kreatur in meiner Hand um ihr Leben kämpfte, schätzte ich nur ab, wie fett der Körper war, dachte an die Mahlzeit, die wir daraus zubereiten würden. Was machte diese Reise nur aus mir? War das das berühmte „Zurück zur Natur"?

Mehrere große *trairaos* kamen angeschwommen, angezogen vom Blut und dem Abfall, den ich in den Fluß warf. Ich amüsierte mich eine Weile damit, sie aus der Hand zu füttern – vorsichtig, denn ich wußte, wie scharf ihre Zähne waren. Dann wurde ich der Sache überdrüssig, und in das nächste Stück steckte ich einen Haken. Nach kurzer Zeit hatte ich etliche Fische gefangen. Ich warf sie, nachdem ich sie entgrätet hatte, in einen Eimer mit Salzwas-

Ein Prachtexemplar fürs Abendbrot

ser, um sie bis zum Abendessen frisch zu halten. Dann fuhren wir mit unserer Arbeit fort, und der Nachmittag verging auf die übliche, mühselige Art, nämlich auf unseren „Feind", die wuchernde Vegetation, einzuhacken, einzuschlagen und einzudreschen.

Als ich am Abend die Hängematte an einem Baum festzurren wollte, wurde ich von einem kleinen Skorpion in den Finger gestochen. Das war das dritte Mal auf dieser Reise. Der Schmerz war kaum auszuhalten. Ich sprang wie verrückt hin und her und verfluchte den Mapaoni, den Jari, den Regenwald, Amazonien und ganz Südamerika. Nachdem sich der Schmerz in ein dumpfes Pochen verwandelt hatte, fingen wir beide zu lachen an, und Peter hüpfte im Lager herum und äffte meinen Wutanfall nach. In diesem Moment waren wir beide der Überzeugung, je schneller man den ganzen Regenwald abholzen und eine große Rinderfarm daraus machen würde, desto besser. Wir schworen uns, alle Zimmerpflanzen rauszuwerfen, wenn wir wieder daheim wären. Peter sagte, daß er seinen Beruf als Landschaftsgärtner aufgeben werde. Er wolle sich nicht mehr mit dem „Feind" verbünden . . .

Am nächsten Morgen ging mir wieder der Gaul durch, diesmal waren Feuerameisen daran schuld. Sie tragen ihren Namen zu Recht – es sind kleine rote Ameisen, deren Bisse wie Feuer brennen. Ich hatte das Gepäck entladen und wie immer auf einen Baumstamm gelegt, bevor wir das Kanu über einen dicken Ast zogen. Als ich das Gepäck wieder einpacken wollte, flitzten Dutzende von Ameisen über meinen Körper und attackierten mich mit wütenden Bissen. Diese Ameisen sind auf die warmen, feuchten, weichen Körperteile spezialisiert, und meine Leisten und Achselhöhlen brannten bald wie Feuer. Ich trat gegen das Kanu, fluchte und sprang, Erleichterung suchend, ins Wasser. Das Kanu war voll mit diesen kleinen Mistkerlen, und deshalb kam auch Peter in den Genuß dieser Quälerei. Wir nahmen Anti-Histamin-Tabletten, und nach einer Weile ließen die Schmerzen nach – aber erst, nachdem ich mich blutig gekratzt hatte.

Peter hatte sowieso eine Abneigung gegen Ameisen, die sich im Laufe der Zeit immer stärker entwickelte. Die großen schwarzen Ameisen waren überall, krochen an uns empor und bissen einfach zu. Das entsprach nicht Peters Sinn für Fairplay. „Ohne Grund! Sie beißen mich ohne Grund!" hörte ich ihn dann brüllen. Schon am Anfang der Reise hatte er behauptet, das Kanu sei voller Ameisen, was auch manchmal zutraf, wenn sie nachts über das Seil ins Boot marschiert waren. Mitten im Fluß legte Peter oft sein Paddel nieder, um die Ameisen abzuklauben. Er stand dabei auf, schüttelte das Handtuch aus, auf dem er saß, und murmelte: „Mistviecher, warum könnt ihr mich nicht in Ruhe lassen?" Ich beobachtete ihn dabei teils amüsiert, teils wütend, weil wir bei diesen Manövern in der starken Strömung sofort abzutreiben pflegten.

Ich gebe zu, daß Ameisen kein Spaß sind. Sogar die normalen schwarzen können einen Lagerplatz unerträglich machen. Sie zwickten uns durch die Hosenbeine, ließen sich von Ästen auf unsere Köpfe fallen und bissen uns in die Haarwurzeln, sie rieselten uns am Hals hinunter und krochen in jeden Lebensmittelsack, den wir offen ließen. Es gab auch Massen von Blattschneiderameisen, aber zumindest auf dieser Reise ließen sie unsere Nylonsäcke in Ruhe.

Ich erinnere mich an eine regnerische Nacht am Rio Verde, als Glen, mein australischer Partner im Elend, zu schreien anfing, die Ameisen würden sein Moskitonetz auseinandernehmen. Ich leuchtete mit der Taschenlampe mein Netz ab und stellte erleichtert fest, daß es bei mir keine gab. Es war eine dieser nassen, windigen Nächte, in denen man besser unter der Decke blieb. Zufrieden lag ich da und hörte zu, wie Glen fluchend in der Dunkelheit herumstolperte, um unsere Lebensmittelsäcke ins Kanu zu schaffen. Irgendwann schlief ich dann wieder ein. Am nächsten Morgen hob ich meinen Seemannssack auf – und alles fiel heraus. Die

Blattschneiderameisen hatten den größten Teil des Bodens weggeknabbert. Ich kann nicht verstehen, warum diese Biester so scharf auf Nylon sind. Schließlich beißen sie normalerweise Blätter ab, die sie zu ihren unterirdischen Kammern schleppen, um dort eine Pilzzucht anzulegen, von der sie sich ernähren. Vielleicht tapezieren sie mit dem Zeug ihre Gänge, damit sie wasserdicht werden. Oder ihre Gänge waren etwas düster, und sie wollten die ganze Angelegenheit mit blauen, nylonbespannten Fenstern verschönern.

In größten Schwierigkeiten

Der Zustand des Kanus verschlechterte sich mit besorgniserregender Geschwindigkeit. Am Rumpf gab es zwei Stellen, an denen das Sperrholz vollkommen durchgescheuert war, und der ganze Fiberglasbelag, den wir außen angebracht hatten, war abgeschabt. Wenn wir das Kanu hochhoben, fühlten wir, wie sehr es an Stabilität verloren hatte; es besaß keine Spannung mehr, und wir hatten den Eindruck, als würde es nur noch durch die Polyesterharzbeschichtung zusammengehalten, die wir in weiser Voraussicht auch innen aufgetragen hatten. Es war höchste Zeit für eine Überholung im „Trockendock", deshalb nahmen wir es über Nacht aus dem Wasser und transportierten es auf eine Sandbank, damit es dort in der Sonne trocknen konnte. Ich legte ein knappes Pfund Harz für äußerste Notfälle zur Seite, den Rest benutzten wir für die Ausbesserungsarbeiten. Es war allerhöchste Zeit. Das Sperrholz am Boden war größtenteils nur noch so dünn wie ein Blatt Papier. Als wir uns zu einer wohlverdienten Ruhepause in unsere Hängematten legten, diskutierten Peter und ich unsere Situation durch.

„Das wird das letztemal sein, daß wir das Kanu auf dieser Reise mit Fiberglas überziehen können", sagte ich und räkelte mich in meiner gemütlichen Hängematte. „Den Rest müssen wir für dringende Notfälle aufheben. Diese mistigen Baumstämme! Zum Teufel, wir können das Ding doch nicht den ganzen verdammten Weg tragen."

„Ich hab den Eindruck, daß wir das sowieso schon machen", murmelte Peter grinsend. „Glaubst du, daß es durchhält?"

„Es muß", antwortete ich und ließ mich aus der Hängematte kippen. Mir war gerade eingefallen, daß ich mit dem Kochen des Abendessens an der Reihe war. Ich sammelte ein paar Stöckchen und steckte sie so in den Sand, daß sie eine Pyramide bildeten. „Gegen Ende der Reise wird das Kanu in einem noch miserableren Zustand sein, soviel ist sicher – und wir auch!" Wir lachten. Ich schnitt ein Stück von dem alten Schlauch ab, unserem Feueranzünder, der uns nie im Stich ließ, zündete es an und legte es vorsichtig unter die trockenen Hölzchen, bis sie knisterten und Feuer fingen. Ich lehnte ein paar größere Zweige gegen die Pyramide und spaltete mit der Machete noch ein paar Stücke von einem trockenen Baumstrunk ab.

Das Feuer brannte. Ich begann den Reis vorzubereiten und schubste Peter einen großen Vogel zu, den wir vorher geschossen hatten. „Sei so gut und rupf ihn."

„Ach, nichts als Arbeit, Arbeit und noch mal Arbeit", jammerte er gutmütig und setzte sich auf einen Stamm. Federn flogen durch die Luft. „Herr Ober, ich hätte meinen Fasan gerne mit Kartoffeln und Erbsen!" rief er fröhlich.

Ich hob mit spöttischem Bedauern meine Hände. „Es tut mir wirklich leid, Señor. Heute gibt es keine Kartoffeln und keine Erbsen."

„Gibt es Salat?"

„Nein."

„Buschbohnen?"

„Es tut mir wirklich sehr leid, Señor. Darf ich Ihnen den Reis empfehlen?"

„Reis? Was ist Reis?" fragte Peter. Es war ein altes Spiel.

„Reis ist ein saftiges Gemüse aus dem geheimnisvollen Osten", antwortete ich.

Man könnte sich vorstellen, daß sich unsere Gedanken nach drei oder vier Monaten nur in männlicher Gesellschaft ausschließlich um Frauen drehen würden. Weit gefehlt! Alles, wonach uns gelüstete, war: Essen. Unsere Gespräche und unsere Sehnsüchte konzentrierten sich fast ausschließlich auf irgendwelche Gaumenkitzel. Geradezu selbstquälerisch erinnerten wir uns an frühere Gelage und malten uns die Orgien aus, die wir später einmal abhalten wollten.

In einer Pfanne erhitzte ich etwas Öl und schnitt sechs Knoblauchzehen hinein. Nachdem sie goldgelb geworden waren, fügte ich den Reis hinzu, rührte das Ganze eine Minute lang um, goß dann Wasser dazu und setzte den Deckel drauf.

Knoblauch war einer unserer besten Einkäufe gewesen. Wir hatten eineinhalb Kilo gekauft und verwendeten ihn für alles – um Pfannkuchen zu würzen, im Reis, für Spaghettisoßen und einmal, aber nur einmal, im Porridge. Ich erinnerte mich daran, daß ich mich in Molocopote über die Schulter von Elcio gebeugt hatte, um einen Blick auf seine Landkarte zu werfen. Er schnappte nach Luft und hielt sich mit der Hand die Nase zu. „Mensch, John", keuchte er, „hast du etwa Angst vor Vampiren?"

Ja, wir mußten wirklich gestunken haben: eine Mischung aus Schweiß, dreckiger Kleidung, Holzrauch und Knoblauch. Wir hätten garantiert einen vollbesetzten U-Bahn-Zug während der *rush hour* in Sekunden leeren können! Und was die Vampire betraf, nun, wir waren zwar nicht im Gebiet des Grafen Dracula, aber vermutlich gab es hier Vampirfledermäuse. Eines der Risiken beim Weglassen des Moskitonetzes bestand darin, daß uns diese lieben Tierchen beim Schlafen beißen könnten, aber das Vergnügen, ohne Netz zu schlafen, überwog bei weitem die Angst vor ihnen. Das Risiko, für den Menschen sowieso minimal, bestand nicht so sehr im Blutverlust als in der Tollwut. Vampirfledermäuse können Tollwutüberträger sein. Der Blutverlust ist allerdings auch nicht unerheblich: Denn während sie zubeißen, spritzen sie eine Flüssigkeit gegen Blutgerinnung in ihre Opfer. Das Blut fließt dadurch noch eine Weile weiter, nachdem die Fledermäuse ihre Mahlzeit beendet haben.

Später konnte ich stundenlang nicht einschlafen. Ich machte mir wegen des Kanus Sorgen. Wenn der Boden durchbrechen sollte, wäre eine Reparatur nicht mehr möglich, und ohne das Boot hätten Peter und ich nur eine geringe Chance, lebend aus dieser Wildnis herauszukommen. Zur nächsten Siedlung – Maripasoula in Französisch-Guyana – waren es über 200 Kilometer. Um dorthin zu kommen, würden wir den Fluß verlassen und zu Fuß über die Hügel klettern müssen. Wir würden nur sehr beschränkt Lebensmittel und Ausrüstungsgegenstände mitnehmen können, und in unserem ohnehin schon geschwächten Zustand würden wir in diesem unwegsamen Terrain nicht sehr weit kommen.

Das war keine sonderlich erfreuliche Aussicht. Um mich auf andere Gedanken zu bringen, rollte ich mir in der Dunkelheit eine Zigarette und setzte mich zum Rauchen in meiner Hängematte auf. Wir mußten einfach das Kanu so pfleglich wie möglich behandeln, das war alles. Und was die Möglichkeit betraf, diese Reise nicht lebend zu überstehen, hatte ich von Anfang an damit rechnen müssen. Der alte Mann in Ägypten hatte mir dieses Schicksal schließlich geweissagt, und trotzdem war ich nach Brasilien gefahren...

Während ich auf die Geräusche des Dschungels lauschte, begann mir meine Phantasie Streiche zu spielen. Ein starker Wind rüttelte an den Baumwipfeln, obwohl ich hier unten nicht das kleinste Lüftchen spürte. Mir war, als hörte ich in einiger Entfernung einen großen Chor singen. Dann glaubte ich ein Radio spielen zu hören, vernahm eine Polizeisirene und das Kreischen von Autoreifen. Waren Caipora und Mapinguary hier? Caipora, das kleine, knabenhafte Wesen, dessen Füße nach hinten stehen? Die Tiere des Regenwaldes sind seine Freunde. Er beschützt sie und heilt sie, wenn sie verletzt sind. Jeder menschliche Jäger, der häufig Tiere tötet oder sie verwundet ihrem Schicksal überläßt, setzt sich dem Zorn des Caipora aus: Er verirrt sich und kommt um.

Leider respektieren nicht alle Jäger in Amazonien den Caipora. Viele fürchten ihn viel weniger als das andere Schreckgespenst, den Mapinguary. Er ist kein freundlicher, besorgter Beschützer der Tiere. Dem Mapinguary macht es Spaß, ein Loch in deinen Schädel zu beißen und dein Gehirn auszusaugen. Seine Füße zeigen nicht nach hinten, denn er hat überhaupt keine Füße an seinem haarigen, affenartigen Körper. In der Mitte seiner Stirn trägt er ein Auge, und sein Schrei ist so laut, daß er dich zu Boden wirft, wenn du ihn aus nächster Nähe hörst. Er ist vor allen Dingen an Sonntagen unterwegs.

Ich habe in Amazonien eine ganze Menge Einheimischer getroffen, die an diese Gestalten glaubten. Mit Sicherheit habe ich selbst manchmal entferntes Gebrüll und Schreie gehört, die vielleicht der Mapinguary auf der Suche nach einem Gehirn ausgestoßen hat. Und was haben diese unheimlichen Augenblicke zu bedeuten, in denen der Dschungel plötzlich totenstill ist? Wenn alles Zwitschern, Trillern, Krächzen, Rascheln und Schreien, das sonst immer zu vernehmen ist, plötzlich erstirbt? Diese Geräusche sind so allgegenwärtig, daß die plötzliche Stille erschreckend ist. Es ist, als ob alle Vögel und Bestien ihre Ohren spitzten und auf etwas lauschten, das man selbst nicht hören kann. Könnte das vielleicht diese Spukgestalt sein? Unsinn! sagst du dir, aber die feinen Härchen in deinem Nacken lassen sich davon nicht überzeugen.

Ich stand auf und stellte den Kaffeetopf auf die glühende Asche. Vermutlich war es noch nicht mal Mitternacht – wir waren so früh schlafen gegangen, daß es bestimmt noch fünf Stunden bis zum Morgengrauen waren. Die Frösche quakten, und in einiger Entfernung meinte ich, das Knurren eines Jaguars auf der Pirsch zu hören. Plötzlich wurde ich auf ein keuchendes Pfeifen aufmerksam, das ich noch nie zuvor gehört hatte. Sofort war ich davon überzeugt, daß Indianer in der Nähe waren. Dieser Gedanke wurde noch bestärkt, als vom gegenüberliegenden Ufer ein Pfeifen als Antwort zurückkam. Die Geräusche kamen immer näher, und obwohl ich mir einredete, daß kein Indianer in stockdunkler Nacht angreifen würde (in den Western greifen sie doch immer im Morgengrauen an, oder?), begann ich mich zu fürchten. Bald konnte ich auch Schritte hören, die sich näherten, und ein verstohlenes Rascheln im Unterholz. Ich saß schwitzend da und bedauerte es, daß ich gelobt hatte, bei einem Angriff von Indianern nicht zu schießen.

Aus ein paar Metern Entfernung hörte ich einen gewaltigen Furz und das Poltern von Dung auf den Boden. In ganz Amazonien gab es nur eine Kreatur, die derartig viel Wind und Exkremente absondern konnte: unser alter Freund, der Tapir. Mein pochendes Herz beruhigte sich, als ich mich auch noch daran erinnerte, daß Tapire sich zupfeifen. Ich entspannte mich und verfolgte schon bald belustigt ihre offensichtlich vergebliche Suche nacheinander. Das eine Tier marschierte durch unser Camp und pfiff ratlos vor sich hin, während ihm das andere, nur hundert Meter entfernt, vom anderen Ufer antwortete. Ich wußte, daß Tapire ziemlich schwerhörig sind und daß ihr Rendezvous vermutlich zum Scheitern verurteilt war. Die Situation wurde geradezu mitleiderregend, als sie beide pfeifend den Fluß überquerten, und wieder auf verschiedenen Ufern landeten. Die armen, einsamen Tapire! Als ich sie zum letzten Mal hörte, pfiffen sie sich immer noch kläglich zu, waren aber weiter voneinander entfernt als vorher.

Ich kehrte in meine Hängematte zurück, war aber immer noch

wach, als gegen Morgen die Brüllaffen mit ihrem Konzert begannen. Sie wiegen bis zu 15 Kilo, sind aufgerichtet etwa einen Meter groß und die größten Affen Südamerikas. Ihr Gebrüll ist außergewöhnlich – besonders wenn man es aus nächster Nähe vernimmt. Es ist auch noch im Umkreis von vier bis fünf Kilometern zu hören. Aus der Ferne klingt es zuerst wie ein Sturmwind, doch dann kann man gewisse Feinheiten unterscheiden. Das Männchen bereitet sich langsam auf das große Brüllen vor. Es stößt zunächst lange, rauhe, vibrierende Atemzüge aus und atmet fast genauso kraftvoll wieder ein. Nach ungefähr zehn solcher Atemzüge setzt es zu einem Crescendo an, das in einem langgezogenen Brüllen endet. Gerät das etwas ins Stocken – vermutlich weil das Tier Atem holen muß –, kann man ein hohes Trillern wahrnehmen. Das sind die Weibchen. Das Gebrüll endet nach drei oder vier Minuten mit ein paar letzten Hustenstößen der Männchen. Peter und ich mochten diese nächtlichen Darbietungen. Andere Reisende sind da vielleicht anderer Meinung.

Am nächsten Morgen brachen wir erst sehr spät auf. Ich war sehr müde, und wir verbrachten einige Zeit damit, die Verstrebungen des Kanus auszubessern, bevor wir weiterzogen. An diesem Vormittag mußten wir nur achtmal das Kanu entladen und zweimal tragen. Keine besondere Sache.

Als wir am Nachmittag einmal aufblickten, sahen wir einen großen, nebelhaften Schatten, der sich über 300 Meter vor uns auftürmte. War es eine Wolke oder ein Berg? Es bewegte sich nicht. Nachdem wir lange Zeit nur ein paar kleine Hügel gesehen hatten, wurde uns zu unserer Freude immer klarer, daß dies ein Teil des Mitaraca-Massivs sein mußte. Dort würde unser großer Transport stattfinden! In diesem Massiv gibt es zwei Hauptgipfel, der Paloulounimeeenepeu (er heißt wirklich so!), der 707 Meter hoch ist, und einen anderen mit 690 Meter Höhe. Wir würden unser Kanu über den niedrigeren Mapaoni-Epoyane (300 Meter) und den Temomairen (453 Meter) tragen. Immerhin bedeutete das für uns die Überwindung von hundert Höhenmetern, aber wir waren überzeugt, daß uns das nach den vergangenen Wochen keine Probleme machen würde. Im Gegenteil, wir würden es genießen, eine Weile auf trockenem Land zu sein und nur vom Schweiß naß zu werden. Voller Freude, daß wir unserem Ziel so nahe waren, schlugen wir früh unser Lager auf und stopften uns mit Hokkofleisch voll.

Am nächsten Morgen suchten wir nach dem letzten Nebenfluß, dem, der uns zu dem Pfad über die Berge führen sollte. Der Pfad war inzwischen sicher überwuchert, doch wir hofften, auf irgendwelche Anzeichen zu stoßen, die seinen Beginn markierten: weggeworfene Blechdosen, Plastikteile, vielleicht auch ein eingestürzter Unterstand. Der Vormittag verging mit Be- und Entladen und Schleppen, und als es Zeit zum Mittagessen wurde, hatten wir diesen Nebenfluß immer noch nicht erreicht. Wir wurden zusehends mutloser. Nach ein paar Stunden änderte der Fluß seinen Lauf in westlicher Richtung, und noch etwas später entdeckten wir ein Stück Land, das offensichtlich gerodet worden war. Wenn wir bisher Angst vor dem Zusammentreffen mit Indianern gehabt hatten, so konnten wir es jetzt kaum mehr erwarten. Wir hatten immer noch die schweren Säcke mit Geschenken dabei, die wir ihnen übergeben wollten, und wir hatten keine Lust mehr, sie weiter mit uns herumzuschleppen. Um ihnen unser Kommen anzukündigen und ihre Aufmerksamkeit zu erregen, feuerten wir sechs Schüsse in die Luft. Gutgelaunt schlugen wir unser Lager auf und hofften, daß wir bald Besuch bekommen würden.

Das Ende der Strapazen schien in Sicht zu sein – zumindest das Ende des zweiten Reiseabschnitts. Jetzt hing alles von dem Pfad ab. Existierte er überhaupt? Die Idee der Regierungen von Surinam und Brasilien, in dieser abgeschiedenen Gegend eine Verbindung zwischen den beiden Flüssen herzustellen, erschien uns irgendwie absurd. Aber der Bootsführer hatte behauptet, daß dieser Pfad tatsächlich angelegt worden sei, als man die Grenze vermaß

Wieder einmal geht es nur noch über Land voran

und markierte. Was unsere anfängliche Furcht vor schießwütigen Soldaten betraf – nun, dieser Gedanke erschien uns jetzt einfach lachhaft. Vielleicht würden auf der Seite von Surinam ein paar Grenzwächter patrouillieren, aber das war nichts, was uns beunruhigen konnte.

Am Morgen brachen wir in dieser euphorischen Stimmung auf, aber nach ein paar Kilometern war sie wieder verflogen: Von links mündete nämlich ein Nebenfluß in den Mapaoni, den es laut unserer Karte überhaupt nicht hätte geben dürfen. Er war aber zu groß, um ihn einfach zu ignorieren. Das war genau die Entwicklung, die wir befürchtet hatten. Sie ließ uns an unserer Positionsbestimmung und an der Zuverlässigkeit unserer Landkarte zweifeln. Wenn sich eine Landkarte einmal als unzuverlässig erwiesen hat, kann man sich nie mehr auf sie verlassen...

Das hier war nicht die Art von Land, über das man bedenkenlos ein Kanu transportiert, wenn man sich nicht vollkommen sicher ist, daß man auf dem richtigen Weg ist. Wir vertäuten also das Boot und machten uns zu Fuß auf den Weg den breiteren der beiden Flüsse hinauf. Über vier Kilometer arbeiteten wir uns voran, wateten durch die seichten Stellen, schwammen über die tiefen und marschierten streckenweise durch den Dschungel. Dabei hielten wir die ganze Zeit nach einem Anzeichen für den Pfad Ausschau. Einmal glaubten wir schon, ihn gefunden zu haben, denn neben ein paar Felsen entdeckten wir eine alte Pfanne. Sie war völlig durchgerostet und hatte offensichtlich schon ein paar Jahre dort gelegen. Es war genau die Art von Müll, die wir in der Nähe des Pfades zu finden erwarteten. Wir kletterten den dahinterliegenden Hügel hinauf und suchten verzweifelt nach weiteren Hinweisen. Doch als uns der Kompaß anzeigte, daß wir uns eher nach Süden als nach Norden bewegten, mußten wir wieder umkehren. Zutiefst enttäuscht wanderten wir weiter flußaufwärts. Unser einziger Trost war, daß vor uns schon jemand hier gewesen war. Einen halben Kilometer weiter oben teilte sich der Fluß wieder und machte damit unsere Verwirrung komplett. Wir hatten drei Landkarten, und keine von ihnen stimmte mit der Wirklichkeit überein.

Enttäuscht schlugen wir unser Lager auf. Es war ein anstrengender und glückloser Tag gewesen – der einzige Lichtblick war, daß Peter ein Hokkohuhn schoß und wir zum Abendessen Fleisch hatten. An diesem Abend beschlossen wir, am nächsten Tag in der Richtung, in der wir heute gegangen waren, weiterzusuchen und jeweils die Abzweigungen des Flusses zu verfolgen, die das meiste Wasser hatten, solange sie nur in etwa nach Norden führten.

Wenn der Pfad nicht existierte, dann mußten wir uns sowieso einen eigenen schlagen, und je weiter wir in die vorgegebene Richtung fuhren, desto besser war es. Beunruhigend war nur, daß keine Berggipfel zu sehen waren. Wenn wir tatsächlich nur ein paar Kilometer von der Stelle entfernt waren, von der aus wir den Transport beginnen wollten, dann müßten doch jetzt die Gipfel auftauchen, oder? Im Nordwesten hätte ein 300 Meter hoher Berg liegen müssen, genau wie der, den wir drei Tage vorher gesehen hatten. Er konnte höchstens zehn Kilometer entfernt und daher über den hohen Baumwipfeln gut zu sehen sein. Aber wenn die Wolken aufrissen, erblickten wir im Nordwesten nur weites Land.

Am nächsten Morgen trugen wir das Kanu zu der Stelle, wo wir am Tag zuvor hinmarschiert waren. Bei jeder Teilung wurde der Fluß schmaler und seichter mit nur wenigen tiefen Stellen. An diesem Tag machten wir eine neue, recht unangenehme Erfahrung. Als Peter sich durch ein Gestrüpp hackte, sah ich einen großen, dunklen Fleck, den ich für ein Vogelnest hielt, bis er sich plötzlich auflöste und in einer großen Wolke abtrieb.

„Paß auf, Peter!" schrie ich. Aber er hatte schon das Summen gehört und den Hornissenschwarm entdeckt, der sich auf ihn zubewegte. Wie der Teufel rannte er auf das tiefere Wasser zu – ein bißchen zu langsam. Kurz bevor auch ich in den Fluß tauchte, stieß er einen Schrei aus und schlug sich an die Stirn. Über fünf Minuten blieben wir im Wasser und steckten nur ab und zu kurz die Köpfe heraus, um Luft zu holen. Doch die aufgescheuchten Hornissen kreisten immer noch über uns. Es waren viele, und sie waren furchterregend.

Später erzählte mir Peter, daß der Stich sehr viel schmerzhafter gewesen sei als der des Skorpions ein paar Wochen zuvor. „Zehn solcher Stiche, Mann, und du bist tot", sagte er und betastete die Beule auf seiner Stirn. „Verdammt, das tut weh!"

Die Hornissen hatten sich jetzt zu einem neuen Schwarm gesammelt, und ich machte mich freiwillig auf, um Peters Machete zu suchen. Ich kroch auf mein Ziel zu, beobachtete dabei den Schwarm und überlegte, ob wir eigentlich nicht auch ohne Machete auskommen könnten. Die Hornissen waren immer noch wütend und unruhig, und viele kreisten angriffslustig durch die Gegend. Mit ihren Beinen, die unter ihnen baumelten, erinnerten sie mich an Kampfhubschrauber. Zentimeter für Zentimeter schob ich mich durch die seichten Stellen an sie heran und versuchte dabei, soweit es ging, unter Wasser zu bleiben. Zum Glück fand ich die Machete fast auf Anhieb und konnte mich erleichtert wieder zurückziehen.

In dieser kritischen Situation beschlossen wir, das Kanu lieber durch den Dschungel zu transportieren, als uns noch mehr Stiche einzuhandeln. Da wir uns aber zumindest etwas rächen wollten, schlichen wir uns bis auf fünf Meter an den Hornissenschwarm heran, feuerten eine Ladung Schrot auf ihn ab – und rannten um unser Leben. Bei unserer Flucht kamen wir uns gegenseitig in die Quere und stürzten beide in das seichte Wasser, kurz bevor die ersten Hornissen uns erreichten. Dicht an den Flußgrund gedrückt, krochen wir in Richtung auf eine tiefere Stelle stromaufwärts. Mit fast berstenden Lungen robbten wir über den groben Kies – darauf bedacht, daß unsere nackten Hintern nicht aus der Wasseroberfläche ragten. Wir erreichten das tiefere Wasser und riskierten endlich einen Blick zurück. Nichts war zu sehen. Keuchend und nach Luft schnappend, schauten wir uns an und brachen in Gelächter aus. Das würde uns lehren, uns noch einmal mit Hornissen anzulegen!

Nachdem wir in unserem Lebensmittelsack zwei vergessene, halb verfaulte Zwiebeln fanden, beschlossen wir, uns eine unserer Luxus-Trocken-Mahlzeiten zu gönnen und die Zwiebeln dafür zu verwenden. Wir brauchten jetzt dringend etwas Aufmunterung. Obwohl wir sehr müde waren, gaben wir uns bei der Zubereitung große Mühe. Wir kneteten einen Mehlteig zurecht und rollten ihn mit einer Flasche auf dem Ruderblatt eines Paddels aus. Dann wikkelten wir darin gebratenen Reis, Zwiebeln und Knoblauch ein, rösteten die Pastetchen, bis sie schön braun und knusprig waren, und servierten sie mit einer Curry-Soße.

Am nächsten Morgen schleppten wir unser Kanu zu Fuß durch den Nebenfluß. Doch nachdem wir uns auf dem bislang schlimmsten Kilometer unserer Reise abgemüht hatten, legten wir eine Rast ein und überlegten. Dieser Fluß war vollkommen unmöglich: so gut wie kein Wasser, mehr Felsen als sonstwo und überall um-

Mühsame Kuli-Arbeit

gestürzte Baumstämme. Unsere gute Stimmung schwand allmählich dahin. Man kann noch einigermaßen bei Laune bleiben, nachdem man das Kanu die ersten zehn Male be- und entladen hat, immerhin vier Seesäcke, zwei Rucksäcke, zwei Beutel, ein großer Sack mit Schlaf- und ein Sack mit Kochutensilien, Peters zwei verdammte, stinkende Affenfelle, und – nicht zu vergessen – Marks Armeejacke. Man kann sich vielleicht noch ein Lächeln abringen, nachdem man das Kanu zum zehnten Mal über ein Hindernis gestemmt hat. Man kann seine Mundwinkel eventuell noch optimistisch nach oben ziehen, nachdem man zahllose kleinere Baumstrünke aus dem Weg geräumt und das schwere Kanu samt Gepäck durch den zähen Schlick einer seichten Stelle gezogen hat. Aber das Lachen vergeht einem hundertprozentig, wenn man sich durch ein zehn Meter dickes Dornengestrüpp gehackt hat, wobei die Dornen jedesmal wieder genau an dieselbe Stelle zurückzuschnellen scheinen, gleichgültig, wie wild man auf sie eingedroschen hat, um dann auf halbem Weg auf Felsen und Strünke zu stoßen, die es unvermeidbar machen, den ganzen Krempel schließlich doch aus dem Kanu zu laden und das leere Boot darüberzuhieven. Und die ganze Zeit über wird man von allen Seiten zerkratzt, von Schlingpflanzen halb erwürgt, Ameisen fallen auf einen herunter, Stacheln reißen die alten, eiternden Wunden wieder auf, während man sich gleichzeitig eine Menge neuer Kratzer, Schnitte, Beulen, Stiche und Schürfwunden holt. Ich möchte den sehen, der dann noch lächelt!

Nichts konnte schneller Wutausbrüche hervorrufen als derartig verfilzte Gestrüppbarrieren. Derjenige, der vorneweg ging, mußte hacken und schneiden, während der andere sechs Meter hinter ihm das Kanu durch den Tunnel schob, und es war nicht immer einfach, zu sehen, wie dicht der Bug an den Vordermann herangekommen war, der sich vorne im Dickicht abrackerte. Die Gefahr war groß, daß man zu temperamentvoll anschob und dem armen Kerl das Kanu in den Rücken rammte oder ihn mitten in die

Ameisenstraße stieß, der er so sorgfältig auszuweichen versucht hatte.

„Halt! Halt! Halt, du dämliches Arschloch!" ertönte dann der gedämpfte Wutschrei. „Zurück, du hast mir das Bein eingeklemmt! Aua! Scheiße! Warum, zum Teufel, hörst du nicht auf zu schieben! Ich hab hier schon genügend Probleme, ohne daß du mich auch noch in diese verdammten Dornen stoßen mußt!"

Wieder einmal beschlossen wir, das Kanu erst einmal liegenzulassen und die Gegend zu Fuß zu erkunden. Ich schätze, wir gingen ungefähr fünf Kilometer und kamen zu keinem anderen Ergebnis, als daß es sinnlos und eine reine Tortur wäre, das Kanu hier heraufzuschleppen. Es gab Abschnitte, wo es für uns – auch ohne Gepäck – äußerst schwierig war voranzukommen. Ich war der Meinung, daß wir unter diesen Bedingungen am Tag höchstens einen Kilometer schaffen würden – wenn wir Glück hatten! Auch schien der Fluß sich eher nach Osten zu schlängeln. Der Hunger zwang uns, zum Lager zurückzukehren. Am nächsten Tag wollten wir uns noch einmal auf einen Erkundungsgang begeben.

Wir brachen in der Morgendämmerung auf, beladen mit einem Plastikbeutel voller Reiskuchen und der Flinte. Wir marschierten den ganzen Tag, erkundeten jede Stelle, die vielleicht nach einem Pfad aussehen konnte, schauten immer wieder auf den Kompaß, kletterten Hügel hinauf, um einen besseren Überblick zu bekommen, aber wir hatten kein Glück. Weder im Nordosten noch sonstwo waren höhere Berge zu sehen. Sicher war nur, daß der Fluß tatsächlich weiter nach Osten floß, was ihn für uns uninteressant machte. Gott sei Dank! Es war sowieso ein Scheiß-Fluß. Wir gingen zum Lager zurück.

An diesem Abend überfiel Peter wieder die Malaria, und er verbrachte eine furchtbare Nacht. Wir hatten wirklich einen phantastischen Urlaub! Wer, zum Teufel, wollte denn in irgendeinem Strandhotel wohnen, bei angenehmer, trockener Hitze, mit einem

Tennis-Match vor dem Frühstück – und zum Frühstück Orangensaft, knusprige Croissants und Kaffee mit Sahne? Was war denn so Vergnügliches an einem Vormittag am Strand, an Lesen und Schwimmen, anschließend einem leichten Salat und einer Siesta in einem Zimmer mit *air condition*? Dann womöglich wieder an den Strand, eine Dusche und ein Abend mit gutem Essen, Wein, Tanzen und einem Bummel im Mondenschein? Mein Gott, wie langweilig! Wie phantastisch!

Ich saß da und starrte in die Glut unseres Lagerfeuers, rauchte und dachte dabei über das Leben und den Müßiggang im allgemeinen nach. Da hörte ich über uns einen Jet! In der Nähe des Cuc mußte über uns die Hauptroute Buenos Aires-Miami-New York verlaufen sein, denn damals hörten wir drei- oder viermal am Tag die Jets über uns – ohne sie allerdings zu sehen. Das war jetzt schon über sechs Wochen her! Das Geräusch dieses Flugzeugs tat deswegen so weh, weil es der Flug Manaus-Cayenne-Paris der Air France sein mußte. Mein Flug nach Hause. Es war ein Donnerstag, ungefähr sieben Uhr abends, und ich konnte mir die Passagiere da oben vorstellen, wie sie an ihren Drinks nippten, die vor dem Abendessen von hübschen Stewardessen gereicht wurden. Mein Gott, wie sehr wünschte ich mir, da oben auf meinem Heimflug zu sein. Ich wollte zu meiner Familie, zu meinen Freunden, zu dem häuslichen Komfort, ordentlichem Essen, Mädchen, intellektuellen Anregungen.

Ich seufzte, stocherte mit einem Stock im Feuer herum und dachte an Raymond Maufrais, der seit 1951 in diesem Gebiet verschollen war. In einem Antiquariat war ich vor Jahren auf sein Buch „Reise ohne Wiederkehr" gestoßen. Seine Geschichte hatte mich sehr bewegt. Maufrais war mit siebzehn Jahren für seine Tapferkeit im Zweiten Weltkrieg mit dem *Croix de Guerre* ausgezeichnet worden. Später ging er als Fallschirmspringer nach Indochina. Dann schlug er eine Karriere als Journalist ein, und 1950, als er vierundzwanzig Jahre alt war, unternahm er eine ehrgeizige

Expedition in den Dschungel von Französisch-Guyana. Er wollte im Alleingang die Sierra Tumucumaque nach Brasilien überqueren. Ein Indianer fand Anfang 1951 an den Ufern des Tamouri-Flusses sein Tagebuch, seine Flinte, seine Kamera und andere Habseligkeiten. Maufrais selbst tauchte nie wieder auf.

Sein Vater veröffentlichte das unbearbeitete Tagebuch, um damit Geld für eine Suchexpedition zu organisieren. Er war davon überzeugt, daß Maufrais immer noch am Leben war. Der Vater, ein einfacher Arbeiter, wurde zum Forscher und unternahm auf der Suche nach seinem Sohn zwei Expeditionen. Dabei war er der erste Europäer, der von Französisch-Guyana aus die Tumucumaque-Hügel nach Brasilien überquerte.

Für den unvoreingenommenen Leser des Buches war es eigentlich klar, daß der Sohn tot sein mußte. Am Ende der Tagebuchaufzeichnungen litt Maufrais an Ruhr, war dem Hungertod nahe und entschloß sich, 75 Kilometer stromabwärts zum nächstgelegenen Dorf zu schwimmen: *Ich glaube, daß dies eine einmalige Erfahrung werden wird. Dieses primitive Leben ist es, das ich liebe. Ein zivilisierter Mensch verwandelt sich an einem Fluß in Guyana in ein amphibisches Wesen und kann nur noch auf seine Geschicklichkeit, seine Stärke und seine Willenskraft vertrauen..., ohne Waffen, halb nackt, ohne Obdach, unter das er zurückkehren kann..., es ist faszinierend.*

Diese Zeilen stehen auf den letzten Seiten des Buches, in dem Maufrais sein Leiden der letzten sechs Monate beschreibt. Wenn man diesen Bericht liest, kann man sich des Eindrucks nicht erwehren, daß er schlecht ausgerüstet war und seine Pläne zu ehrgeizig angesetzt hatte.

Maufrais wollte den Dschungel zu Fuß durchqueren, und das ist wesentlich anstrengender und schwieriger als eine Reise auf dem Fluß. An Ausrüstung kann man nur so viel mitnehmen, wie auf dem Rücken zu tragen ist. Maufrais mußte sich sehr bald vollständig von dem ernähren, was er im Dschungel fand oder jagen konnte. Und er stellte fest, daß der Dschungel ein sehr wechselhafter Ernährer war: an einem Tag verschwenderisch, am nächstem Tag geizig.

Von der Küste aus reiste Maufrais den Maroni-Fluß hinauf und in Begleitung der dort ansässigen Buschneger auf dem Ouaqui weiter ins Landesinnere. Dann war er auf sich gestellt und marschierte über Land zum Tambouri. Sein einziger Begleiter war ein kleiner Terrier namens Bobby.

Die unglaubliche Einsamkeit des Waldes fing bald an, seine Gedanken zu beeinflussen, und in seinem Tagebuch schrieb er sich sein Heimweh, seine Ängste und seine Ungewißheit von der Seele. Hätte er überlebt, dann hätte er vor einer Veröffentlichung vielleicht diese Stellen herausgestrichen und eher die Augenblicke hervorgehoben, in denen er heiter und zuversichtlich war. In diesem Fall hätten wir ein faszinierendes und einzigartiges Dokument verloren: *Wieder einmal jagte ich – erfolglos! Aber ich will doch leben, ich will stark sein. Ich will das alles überleben. Ich will essen. Ich will meine Eltern wiedersehen und sie reich und glücklich machen. Ich liebe sie so sehr; es spielt keine Rolle, ob wir arm oder reich sind, solange wir nur beisammen sind. O Gott, laß mich am Leben! Hilf mir, nach Frankreich zurückzukehren!*

Seine Suche nach Nahrung wurde immer verzweifelter, er verbrachte fast seine ganze Zeit damit, aß Schnecken, Schildkröten, Palmenherzen, Maden, Raupen und Larven. Aber an vielen Tagen fand er nichts. Am 3. Januar 1951 tötete er seinen Hund: *Heute abend habe ich Bobby umgebracht. Ich hatte gerade noch so viel Kraft, ihn vor dem Feuer auszuweiden. Ich aß ihn, und hinterher war ich krank. Mein zusammengeschrumpfter Magen bescherte mir Krämpfe. Plötzlich fühlte ich mich so einsam, und mir wurde klar, was ich getan hatte, und ich begann zu weinen. Ich war entsetzt über mich selbst . . .*

Maufrais erreichte die Ufer des Tamouri und schaffte es unter Aufbietung aller Kraft, ein Floß zu bauen – diese Arbeit kostete ihn mehrere Wochen, da er sehr schwach war und zudem den größten Teil des Tages mit der Suche nach Nahrung verbringen mußte. Er kam nur einen Kilometer weit mit dem Floß – dann zerschellte es: *Ich hätte bedenken sollen, daß ein Floß auf so einem Fluß nicht weit kommen kann. Man braucht dafür ein leichtes, schmales Boot, das überall durchschlüpfen kann,* notierte er.

Er begann einen Einbaum zu bauen, stellte aber bald fest, daß diese Arbeit über seine Kräfte ging. Über Land konnte er aber auch nicht mehr weiter, da sich seine Schuhe aufgelöst hatten, ein Knöchel geschwollen war und schmerzte. So beschloß er, den Fluß hinunterzuschwimmen und seine Flinte und die Hängematte zurückzulassen. Es war eine verzweifelte Entscheidung, aber seine Lage *war* verzweifelt.

Nachdem der Indianer im Februar 1951 sein Tagebuch und seine Habseligkeiten entdeckt hatte, organisierte der Präfekt von Guyana eine Expedition, die nach dem Verschollenen suchen sollte. Im Oktober entdeckte man 50 Kilometer von seinem Lager entfernt einen einfachen Unterstand, den er gebaut haben mußte. Diese Stelle war nur 22 Kilometer vom nächsten Dorf entfernt, aber Maufrais wurde nie mehr gesehen.

Ich saß am Feuer, rauchte und versuchte mir vorzustellen, wie es wohl allein hier wäre: anstrengende Tage, an denen ich mit niemandem reden, lachen oder auch schimpfen könnte, niemand, der sich mit mir die Arbeit teilen würde. Eine erdrückende Einsamkeit, die die Schatten bedrohlich machte und die Einbildungskraft verdunkelte. Jeder Unfall könnte den Tod bedeuten, dazu der beunruhigende Gedanke, daß es hier vielleicht feindlich gesonnene Indianer gab ...

Peter hatte eine schlechte Nacht. Am nächsten Morgen fühlte er sich nicht in der Lage, an einem weiteren Erkundungsmarsch teilzunehmen, so beschloß ich, den rechten Nebenfluß auf eigene

Faust auszukundschaften. Ich stopfte Tabak, gekochten Reis und ein paar Patronen in einen Plastikbeutel, band mir den Kompaß um das Handgelenk, nahm die Flinte und die Machete und machte mich auf den Weg. Der Fluß war wesentlich unproblematischer als der zuvor erkundete: Er war tiefer, es gab weniger umgestürzte Bäume und keine Stromschnellen. Außerdem schien er in die richtige Richtung zu fließen, nach Nordwesten. Nach einem Kilometer beschloß ich deshalb, mich durch möglichst viele Gestrüppbarrieren zu hacken, um Zeit zu sparen, wenn wir später mit dem Kanu zurückkehrten. Außerdem war das für mich oft die einzige Möglichkeit weiterzukommen.

Nach einer Stunde erreichte ich eine Biegung mit der größten Wassertiefe, die wir seit langer Zeit erlebt hatten. Mit einem etwas mulmigen Gefühl durchschwamm ich diese Stelle, hielt dabei die Flinte über den Kopf und bekam den Schreck meines Lebens, als plötzlich etwas, das ich für ein Stück Treibholz gehalten hatte, zwei Meter vor mir mit einem Platschen untertauchte. Ein Kaiman! Wie wild strampelte ich auf seichteres Wasser zu – im Bewußtsein, welch verlockendes Ziel meine zappelnden Beine boten. Zutiefst erleichtert zog ich mich auf ein paar Felsen. Schrill kreischend flatterte ein Schwarm großer Vögel durch den Dschungel. Ich riß die Flinte hoch und gab blindlings einen Schuß auf sie ab. Wunderbarerweise traf ich einen von ihnen. Es war ein hübscher Vogel, hauptsächlich schwarz, mit einem langen, elegant geschwungenen Hals und Kopf, blaßblauen Beinen und einem halben Dutzend bunter Federn auf der Brust. Später erfuhr ich, daß es ein Trompetervogel war. Nun, da unser Abendessen gesichert war, ließ ich das Gewehr und den Vogel in der Astgabel eines kleinen Baumes zurück und konnte so relativ unbehindert weitermarschieren.

Mir wurde plötzlich bewußt, daß ich jederzeit mutterseelenallein auf Indianer treffen konnte. Ein erster Kontakt mit ihnen wäre in Gesellschaft von Peter sicher angenehmer! Den Rest des

Weges spähte ich ständig unruhig ins Unterholz. Ich marschierte fünf oder sechs Stunden und mußte dabei über sieben Kilometer zurückgelegt haben. Die Richtung, in die der Fluß floß, schien richtig zu sein, aber merkwürdigerweise tauchten noch immer keine Berge auf. Ich suchte den Horizont nach ihnen ab, aber alles, was ich entdeckte, waren ein paar niedrige Hügel.

Als ich gerade unter einem Lianengewirr durchkroch, stürzte sich ein Bienenschwarm auf mich, und ich wurde zehn- bis fünfzehnmal gestochen, ehe ich rauskrabbeln konnte. Fluchend machte ich mich auf die Suche nach dem Bienenstock. Er hing unter dem verfilzten Gestrüpp und vereitelte damit ziemlich effektiv jeden Versuch, dort durchzukommen. Während ich mir finster die Sache betrachtete, stürzten sich die kleinen Biester wieder auf mich und verpaßten mir ein halbes Dutzend neuer Stiche. Ich mußte mir einen langen Umweg durch den Dschungel schlagen, um ihnen aus dem Weg zu gehen und meinen Marsch fortsetzen zu können. Zu meiner Bestürzung wurde der Fluß immer seichter und war stark von Pflanzen überwuchert, obwohl es hin und wieder noch ein paar brusttiefe Stellen gab. Ungefähr um drei Uhr nachmittags mußte ich umkehren, um sicherzugehen, das Lager vor Einbruch der Dunkelheit zu erreichen.

Als ich den Trompetervogel von der Astgabel hob, wo ich ihn ein paar Stunden zuvor deponiert hatte, sah ich, daß er mit den kleinen schwarzen Bienen übersät war, die in Amazonien die ersten Aasbeseitiger sind. Sie entdecken sofort jeden Fisch und jedes Stück Fleisch, besetzen es in ganzen Schwärmen. Glücklicherweise haben sie keinen Stachel, denn auf dem Vogel saßen Hunderte davon. Sie hatten sogar schon einen Teil davon aufgefressen. Ich fragte mich, wonach der Honig dieser Bienen schmeckte...

Beim Anblick des gezausten Vogels kam mir die Überlegung, wie lange wohl ein menschlicher Leichnam am Dschungelboden überdauern würde. Er wäre ein Fressen für die Bienen, Wespen, Maden, Ameisen, Käfer, vielleicht auch für die Termiten und natürlich für die aasfressenden Nagetiere und Vögel. Es würde mich nicht wundern, wenn nach zwei Wochen nur noch die Knochen übrig wären.

Nachts tauchten immer ein paar widerlich aussehende kleine Nager auf. Wir hörten oft, wie sie krachend die abgenagten Knochen unseres Abendessens zermalmten. Obwohl sie ziemlich kleine Tiere waren, mußte ihre Kiefer doch ungewöhnlich kräftig sein. Wenn wir sie mit unserer Taschenlampe anleuchteten, sahen wir nur einen flüchtigen Augenblick lang glühende Augen und einen schmalen, pelzigen Umriß. Erst bei einem Besuch im Zoo von Manaus konnten wir sie genauer betrachten. Eigentlich bin ich, was Tiere betrifft, ziemlich begeisterungsfähig. Natürlich sind nicht alle niedlich, aber normalerweise haben alle irgend etwas Sympathisches an sich – manche besitzen ein besonders glänzendes Fell, andere sind auf amüsante Art neugierig oder haben eine wachsame Intelligenz. Diese Nager allerdings sind eine Ausnahme: Sie haben tückische Augen, ein räudiges Fell, einen nackten Schwanz, sind voller Ungeziefer und stinken faul; sie haben spitze Schnauzen mit unzähligen gelblichen Zähnen und sind untereinander streitsüchtig und aggressiv. Im Vergleich zu ihnen sieht eine Ratte goldig aus.

Ich erreichte das Lager bei Einbruch der Dämmerung. Peter hatte sich so weit erholt, daß er aufstehen und sich auf einen Stuhl ans Feuer setzen konnte. Zusammengesunken saß er dort und sah wie ein Gespenst aus. Der Malaria-Anfall mit Schüttelfrost und Fieber ist schon schlimm genug, aber ich glaube, daß die unmittelbar darauf folgende Phase der schlimmste Teil des ganzen Ablaufs ist. Die Temperatur ist wieder normal, aber man fühlt sich unbeschreiblich schwach. Jedes Gelenk und jeder Muskel schmerzt, und die Halluzinationen und Delirien lassen ein deprimierendes Gefühl der Unwirklichkeit zurück.

Ich bereitete den Vogel zu, und Peter zwang sich, ein bißchen davon zu essen, ehe er sich wieder in die Hängematte fallen ließ. Wir beschlossen, daß wir am nächsten Tag mit dem Kanu diesem zweiten Nebenfluß folgen würden, falls Peter sich stark genug fühlen sollte. Wenn wir dann nach zwei oder drei Tagen immer noch keine Berge zu Gesicht bekämen, müßten wir uns wohl mit dem Gedanken vertraut machen, den falschen Weg eingeschlagen zu haben.

Am nächsten Morgen hatte unser Kanu nach nur ein paar hundert Metern ein Loch im Rumpf. Wir zwängten es gerade durch eine enge Passage, und Peter meinte, daß es nicht durchgehen würde: „Schieb nicht mehr, John. Es paßt nicht durch."

Eigensinnig schob ich weiter. Die Alternative dazu wäre nämlich Tragen gewesen, und dazu war es noch zu früh am Tag.

„Um Gottes willen, hör mit dem Schieben auf!" schrie Peter. Zu spät. Ein scharfkantiger Baumstrunk riß das Sperrholz genau über der Wasserlinie auf. „Schau, was du angerichtet hast!" sagte Peter ärgerlich. „Das war verdammt blöd von dir."

„Ach, halt's Maul, Peter!" Ich war nicht in der Stimmung, Kritik einzustecken. „Wenn wir schon über dämliche Fehler sprechen, was ist denn mit dir? Du hast doch neulich mit deiner Machete einen Teil vom Kanu abgeschlagen, oder? Mein Gott, das war wirklich eine Glanzleistung!" Der Zwischenfall hatte sich ereignet, als Peter mit der Machete auf ein paar Pflanzen eingeschlagen hatte. Das Kanu war zu nah an ihn herangeschwommen, und er hatte versehentlich ein Stück aus dem Bug herausgehauen – aber weit oberhalb der Wasserlinie. Wir hatten zusammen darüber gelacht.

Ich habe festgestellt, daß ich auf Kritik zunehmend empfindlich reagiere, wenn ich unter Streß stehe. Es war traurig und geradezu jämmerlich. Wo blieb da mein vornehmer Charakter, die unerschütterliche gute Laune, die ich immer bei mir vermutet hatte? Diese Reisen stellten mich auf die Probe, und sie stellten mich bloß. Ich war in keinster Weise ein Held. Das war die traurige Wahrheit, die ich verdauen mußte.

Kanu-Parkplatz im Dschungel

Wir schafften die Hälfte des Weges, den ich am Tage vorher gegangen war. Auf einer Anhöhe neben dem Ufer fanden wir ein verrostetes Blechstück. Es zerfiel unter unseren Händen, aber wir vermuteten, daß es einmal eine Ölkanne gewesen sein mußte. Es gab keine anderen Hinweise auf ein Camp oder den Pfad, aber zumindest bedeutete es, daß hier schon einmal ein paar arme Irre vor uns gewesen waren. Vielleicht hatten wir endlich den richtigen Nebenfluß erwischt.

In der Nacht goß es wie aus Kübeln. Das war nicht gerade dazu angetan, unsere Stimmung zu heben. Es hatte schon so lange nicht mehr ausgiebig geregnet, daß wir beim Aufstellen unserer Plastikplanen nachlässig geworden waren. Der Regen kam plötzlich und heftig. Er löschte unser Lagerfeuer, noch ehe unser Abendessen fertig war, und durchnäßte unsere Hängematten und unser Schlafzeug. Hungrig und durchgefroren mußten wir zu Bett gehen, und als wir am nächsten Morgen erwachten, hatte sich eine Katastrophe ereignet: Das Kanu war zu dreiviertel voll mit Wasser, und es wäre wahrscheinlich ganz gesunken, wäre das Wasser tief genug gewesen. Das Regenwasser, zusammen mit dem Wasser, das durch die Lecks eindrang, hatte es immer weiter nach unten gedrückt, bis das neue große Loch erreicht war. Und dann war das Kanu natürlich sehr schnell weiter vollgelaufen.

Unsere ganzen Habseligkeiten schwammen entweder auf dem Wasser oder waren untergegangen, und die Säcke mit den Nahrungsmitteln waren mehrere Stunden dem Wasser ausgesetzt gewesen. Sogar die dreifachen Plastikbeutel hatten nicht genügend Schutz geboten. Das war ein schwerer Schlag. Der Reis war feucht und aufgequollen, die Spaghetti zu einem dicken Klumpen zusammengeklebt, und die Bohnen waren völlig durchweicht. Bei Salz und Zucker spielte die Nässe keine Rolle, sie würden nicht verderben, aber alles andere mußten wir um jeden Preis trocknen, und das würde an einem bewölkten Tag am Oberlauf des Mapaoni nicht einfach sein. Wir entfachten ein großes Feuer und breiteten den Reis und die Bohnen aus. Bei den Spaghetti half nichts mehr. Wir aßen sie die nächsten drei Tage auf – kochten sie fünf Minuten lang, schnitten sie dann in dünne Streifen, und diese Streifen brieten wir dann, bis sie knusprig waren. Mit Salz oder Zucker gewürzt, schmeckte das sogar ganz annehmbar.

Wir schätzten, daß wir nur noch für ungefähr zwei Wochen Nahrungsmittel hatten, und es sah so aus, als müßten wir eine ganze Menge Reis und Bohnen wegwerfen. Wild schien es hier genügend zu geben, und wir waren davon überzeugt, daß wir nicht zu hungern brauchten. Aber wir hofften natürlich, daß es nicht soweit kommen würde, nur auf das angewiesen zu sein, was wir jagen oder finden konnten.

Der einzige schwache Punkt in unseren Überlegungen war, daß wir vielleicht dem falschen Nebenfluß folgten. Wir beschlossen, noch zwei oder drei Tage die Gegend zu erkunden. Sollten wir in dieser Zeit nichts finden, würde uns vermutlich nichts anderes übrigbleiben, als stromabwärts die Rückreise anzutreten. Wir holten das Kanu aus dem Wasser, um es zu trocknen und später die notwendigen Reparaturen vorzunehmen. Dann machten wir uns auf den Weg. Wir untersuchten jeden nur möglichen Ort nach Hinweisen auf den Pfad. Wir stiegen auf einen Hügel und erblickten im Norden eine größere Kuppe. Befanden wir uns vielleicht schon auf dem Mapaoni-Epoyane? Und der höhere Berg dort drüben war der Temomairen? Aber im Nordosten waren keine weiteren Hügel zu sehen, nicht einmal von unserem Standpunkt hundert Meter oberhalb des Flusses aus, von wo wir einen ungehinderten Blick in alle Richtungen hatten.

Als wir wieder zum Fluß zurückkehren mußten, zeigte der Kompaß in die entgegengesetzte Richtung, in die ich gefühlsmäßig gegangen wäre, um zu unserem Lagerplatz zu gelangen. Man kann sich sehr schnell im Dschungel verlaufen – ein Augenblick der Unaufmerksamkeit, die Verfolgung eines Tieres, und plötzlich hat man keine Ahnung mehr, wo man sich befindet. Der Kompaß ist dann ein unerläßlicher Führer. In diesem Moment brauchte ich jedoch mein ganzes Vertrauen, um ihm zu glauben. Entgegen meinen Befürchtungen führte er uns jedoch sicher zum Fluß zurück, und wir waren so erleichtert, dort anzukommen, daß ich überhaupt nicht mehr an den Bienenstock dachte. Wir wurden aufs schmerzlichste daran erinnert!

Peter und ich wanderten noch zwei Stunden umher, ohne irgendeinen Hinweis zu finden. Vollkommen erschöpft stolperten wir wie Zombies dahin, und als wir endlich das Lager erreichten, streckten wir uns für ein oder zwei Stunden in unseren Hängematten aus. Irgendwann weckte uns eine lärmende Affenherde, und das erinnerte uns daran, daß wir kein Fleisch hatten. Peter packte die Flinte und machte sich an die Verfolgung. Nach fünfzehn Minuten hörte ich zwei Schüsse. Kurz darauf kam er zurück, aber statt eines Affen trug er ein totes Rehkitz – ein geflecktes, sanftäugiges Bambi. Ich sah ihn vorwurfsvoll an. Noch einen Monat vorher hatte er überhaupt nicht auf die Jagd gehen wollen, und jetzt erschoß er ein Tier, bei dem sogar der abgebrühteste Mann gezögert haben würde, auf den Abzug zu drücken.

„Es war nicht leicht", sagte er kleinlaut. „Ich sah es da vor mir liegen. Über fünf Minuten stand ich dort und überlegte: Soll ich, oder soll ich nicht?" Er zuckte die Achseln. „Es war so ein hübsches Tierchen mit seinem seidigen Fell und den sanften Augen; aber dann dachte ich ans Abendessen . . ."

Wir rechtfertigten schließlich den Tod dieses Tierchens vor uns mit der Ausrede, daß wir alle schon Lamm- oder Kalbfleisch gegessen hatten, und begannen mit der Zubereitung unseres Mahls. Ich muß gestehen, daß ich nie köstlicheres Fleisch gegessen habe. Es war so zart, daß wir sogar die Knochen zerbeißen und verspeisen konnten.

Da das Kanu viel zu langsam trocknete, machten wir am nächsten Morgen ein großes Feuer und stellten das Kanu auf Pfählen daneben auf. Dann strichen wir Polyesterharz über die Löcher, und ich befestigte einen neuen Kiel. Danach war es zu spät, wieder auf eine Erkundungstour zu gehen, und so nahmen wir uns den Rest des Tages frei. Peter zeichnete ein bißchen, und ich las wieder einmal in der „Weltgeschichte" – eines der wenigen Bücher, die ich mitgenommen hatte. Lange konnte ich mich darauf nicht konzentrieren. Meine Gedanken schweiften immer wieder zum Weltgeschehen außerhalb des Dschungels ab. Wir wurden allmählich „buschkrank", und der Gedanke an das Leben außerhalb des Dschungels wurde immer faszinierender. Unterhaltung, Essen, Trinken, gesellschaftliches Leben, Mädchen und immer wieder: Essen. Nicht etwa irgend etwas Außergewöhnliches, sondern einfache, deftige Hausmannskost schwebte mir vor: Kartoffeln zum Beispiel – gebraten, gekocht, gebacken oder als Brei –, Brot, Eier, Käse, Fruchtsaft, Kuchen, Schokolade, Pudding und Marmelade. Auf Süßigkeiten hatten wir den größten Heißhunger. Normalerweise bin ich ein ziemlich wählerischer Esser und esse selten Süßes und Desserts, aber jetzt träumte ich von Keksen, Schokolade, Kuchen – Apfelkuchen! – und Waffeln. Ich dachte an England und sehnte mich plötzlich nach häuslicher Behaglichkeit.

Ich war jetzt dreiunddreißig Jahre alt, und meine ganzen weltlichen Besitztümer, die ich im Laufe der Jahre angehäuft hatte, konnte man in einem kleinen Auto unterbringen. Aber in den schlaflosen Nächten ausgerechnet in Amazonien dachte ich manchmal daran, wie schön es wäre, mehr als nur einen Mantel zu haben; wie abgetragen und altmodisch meine Kleidung war und ob ich mir nicht endlich mal einen Radiowecker und eine Kaffeemaschine kaufen sollte.

Am nächsten Morgen mußten wir nichtsdestotrotz ohne den Luxus dieser Annehmlichkeiten aufstehen, und zwar noch vor der Morgendämmerung, denn wir hatten beschlossen, möglichst schnell stromaufwärts zu marschieren. Um abends nicht zum

Camp zurückkehren zu müssen, nahmen wir für die Übernachtung ein Minimum an Ausrüstungsgegenständen mit: unsere Hängematten, etwas gekochten Reis, zwei schmale Plastikplanen, den Kaffeetopf und ein Paar gekochter Affenschenkel. Es paßte alles in einen Rucksack, und wir machten uns auf den Weg. Dies sollte unser letzter Erkundungsmarsch sein. Fanden wir nichts Vielversprechendes, würden wir uns eingestehen müssen, daß wir irgendwo einen Fehler gemacht hatten.

Am Tag zuvor hatten wir zweimal ein paar Schüsse hintereinander abgefeuert, in der Hoffnung, Indianer auf uns aufmerksam zu machen, die – hoffentlich – in diesem Gebiet lebten. Um sie nicht in Verlegenheit zu bringen oder ihre Gefühle zu verletzen, hatten wir, die wir sonst nackt herumliefen, unsere Shorts angezogen. Trotzdem sahen wir noch reichlich furchteinflößend aus. Wir waren zwei schmutzige, langhaarige Kerle, bleich wegen des fehlenden Sonnenlichts und unserer Krankheit, hohlwangig, bedeckt mit Kratzern, Schürfwunden, entzündeten Schnitten und Pickeln. Jeder Indianer würde sicherlich voller Grausen die Flucht ergreifen, wenn wir ihm überraschend gegenübertreten würden.

Wir waren ein paar Kilometer gegangen, als ich mich zum Ausruhen auf einen Baumstamm setzte und eine Zigarette anzündete. Peter begann zu lachen. Als ich an mir hinuntersah, lachte ich ebenfalls. Meine Shorts waren so lange feucht gewesen, daß sie inzwischen verrottet waren und bei der Kletterei über die Baumstämme unzählige Risse davongetragen hatten. Sie hingen sozusagen in Fetzen an mir herunter – vermutlich hätte ich nackt besser ausgesehen.

Ab Mittag befanden wir uns auf „Neuland". Wir erreichten ein sumpfiges Gebiet, wo der Fluß unter Gras und Schilf fast verschwand. Der Sumpf saugte und zog schmatzend an unseren müden Beinen. Merkwürdigerweise hatte ich in Südamerika noch nie einen Blutegel gesehen. In Südostasien dagegen gibt es sie überall.

Beim Überqueren eines derartigen Sumpfes hätten sich dort unzählige dieser häßlichen Biester an uns festgesaugt. Man muß eben auch für die kleinsten Dinge dankbar sein!

Bei Einbruch der Dämmerung hatten wir weitere sechs oder sieben Kilometer zurückgelegt, ohne auch nur einen Berg zu sehen, aber wir hatten das Gefühl, daß wir uns der Quelle des Flusses näherten. Inzwischen war er kaum mehr als zwei Meter breit und sehr seicht. Wir befestigten unsere Hängematten und verdrückten niedergeschlagen unser Abendessen.

Beim ersten Tageslicht brachen wir auf und versuchten, so schnell wie möglich voranzukommen. Im Norden gab es ein paar kleine Hügel, die wir hinaufkletterten, um vom Gipfel einen besseren Blick zu haben. Nichts! Wir marschierten bis zum Nachmittag weiter, dann legten wir eine Kaffeepause ein. Wir waren beide müde und entmutigt. Es schien keinen Sinn zu haben, noch weiterzugehen. Es sah so aus, als hätten wir irgendwo eine falsche Abzweigung genommen. Aber wo? Dieser Fluß hier floß in die richtige Richtung, und wir hatten unsere Route ziemlich genau nach unserer Karte bestimmt. Hatten wir vergessen, eine wichtige Abzweigung einzutragen, als wir Elcios Karte abzeichneten? Oder war seine Karte auch ungenau?

Natürlich konnten wir nun zu Fuß nach Norden marschieren und versuchen, die Flüsse auf der anderen Seite der Wasserscheide zu finden. Aber das würde mindestens eine Woche dauern, das Schlagen eines Pfades weitere zwei Wochen und das Transportieren des Gepäcks noch einmal eine. Wenn wir den falschen Nebenfluß genommen hatten, bedeutete das unter Umständen, daß wir unser Kanu 30 Kilometer statt 15 Kilometer über Land transportieren mußten. Und selbst wenn wir dann den Litanie erreichten, war er sicher genauso schwierig zu befahren wie der Oberlauf des Mapaoni. Ganz sicher würden wir bis nach Maripasoula, der ersten Stadt auf der Seite von Französisch-Guyana, mindestens zwei Monate brauchen.

Wir hatten nicht mehr genug Malaria-Mittel, und unter Garantie würden wir beide in diesen zwei Monaten noch mehr als einen Anfall erleiden. In weniger als zwei Wochen waren auch unsere Vorräte zu Ende. Wir würden dann sämtliche Kräfte benötigen, um zu jagen, und für unsere eigentliche Aufgabe keine Reserven mehr haben. Wenn wir frischer gewesen wären, hätte die Sache anders ausgesehen, aber wir waren nun schon zu lange auf dem Fluß. Durch Erschöpfung und Krankheit war zuviel von unserer Energie, Begeisterung und Motivation aufgezehrt worden. Wir waren enttäuscht, und wir hatten das Gefühl, daß wir versagt hatten. Aber vor allen Dingen wollten wir hier raus! Wir stolperten in unser Lager zurück und schafften es gerade noch vor Sonnenuntergang.

„Wenn wir eine große Expedition wären", seufzte Peter, „dann würden wir per Funk einen Hubschrauber rufen, der den richtigen Fluß von oben ausfindig macht und uns den Weg dahin beschreibt."

„Der Pilot könnte uns ein paar Malaria-Tabletten und ein paar Dosen Bier runterwerfen und dann wieder abhauen", fügte ich hinzu. „Zum Teufel, ich will jetzt nicht umkehren! Wir sind höchstens zehn Kilometer von der Grenze nach Französisch-Guyana entfernt, zweihundertfünfzig Kilometer von Maripasoula. Es ist doch lächerlich, zu diesem Zeitpunkt aufzugeben!"

Peter hatte ausgerechnet, daß wir genau hundert Tage auf dem Fluß gewesen und über 650 Kilometer gegen die Strömung gepaddelt waren. Eine zu lange Zeit und eine zu lange Strecke, um nun aufzugeben.

„Ich hasse den Gedanken umzukehren genauso wie du", meinte er, „aber wir wissen auch, daß wir in große Schwierigkeiten kommen, wenn wir die nächsten zwei Monate so weitermachen."

Peter saß nackt auf dem Stuhl neben dem Feuer und kochte Kaffee. Seine Bräune war fast gänzlich verschwunden, und seine Haut hatte eine ungesunde gelbe Färbung angenommen. Hatte er viel-

leicht auch Gelbsucht? Er litt auch ziemlich unter Herzrhythmus-
störungen und klagte über Atemnot, und ich hatte zwischen den
Schnitten, Kratzern und Wunden auf seinen Unterarmen zwei
kleine Geschwüre mit aufgeworfenen Wundrändern bemerkt, die
mir sehr verdächtig nach Leishmania aussahen. Diese schreckliche
Krankheit wird durch Sandfliegen verbreitet. Sie beginnt mit
Hautgeschwüren, breitet sich dann aus und greift die Schleimhäu-
te an. Zunge, Nasenscheidewände und Kehle werden zerstört und
verstopft, und nach jahrelangem Leiden kann der Tod durch Se-
kundär-Infektionen eintreten. Diese Krankheit ist nur schwer zu
heilen. In gewisser Weise fühlte ich mich für Peters Wohlergehen
verantwortlich. Schließlich war es ja meine verrückte Idee gewesen, die ihn von seinem ursprünglichen Vorsatz abgebracht hatte,
per Anhalter durch Südamerika zu fahren. Ich wußte, daß ihm die
Reise Spaß gemacht hatte, aber jetzt bestand die Gefahr, daß er
seine Gesundheit für immer ruinierte. Das Überqueren der Hügel
von Tumucumaque war dafür ganz gewiß ein zu hoher Preis!

Wir schwankten zwischen Enttäuschung und Erleichterung, als
wir uns endlich dazu durchrangen, in das Geologen-Camp Molocopote zurückzukehren und uns mit dem Hubschrauber ausfliegen
zu lassen. Doch die Reise war zumindest kein völliger Mißerfolg
gewesen. Wir hatten ein paar ziemlich harte Wochen durchge-
standen. Wir waren auf einem der schönsten Flüsse der Welt gefahren und hatten einen Großteil der Flora und Fauna dieses Ge-
bietes kennengelernt. Es gab vieles, für das wir dankbar, und nicht
wenig, auf das wir stolz sein konnten.

Am nächsten Tag durchforschten wir unser Gepäck und die Geschenke für die Indianer, die wir so lange unnötig mit uns herum-
geschleppt hatten. Die billigen Kämme landeten im Feuer, die
Spiegel verscharrten wir in einem Loch. Wir waren froh, daß uns
die Verlegenheit erspart geblieben war, diese jämmerlichen Geschenke den Indios zu übergeben.

An diesem Tag gab es ein paar heftige, kurze Schauer, und am Abend hatten wir den ersten richtigen Regen auf diesem Abschnitt der Reise. Den ganzen Nachmittag über hatten sich die Wolken aufgetürmt, geteilt und wieder zusammengeballt. Gegen Abend donnerte und blitzte es in einiger Entfernung. Hastig schlangen wir unser Abendessen hinunter und packten eilig die Bohnen und den Reis zusammen, die wir in der Hoffnung ausgebreitet hatten, daß sich der muffige, schimmlige Geruch verflüchtigen würde. Ein Sturm brach los, Bäume und Sträucher schwankten und ächzten. Wir hörten, wie ganz in der Nähe riesige Bäume mit einem langen, kreischenden Geräusch umknickten, die bei ihrem Sturz etliche andere mitrissen oder einen Hügel hinabdonnerten und dabei tiefe Schneisen schlugen.

Wir konnten hören, wie sich der Regen näherte – Milliarden von Tropfen, die auf die Blätter trommelten. Peter und ich kuschelten uns in unsere Hängematten und zogen die Decken bis zum Kinn hoch. Unsere Regenplanen flatterten in den Windböen, und dann kam der Regen – hämmernd und ohrenbetäubend. In Büchern über die Ökologie des Regenwaldes habe ich gelesen, daß das Blätterdach des Dschungels ungeheuer wichtig sei, um das dünne Erdreich vor Erosion zu bewahren. Einige Wissenschaftler behaupten sogar, daß der Regen nur als feiner Sprühregen auf den Dschungelboden auftrifft. Sie haben offensichtlich noch nie bei einem Sturm im Dschungel gesessen!

Der Lärm, den so ein Regen verursacht, macht eine Unterhaltung unmöglich. Außer dir existiert nichts mehr, und solange die Hängematte trocken und gemütlich bleibt, ist es ganz nett, einfach nur dort zu sitzen. Aber die Regenplane bleibt höchstens eine Stunde dicht, und außerdem fängt die Feuchtigkeit an, die Seile hochzukriechen und in die Hängematte einzudringen. Es wird kalt und klamm und ungemütlich. In dieser Nacht regnete es sieben Stunden lang ununterbrochen.

Der Rückweg

Als ich erwachte, war ich immer noch taub vom Getöse des Sturms, und als ich an unsere Entscheidung dachte, die wir am Tag zuvor getroffen hatten, kam Depression hoch. Der Dschungel triefte noch vor Nässe, aber der Himmel war klar. Schlaftrunken ging ich zum Fluß, um Wasser zu holen, und stieß einen überraschten Schrei aus.

„He, Peter! Roll dich aus deinem Bettchen und schau mal!"

„Was ist denn?" grunzte er schlaftrunken.

Der Fluß war über Nacht um mindestens 20 Zentimeter gestiegen. Ich hatte immer geglaubt, daß es wochenlang regnen müßte, bis sich der Wasserspiegel nach der monatelangen Trockenzeit heben würde. Ich hatte mich geirrt.

„Jetzt wird der Rückweg einfacher", grinste Peter. „Wir können über die vielen querliegenden Baumstämme einfach drüberfahren."

„Ja, aber es wird auch einige geben, unter denen wir jetzt nicht mehr durchkommen", gab ich zu bedenken.

Wir beluden das Kanu. Kein Reisender geht gerne den alten Weg zurück, besonders dann nicht, wenn das Ganze nach Niederlage schmeckt, und wir trödelten ein paar Minuten herum.

„Das ist ein schlimmer Tag", sagte Peter leise, und uns standen die Tränen in den Augen. „Meiner Meinung nach hätte unsere Reise einen besseren Abschluß verdient."

„Aber wirklich! Einhundertundzwanzig Kilometer zurück nach Molocopote, über dieselben Baumstämme, durch dasselbe Gestrüpp. Vorher hatten wir dabei wenigstens das Vergnügen gehabt, unbekanntes Gebiet zu erforschen."

Seufzend begannen wir unseren traurigen Marsch nach Süden. Die zusätzlichen Zentimeter an Wasser begünstigten unser Vorankommen enorm, auch wenn es jetzt ein paar Baumstämme gab, unter denen wir nicht mehr durchkamen. Aber die, über die wir jetzt drübergleiten konnten, waren weit in der Überzahl. Außerdem gab es keine seichten Stellen mehr, an denen das Kanu nicht schwamm. Wir konnten zwar noch nicht paddeln, mußten den ganzen Tag waten, aber wir legten immerhin sieben Kilometer zurück. Das war dreimal so schnell wie stromaufwärts.

Am Nachmittag schoß ich einen Affen, der tödlich getroffen zu Boden fiel, sich aber weigerte zu sterben. Ich versuchte eine neue Patrone einzulegen, um ihm einen Fangschuß zu geben, aber die Kammer war feucht und aufgequollen, und die alte Patrone ließ sich nicht entfernen. Um das Leiden des Tieres möglichst rasch zu beenden, hob ich die Flinte am Lauf hoch und ließ sie mit aller Kraft auf seine Schädeldecke krachen. Der Affe war tot – und der Kolben zerbrochen. Den Tränen nahe, lehnte ich mich gegen einen Baum und drehte mir mit zitternden Händen eine Zigarette. Ich sehnte mich danach, den Dschungel zu verlassen und endlich wieder mein Fleisch, bereits tot und appetitlich in Zellophan verpackt, kaufen zu können.

Fast die ganze nächste Nacht regnete es, und der Fluß stieg weiter an. Der Mapaoni war wie verwandelt, und wir mußten unser Kanu am Tag darauf nur zweimal tragen. Dabei legten wir wieder mehr als sechs Kilometer zurück. Wenn es während der letzten Wochen nur auch so einfach gegangen wäre!

Wir hofften, Molocopote am Abend des 14. Dezember zu erreichen. Damit blieben uns noch neun Tage. Wir wußten, daß die Geologen noch vor Weihnachten nach Belem und Santarem aufbrachen, und wir glaubten uns zu erinnern, daß am 15. Dezember das Flugzeug kommen würde. Wir wollten auf keinen Fall bis zu ihrer Rückkehr im Januar warten müssen. Außerdem bestand die

Gefahr, daß sie sich vielleicht entschlossen hatten, die ganze Regenzeit über wegzubleiben. Dann müßten wir über 500 Kilometer nach Carecaru zurückpaddeln. Mit unseren wenigen Vorräten und knappen Malaria-Tabletten war das keine ermutigende Aussicht.

Der nächste Morgen ist mir als einer der unangenehmsten der ganzen Reise in der Erinnerung haften geblieben. Der Fluß war inzwischen tief genug geworden, so daß wir zum erstenmal seit über zwei Wochen wieder paddeln konnten. Aber das bedeutete auch, daß wir häufig ins brust- und halstiefe Wasser springen mußten. Es war ein bewölkter, regnerischer Tag, und wir waren bald blau gefroren und zitterten vor Kälte. Unsere Stimmung erreichte einen neuen Tiefpunkt. Mittags entfachten wir ein Feuer, um uns zu wärmen, und standen darum herum wie Arbeiter um eine Kohlepfanne an einem englischen Wintermorgen. Durch das häufige Stehen im Wasser mußten wir jeden Tag Dutzende Male pinkeln. Es erschien uns als Verschwendung, diese heiße Flüssigkeit einfach wegspritzen zu lassen: Viel besser war, sie in herrlich warmen Strömen über die Schenkel fließen zu lassen.

Am Abend erreichten wir eine Stelle, an der wir das Kanu durch den Dschungel tragen mußten, um undurchdringliches Gestrüpp zu umgehen. Zweimal mußten wir den Weg machen, bevor wir unser Lager aufschlagen konnten. Meine Temperatur war wieder auf fast 40 Grad gestiegen, deshalb schluckte ich ein paar Fansidar und saß trübsinnig am Feuer. Dort war es wenigstens einigermaßen warm. Wir hatten kein Fleisch, um uns wenigstens so den Abend dieses anstrengenden Tages zu verschönen – nur eine Schüssel Reis. Mann, hatten wir bei diesem Unternehmen eine Menge Reis gegessen! Peter und ich hatten im Laufe der Wochen mehr als 35 Kilo davon vertilgt, und überraschenderweise mochten wir ihn immer noch. Die noch vorhandenen 5 Kilo waren feucht geworden, und der Reis schmeckte widerlich. Aber ohne eine Miene zu verziehen, schaufelten wir ihn uns in den Mund.

„Was glaubst du, wie lang war die Strecke, auf der wir das Kanu vorhin tragen mußten?" fragte ich Peter.

„Oh, ich schätze, ungefähr dreihundert Meter", antwortete er und stellte seinen Teller hin.

„Kannst du dir vorstellen, daß wir das Kanu über fünfzehn verdammte Kilometer tragen wollten? Das war vielleicht ein idiotischer Einfall!"

„Für solche Spielchen sind wir zu müde. Ich kann es kaum erwarten, nach Belem zu kommen und in einem Supermarkt mit einem Einkaufswägelchen zu den Regalen zu marschieren, wo die ganzen Köstlichkeiten draufstehen. Ich werde etwas Brot nehmen, Käse, Tomaten, Mayonnaise, Schokolade, Waffeln, Kuchen, Orangensaft, Marmelade... Scheiße, ich werd einfach alles nehmen!"

„Stell dir vor, wir sind in einem Restaurant, haben saubere Kleider an, sitzen auf einem richtigen Stuhl mit einer Lehne, gegen die man sich lehnen kann – nicht wie diese dämlichen Klappdinger hier –, und es gibt jemanden, der für uns Essen kocht!" Ich träumte laut. „Schau dir diese beiden Mädchen an, die wir dabeihaben, sie riechen gut, haben eine zarte Haut, so samtig wie Pfirsiche, lachende Augen, unsere Knie berühren sich unter dem Tisch..."

„Na ja, alles ganz nett", unterbrach mich Peter lachend, „aber was bestellen wir zum Essen?"

„Die Großstadt!" sinnierte ich weiter und zog tiefer an meiner bitteren Zigarette. „Supermärkte, Läden, Restaurants, Kinos, Bars, Museen, Bier, Lärm, Geschäftigkeit, Dreck, Abfall, Schmutz, Verfall, Unrat, menschliches Leid und Elend. Vermisch das Ganze, und du hast das Paradies. Du hast Belem!"

In dieser Nacht regnete es wieder, was uns in Maßen erfreute: Wir wünschten uns natürlich, daß der Fluß noch eine Zeitlang viel Wasser führte – aber wir hatten den düsteren, tropfenden Dschungel satt. Doch nachdem wir den Caripi erreicht hatten, verbreiterte sich der Fluß, und uns erreichten endlich wieder Sonnenstrahlen. Ich schmierte mich sofort mit Sonnenschutzmittel ein, denn in den letzten Wochen war meine ganze Bräune verschwunden.

Seit den Regenfällen waren die Stromschnellen wieder sehr viel reißender und gefährlicher geworden. Aber sie hielten uns nicht lange auf: Über einige schoben wir das Kanu, über andere ließen wir es leer mit dem Seil hinunter, und wenn wir es tragen mußten, war es nicht besonders kompliziert.

Durch das viele Wasser hatte sich der Fluß stark verändert. Auf unserem Weg stromaufwärts hatte sich der Fluß um zahlreiche Sandbänke herumgeschlängelt. Jetzt mußte sein Wasserstand ungefähr 70 Zentimeter höher liegen, die Sandbänke waren alle verschwunden, und das Wasser reichte direkt bis ans Ufer heran. Der Mapaoni sah jetzt wie ein richtiger Fluß aus. Er war immer noch schön, aber vorher hatte er uns besser gefallen.

Der Beginn der Regenzeit forderte viele Opfer unter den Lebewesen. Viele Sandbänke sind während der trockenen Zeit mit Wespennestern übersät – von dem Hochwasser werden alle überflutet. Hunderttausende von Ameisen, Termiten und anderen Insekten werden weggespült und von den Fischen aufgefressen. Pflanzen, die unvorsichtigerweise auf Sandbänken gewurzelt hatten, standen jetzt hilflos und zum Untergang verurteilt in den reißenden Wassern. Für die Fische ist diese Zeit zwar die beste, aber die meisten Tiere müssen die Regenzeit genauso verabscheuen, wie wir es taten.

In einer Ausbuchtung erblickten wir zwei Riesenottern mit ihren zwei Jungen. Wir hielten nicht an, um diese herrlichen Kreaturen zu beobachten, wir unterbrachen kaum unseren Paddelrhythmus. Wir hatten das alles schon vorher gesehen, und nichts in Amazonien konnte uns noch zu Begeisterungsstürmen hinreißen. Unsere Gleichgültigkeit gefiel aber offenbar den Otter-Eltern nicht, denn sie kamen neben dem Kanu an die Oberfläche und fauchten und zischten uns an.

Stromschnelle am Caripi

Wenn sie Junge haben, können sie gefährlich werden, und ganz sicher sind sie groß und kräftig genug, um jemanden ernsthaft zu verletzen. Wir paddelten weiter, legten uns etwas mehr ins Zeug, während sie um uns herumschwammen, unter dem Kanu hindurchtauchten, ihre Köpfe auf der anderen Seite wieder aus dem Wasser hoben, um uns erneut anzufauchen. Sie kamen uns allmählich ungemütlich nahe. Wir schrien sie an, wedelten mit unseren Paddeln vor ihren Nasen herum und starrten ängstlich auf ihre spitzen, gelblichen Zähne. Die Ottern waren sicher dazu imstande, in das Kanu zu klettern, und der Gedanke, daß mir zwei Meter Muskeln und Fett auf den Schoß springen könnten, veranlaßte mich, die Flinte in Reichweite zu ziehen.

„Haut ab, ihr dummen Tiere!" schrie ich sie an. „Wenn ihr ins Kanu kommt, werde ich eure Spezies der Ausrottung noch näherbringen. Haut ab zu euren Babys!"

Wir hatten die kleine Bucht jetzt verlassen, aber sie folgten uns immer noch , und wir paddelten jetzt aus Leibeskräften. Allmählich blieben sie zurück, und wir konnten uns entspannen. Jedenfalls dachten wir das. Wir lehnten uns auf die Paddel, um Atem zu schöpfen.

„Sie sind weg", sagte Peter erleichtert. Er hatte die Worte noch nicht ganz ausgesprochen, als einen Meter vor uns zwei knurrende Köpfe aus dem Wasser auftauchten. Wir ergriffen unsere Paddel, und dieses Mal legten wir uns wirklich ins Zeug, um das Revier dieser netten Tierchen zu verlassen.

Wir waren wieder im Moskitogebiet und mußten nachts wieder unsere Netze über die Hängematten spannen. Die Hängematten stanken nach Schimmel, Dreck, Urin und erschienen uns stickig und luftundurchlässig. Auch unsere Kleider waren dreckig – in den letzten Wochen hatten wir sie nur selten gewaschen. Wir trugen sie nur am Abend und in der Nacht, aber durch die offenen Lagerfeuer waren sie mit Ruß bedeckt, und natürlich wischten wir unsere fettigen Finger an den Hosen ab. Wir hatten auch viele heiße, verschwitzte Nächte mit Malaria-Anfällen in ihnen verbracht. Kurz gesagt, sie stanken, aber wir hatten jetzt keine Zeit, sie zu waschen.

Viele Stromschnellen schossen wir nun einfach hinunter, um Zeit zu sparen, aus Faulheit, aber auch wegen des Spaßes. Wenn es kurze Stromschnellen waren, machten wir uns nicht die Mühe, das Kanu anzuhalten, um sie zu erkunden, sondern standen nur im Boot auf, entschieden kurz, ob wir drüberkommen würden, und wenn ja, welchen Kurs wir nehmen sollten. Ziemlich oft übersahen wir bei unserem flüchtigen Blick ein paar Überraschungen und faßten dann eine Menge Wasser. Aber zumindest brachte uns das etwas Abwechslung. Zwischen den Stromschnellen gab es lange Abschnitte, auf denen wir ohne Behinderung paddeln konnten. Doch obwohl wir einen ziemlich schnellen Schlag vorlegten, fanden wir es beide langweilig. Und ich hatte dabei stundenlang Gelegenheit, Peters Bemühungen zu verfolgen.

Wenn ich im Heck eines Kanus sitze, habe ich unvermeidlich die fixe Idee, daß sich meine Begleiter nicht genügend anstrengen. Auf meinen verschiedenen Reisen bin ich hinter fünf verschiedenen Männern gesessen, und jedesmal hatte ich mir eingebildet, daß sie sich nicht wirklich anstrengten. Jeder ihrer Paddelschläge erzeugte mickrige, kleine Wirbel, die verrieten, daß das Paddel nur ganz lasch eingetaucht worden war. Ich paddelte mit kräftigen Schlägen und verglich meine herrlichen, schäumenden Wogen mit ihren kümmerlichen Wirbelchen. Finster blickte ich dabei auf den Rücken meines jeweiligen Begleiters und wurde im Laufe der Stunden immer verbitterter und immer wütender. Wenn ich einen schlechten Tag hatte, konnte ich mich da ganz schön reinsteigern.

Wir machten auf einer kleinen Felseninsel halt, um mit unserem letzten Mehl ein paar Pfannkuchen zu backen. Ich war mit dem Kochen an der Reihe, und natürlich ging alles schief. Das Inselchen war zu klein und zu uneben. Ich brauchte Platz für die Teigschüssel, für das Feuer, für die Platte mit den fertigen Pfannkuchen und für mich selbst. Zuerst war das Feuer nicht heiß genug, und die Pfannkuchen wurden nicht braun. Ich mußte die Steine, die ich um das Feuer gelegt hatte, anders anordnen. Ohne nachzudenken, nahm ich einen in die Hand – und verbrannte mir den Daumen. Dann war das Feuer zu heiß, ich versengte mir die Hände und verbrannte die Pfannkuchen. Mit reichte es. Wütend stieß ich das Feuer mit dem Fuß in den Fluß und spielte den Beleidigten. Jetzt übernahm Peter mit älplerischer Ruhe, die mich bis zur Weißglut reizte, die Aufgabe und briet natürlich ein Dutzend perfekter Pfannkuchen. Natürlich ist er nicht so erschöpft wie ich, dachte ich. Er hat ja schließlich nicht so angestrengt gepaddelt wie ich, oder?

Während dieser Tage mußte ich ihn immer mit List und Tücke dazu überreden, die Paddelzeit etwas zu verlängern. Manchmal kam ich mir wie ein Schullehrer vor, der einen widerspenstigen Schüler zu überzeugen versuchte. Nach zwei Uhr nachmittags wurden alle schattigen Lagerplätze, an welchen wir vorbeikamen, von Peter mit Seufzern und sehnsüchtigen Blicken bedacht. Ich aber hatte es eilig. Ich wollte lieber jeden Tag ein oder zwei Stunden länger paddeln, als das Risiko eingehen, den Flug zu verpassen, nur weil wir müde und faul gewesen waren. Aber es waren lange, lange Tage. Am Unterlauf des Mapaoni legten wir jeden Tag etwa 25 Kilometer zurück.

Zumindest aßen wir in dieser Zeit gut, denn hier befanden wir uns wieder in fischreichem Wasser. Solange wir Köder hatten, war das Fischen lachhaft einfach. Wir steckten sie auf einen großen Haken, sicherten diesen mit etwas Draht, banden das Ganze an eine Nylonschnur, warfen es ins Wasser und befestigten die Schnur an einem Baum. Innerhalb von fünf Minuten, noch ehe wir unsere Hängematten befestigt hatten, bewegte sich die Angelschnur, und wir zogen einen mindestens zwei Kilo schweren *trairao* an Land. Das war zwar nicht besonders sportlich, aber darum ging es uns nicht mehr.

Es gab zu dieser Jahreszeit nicht viele Früchte, aber wir probierten alle aus, die wir fanden. Für den Fall, daß sie giftig waren, biß immer einer von uns ein großes Stück davon ab, und dann warteten wir auf irgendwelche unerfreulichen Reaktionen. Manchmal bekamen wir Magenschmerzen, ziemlich oft schmeckte das Zeug so scheußlich, daß wir den Rest wegwarfen, aber ab und zu entdeckten wir etwas Köstliches. So fanden wir zum Beispiel orangefarbene, weiche Früchte, die an Aprikosen erinnerten. Ich war an der Reihe, das Versuchskaninchen zu spielen. „Mmmmh, herrlich", sagte ich nach einem ersten Bissen und widerstand der Versuchung weiterzuessen. „Damit müssen wir uns eindecken."

Wir füllten unseren größten Kochtopf und paddelten weiter. Nach einer Stunde war ich immer noch am Leben, und wir stürzten uns auf die Früchte. Zwanzig Stück davon legten wir für das Abendessen beiseite, den Rest vertilgten wir. Wir versicherten uns gegenseitig, daß sie das Köstlichste wären, was wir seit Wochen gegessen hätten.

Ungefähr eineinhalb Stunden später fühlte ich ein menschliches Rühren und sagte Peter, daß ich mal für einen Moment im Dschungel verschwinden müßte. Fünf Minuten später kam ich wieder zurück.

„Das war eine zutiefst bewegende Erfahrung", bemerkte ich, als ich mein Paddel wieder in die Hand nahm.

Zehn Minuten später war Peter an der Reihe, dann wieder ich und dann wieder er. Jedesmal waren unsere „Ausflüge" schmerzhafterer Art, und beim vierten Mal hatten wir derartige Krämpfe, daß wir uns die Bäuche hielten. Wir konnten nicht mehr weiterfahren. Wir suchten uns einen bequemen Ast, setzten uns drauf und ließen den Dingen ihren Lauf.

„Verdammte Früchte", stöhnte Peter.

„Wir haben eine wissenschaftlich bedeutsame Entdeckung gemacht", versuchte ich zu scherzen. „Das stärkste natürliche Abführmittel der Welt. *Darmol*, die Tage deiner Herrschaft sind vorüber!" Erst nach über drei Stunden wagten wir den Ast wieder zu verlassen.

Am achten Tag unserer Rückreise stießen wir mit einem Tapir zusammen. Das unvernünftige Tier latschte, gefolgt von einem Jungen, ins Wasser, starrte uns mit einem Auge an, natürlich ohne etwas zu erkennen, tauchte unter und schwamm direkt unter unser Kanu. Wir zogen sofort die Paddel hoch. Plötzlich mußte das Tier wohl gemerkt haben, daß sich etwas über ihm befand, und erschreckt versuchte es zu entkommen. Sein breiter, muskulöser

Rücken drückte von unten gegen das Kanu, wobei dieses seitlich umkippte und halb voll Wasser lief. Dann geriet der Tapir vollends in Panik, tauchte, strampelte schnurstracks ans Ufer und stürzte schließlich blindlings in den Dschungel. Das Junge kam auf der anderen Seite ans Ufer, und so, wie wir die Tapire kannten, würden sie sich wahrscheinlich nie mehr wiederfinden...

Um die Wahrheit zu sagen, wir waren nicht sonderlich erfahren im Flußabwärtspaddeln. Wir hatten eine gewisse Geschicklichkeit in der umgekehrten Richtung erlangt, wo wir genügend Zeit für Ausweichmanöver hatten. Von reißenden Strömungen stromabwärts getrieben, stellten wir allerdings häufig fest, daß wir, wenn wir eine scharfe Kehre machen wollten, um einem Dornengestrüpp oder einem Lianengewirr auszuweichen, meistens zerkratzt und fluchend mittendrin landeten. Häufig schossen wir auch mit erschreckender Geschwindigkeit unter umgestürzten Bäumen hindurch, wobei nur noch ein oder zwei Zentimeter zwischen uns und den Stämmen blieben. Peter, der kleiner als ich war, konnte sich tiefer ducken. Ich dagegen kam mehrmals nicht weit genug hinunter und zerschrammte mir dabei den Rücken. Manchmal lehnte ich mich auch rückwärts über das Heck und glitt wie ein Limbo-Tänzer unter dem Baumstamm durch. Dabei betete ich inbrünstig, daß ich mich nicht verschätzt hatte und geköpft würde.

Am Mittag des nächsten Tages, als wir glaubten, noch etwa 20 Kilometer vom Jari entfernt zu sein, paddelten wir um eine Biegung und befanden uns plötzlich in einem breiten Fluß: Es war der Jari. Das war vollkommen überraschend, aber wir wußten jetzt, daß wir noch an diesem Abend Molocopote erreichen konnten. Genau nach Plan: Es war der 14. Dezember. Wir machten zuerst mal Mittagspause und fingen ein paar Piranhas zum Braten. Danach kam die ewige Paddelei zum Camp. Der Jari war tief und breit und nach all den kleinen Flüssen, an die wir uns gewöhnt hatten, unglaublich langweilig. Es goß wie aus Kübeln. Regen auf dem Fluß ist schön. Jeder Tropfen verursachte ein Tröpfchen, das über die Wasseroberfläche hüpft, und man hat den Eindruck, als würden lauter Perlen über die Wasserfläche kullern. An diesem Nachmittag waren wir allerdings nicht in der Stimmung, das Schauspiel aus vollem Herzen zu genießen. Uns fror, und die Regentropfen prickelten auf unserer nackten Haut wie kleine Nadelstiche. Wir wollten nur noch Molocopote erreichen, das Kanu vertäuen und niemals wieder paddeln.

Wir erkannten eine kleine Stromschnelle, die sich einen Kilometer vom Lager entfernt befand (Peter hatte auf der Hinreise an dieser Stelle sein Frühstück von sich gegeben). Wir beschleunigten unsere Schlagzahl. Noch ein paar Biegungen – geschafft! Wir sahen keine Kanus, und das hieß, daß alle noch auf Goldsuche waren. Wir waren erleichtert, denn wir hatten Angst gehabt, daß wir die Kanus, aber keine Hängematten vorfinden würden. Das hätte bedeutet, daß schon alle abgeflogen waren. Mit einem Paddelschlag ließen wir den Bug auf den Sandstrand laufen und grinsten uns müde an. Wir hatten unser Ziel erreicht, und zwar in einer verdammt guten Zeit. Weihnachten würden wir in Belem sein!

Das lange Warten

Überzeugt, daß niemand da war, hatten wir uns nicht die Mühe gemacht, Shorts anzuziehen. Doch als wir aus dem Kanu stiegen, wurden wir überraschenderweise mit einem Begrüßungsruf empfangen. Es war Fernando, der da, in eine Decke gewickelt, fröstelnd mitten im Sonnenschein stand und viel zu krank aussah, um wegen unserer Nacktheit schockiert zu sein. Wir kannten Fernando von unserem Stopp vor über fünf Wochen, aber jetzt war er nur noch ein Schatten des frischen, lebhaften Zwanzigjährigen, den wir damals kennengelernt hatten. Für einen Augenblick lockerte er seine wärmende Umhüllung, öffnete die Decke lange genug, um uns die Hand zu geben, und kehrte dann zu seiner Hängematte zurück.

Oben bei der Hütte entdeckten wir drei weitere Männer, die in Decken gewickelt in ihren Hängematten lagen. Malaria hatte das Lager heimgesucht. Bereits zehn Männer waren zur Behandlung ausgeflogen worden, und diese vier hier warteten auf den nächsten Flug.

Wir setzten uns zu ihnen, und erzählten, wie es uns ergangen war. Wir erfuhren, daß es möglicherweise am 18. Dezember einen Flug nach Santarem geben würde, und ganz sicher zwei Flüge am 23. nach Belem. Wir hätten uns offensichtlich gar nicht so zu beeilen brauchen. Einer nach dem anderen verstummte, als die abendlichen Fieberattacken einsetzten, die, wie ein Mann zynisch meinte, so regelmäßig wie der *six o'clock cocktail* auftraten. Da wir aus Erfahrung wußten, daß man diese Anfälle lieber allein durchstehen will, gingen Peter und ich, um die Cashew-Bäume neben der Landebahn zu plündern. Ihre Früchte sehen ungefähr wie Äpfel aus, manche sind rot, manche gelb, sie sind ungemein saftig und haben einen angenehmen süß-sauren Geschmack. Die Nuß am unteren Ende der Frucht warfen wir weg, weil sie erst geröstet werden müßte, um ihr Wohlgeschmack abzugewinnen.

Die Anwesenheit der vier kranken Männer war eine Enttäuschung für uns. Wir hatten gehofft, während der Wartezeit auf dem Fluß allein in Molocopote zu sein. Nach den langen Wochen der Einsamkeit mußten wir uns erst wieder an das Leben unter Menschen gewöhnen.

Da sonst niemand an Essen interessiert war, kochten wir uns etwas Reis und legten uns in die Hängematten. Wir waren erschöpft, und es war ein angenehmes Gefühl zu wissen, daß kein Lager aufgeschlagen oder abgebrochen werden mußte. Kein Aufstehen und Paddeln am nächsten Tag. Wenn wir wollten, würden wir sogar nie wieder im Leben paddeln müssen.

Um Mitternacht wachten wir durch die Ankunft eines weiteren

Kanus voller Männer auf, die auch auf das Flugzeug warten wollten. Es sah so aus, als würden wir keinen Platz in der ersten Maschine bekommen, denn die Anzahl der Malariakranken hatte sich jetzt auf sieben erhöht. Erfreulicherweise hatten die Männer auf ihrem Weg zum Camp ein Paka geschossen, und so saßen wir um das Feuer und vertilgten einen mitternächtlichen Imbiß.

Beim ersten Tageslicht standen wir auf, um unser Gepäck zu ordnen, falls wir doch mit an Bord schlüpfen konnten. Alles war schmutzig und in einem schrecklichen Zustand. Wir schrubbten gründlich unsere Kleider, flickten die Risse in unseren Hosen und hatten schließlich das Gefühl, daß wir nun für die Herrlichkeiten der Großstadt bereit wären. Wir reinigten die beiden Gewehre mit Schmirgelpapier und Dieselöl, und abgesehen von dem zerbrochenen Kolben sahen sie danach ganz passabel aus. Danach inspizierten wir unsere Habseligkeiten und sonderten die Dinge aus, die wir nicht mehr benötigten – Taschenlampen, Batterien, Angelleinen, Angelhaken, ein Seil, die Plastikplanen etc. sowie ein paar nützliche Medikamente aus unserer Hausapotheke. Da wir auch noch ein paar Ampullen Betäubungsmittel für lokale Anästhesie hatten, konnte einem schmerzgeplagten Mann mit einer Drahtzange ein Zahn gezogen werden.

Die Männer hatten alle nur wenige Zähne – und diese wenigen waren in erbärmlichem Zustand. Es ist seltsam, wie sehr fehlende Zähne einen gutaussehenden Mann verändern können. Wenn er aufhört zu lachen, fühlst du dich irgendwie erleichtert, daß er seine Lippen über diesen Ruinen schließt. Sieht man aber die Unmengen von Zucker, die die Leute vertilgen, versteht man, warum ihnen die Zähne verrotten. Ein Kaffee mit nicht mindestens vier Teelöffeln Zucker läßt sie entsetzt den Atem anhalten und die Lippen zusammenziehen, als hätte man ihnen eine Zitrone zum Auslutschen gegeben. „Muito amargo – sehr bitter", rufen sie dann und fügen noch einmal zwei Teelöffel hinzu.

Nun, in Molocopote war die Lage sehr *amargo*. Der Zucker war ausgegangen, und wir hatten auch nur noch eine Tasse voll übrig. Es gab auch keinen Tabak mehr, deshalb fielen sie über meinen kärglichen Rest her, und der war dann am Abend aufgebraucht. Es war höchste Zeit, sich zurückzuziehen, zumindest, bis wir von hier fort konnten. Sieben Leute wollten nach Santarem, und die anderen warteten auf den Flug nach Belem. Das Flugzeug konnte 700 Kilo laden, und da die Brasilianer klein und leichtgewichtig waren, hegten wir gewisse Hoffnungen – falls der Pilot einverstanden wäre.

„Was ist, wenn der Pilot nur einen von euch mitnehmen will?" fragte einer der Männer. „Wer bleibt, und wer fliegt?"

Peter und ich sahen einander an. Wir waren uns in den letzten Monaten sehr nahe gekommen, aber...

„John, würdest du verzichten und Peter den Platz geben?" fuhr der Mann fort. Ich rutschte unbehaglich auf meinem Stuhl hin und her.

„Also..., tut mit leid, Peter, aber ich glaube nicht, daß ich das tun würde. Nein", antwortete ich.

„Mein lieber John, wie selbstsüchtig!" Der Mann wandte sich an Peter. „Und wie steht es mit dir? Wärst du so uneigennützig und würdest John als ersten fliegen lassen?"

„Bestimmt nicht", grinste Peter. „Ich glaube, wir müßten drum losen." Wie auch immer, das Flugzeug kam an diesem Tag nicht.

Es gab ein paar nette Männer im Camp – vor allen Dingen Mineiro und Cabeca Branca. Mineiros richtiger Name war Ernesto – er wurde Mineiro genannt, weil er aus dem Staat Minas Gerais kam. Er hatte bis vor einem Jahr Physik studiert, dann aber sein Studium aus finanziellen Gründen aufgeben müssen. Er hatte eine ganze Menge des lässigen brasilianischen Charmes vorzuweisen, und er besaß die Fähigkeit, sich locker mit jedem zu unterhalten, ganz egal, woher dieser stammte. Er war mit einem der Geldgeber dieses Projektes zur Schule gegangen, und der hatte ihm den Job als Aufseher angeboten. Ernesto betrachtete die ganze Angelegenheit als Urlaub und Abenteuer. Er schrieb seine Eindrücke nieder und sammelte Raritäten aus dem Dschungel.

Cabeca Branca (Weißkohl) war ein vorzeitig ergrauter Mann von fünfundvierzig Jahren, der für eine Gruppe von Arbeitern verantwortlich war. Im Gegensatz zu Ernesto war er ungebildet, aber er besaß einen angeborenen Scharfsinn und Intelligenz. Er hatte ein koboldartiges Grinsen im Gesicht und amüsierte uns jeden Morgen, indem er Lieder in der Art der *repentista* sang. Zu einer einfachen Melodie werden aus dem Stand Texte gesungen, die von den augenblicklichen Ereignissen und von den anwesenden Menschen inspiriert werden. Im Nordosten von Brasilien kann man unglaubliche Vorführungen dieser Art erleben. Cabeca Branca war Amateur in dieser Kunst, doch seine witzigen und treffenden Bemerkungen über unsere Situation brachten uns jedesmal zum Lachen.

Er war auch der beste Jäger der Gruppe und betrieb diesen Sport mit großer Leidenschaft. Er wollte von mir eine Menge von Informationen über den Mapaoni haben und erzählte uns, daß er mit einem Kanu dorthin zu fahren gedächte, um Fallen aufzustellen. Ich konnte mir sehr gut vorstellen, wie er mit einer Menge Felle zurückkehrte, deshalb fügte ich meinen Schilderungen zur Abschreckung noch mindestens zwanzig reißende Wasserfälle hinzu. Das schien allerdings nicht zu genügen, um das Funkeln in seinen Augen zum Erlöschen zu bringen. So erfand ich einen Zusammenstoß, den Peter und ich mit einem wilden Indianerstamm gehabt hätten. Ich glaube, die Jaguare, Ozelots und Riesenottern des Mapaoni schulden mir dafür ihren ewigen Dank, denn wie alle Männer hier hatte Cabeca Branca eine Heidenangst vor Indianern.

In dieser Nacht saßen wir um das Feuer und unterhielten uns mit den Männern viele Stunden lang über die Indianer. Ich stellte fest, daß alle in dieser Beziehung vor Ignoranz und Vorurteilen nur so strotzten. Indianer waren „dreckig", sie „klauten", und vor allen Dingen waren sie „hinterhältig". Die nordamerikanischen Indianerkriege wurden offensichtlich 150 Jahre danach in der südlichen Hemisphäre abermals in Szene gesetzt. Die Indianer und die rauhen, harten Abenteurer würden niemals einen Weg für ein konfliktloses Nebeneinander finden.

Die Männer hier hatten alle irgendwelche Schauermärchen aus zweiter oder dritter Hand gehört, in denen es um Hinterhältigkeit und Mord ging und die sie in ihrer Intoleranz noch bestärkten.

Die Akuriyo, ein Stamm in diesem Gebiet, waren bis Anfang der siebziger Jahre ausschließlich Nomaden. Sie jagten und sammelten Früchte in den Wäldern von Süd-Surinam, Französisch-Guyana und in den brasilianischen Grenzgebieten. Sie mieden die großen Flüsse, da sie nicht schwimmen konnten und auch nicht imstande waren, Kanus zu bauen. Sie wanderten durch die Wälder und blieben an jedem Ort höchstens ein paar Wochen. Wild und Fische versorgten die Akuriyo mit Proteinen und Fetten, außerdem ernährten sie sich von Honig, Palmfrüchten, Palmnüssen und verschiedenen Knollen.

Die Akuriyo konnten kein Feuer entzünden, deshalb waren die Frauen des Stammes dafür verantwortlich, die kostbare Glut sicher von Lagerplatz zu Lagerplatz zu tragen. Wenn das Feuer eines Stammes verlöscht, gibt es nur zwei Möglichkeiten: schnell von einem anderen Stamm neues Feuer zu bekommen – oder zu sterben. „Sein Feuer ist ausgegangen" bedeutet bei diesem Stamm: „Er ist tot".

Seit den frühen siebziger Jahren haben sich die meisten Akuriyo in den Ansiedlungen der Trio und Wayana niedergelassen und ihr nomadisierendes, steinzeitliches Dasein aufgegeben. Es wird jedoch angenommen, daß es ein oder zwei kleine Gruppen gibt, die es vorgezogen haben, im Regenwald zu bleiben, und für uns hatte die geringe Chance bestanden, ihnen am Oberlauf des Mapaoni zu begegnen, obwohl sie uns in diesem Fall vermutlich nur aus sicherer Entfernung beobachtet hätten.

Um Molocopote herum gab es fast nichts zu fischen und zu jagen. Das war vermutlich auf die Tüchtigkeit der Indianer, die früher in diesem Gebiet gejagt hatten, zurückzuführen. Das Fischen in der Nähe des Camps brachte überhaupt nichts. Viele von uns versuchten es stundenlang, Tag und Nacht, aber wir fingen nichts, nicht einmal einen Piranha. Das war für den Jari ungewöhnlich. Um etwas an die Angel zu bekommen, mußte man einen Kilometer stromaufwärts zu zwei kleinen Stromschnellen marschieren. Bei einem kleinen Spaziergang bekam ich meinen ersten Eindruck davon, wie jämmerlich die Jagdmöglichkeiten in dieser Gegend waren. Ich sah nur eine kleine Gruppe von Kapuzineräffchen, die sich in alle Winde zerstreuten, bevor ich auch nur in Schußweite kommen konnte. Diese Affen wußten offensichtlich sehr gut, daß Menschen für sie nur Schlechtes bedeuteten. Abgesehen davon schien der Dschungel merkwürdig verlassen zu sein.

Der nächste Tag war ein Samstag, und wir wurden informiert, daß der Pilot nicht kommen würde, weil er ein Adventist vom Siebenten Tag war und an Samstagen nicht arbeitete.

Um etwas allein zu sein, gingen Peter und ich entweder auf die Jagd, oder wir unternahmen Spaziergänge entlang der Landebahn und um die alten Indianerlichtungen herum. Es mußte sich um eine sehr große Anlage gehandelt haben, denn wir entdeckten viele Morgen Land, die einstmals Anpflanzungen gewesen und jetzt völlig überwuchert waren. Dazwischen lagen verstreut die Ruinen der alten Hütten und ein paar alte Gräber, von denen viele Spuren von Ernestos „archäologischen Ausgrabungen" aufwiesen. Eines war sogar nur oberflächlich wieder zugeschüttet worden, und aus dem Erdboden ragte ein Knochen.

Das Flugzeug kam auch nicht am Sonntag, und allmählich begann sich die Zeit dahinzuziehen. Wir saßen herum und plauderten, schwammen ein bißchen, versuchten zu schreiben – und warteten.

Am 19. Dezember standen wir alle fröhlich auf, davon überzeugt, daß das Flugzeug heute kommen würde. Die Optimistischsten unter uns nahmen sogar ihre Hängematten ab, rollten sie zusammen und saßen mit gespitzten Ohren da, um das näherkommende Dröhnen der Maschine nicht zu überhören. Peter und ich diskutierten darüber, welches der uns bekannten Restaurants in Santarem heute nacht die Ehre unseres Besuches erhalten würde. Allerdings wußten wir genau, daß wir uns nicht zu viele Hoffnungen machen konnten, denn wir standen ganz unten auf der Warteliste.

Fernando war noch der einzige mit Malaria. Ich hatte den Männern Fansidar gegeben, und es schien allen anderen gut geholfen zu haben. Lediglich der arme Fernando schien auf diese Behandlung nicht anzusprechen – er hatte weiterhin Fieber und jede Nacht Schüttelfrost. Seine Kumpane erzählten mir, daß er seit über einem Monat krank sei und in dieser Zeit schon über vierzig Fansidar geschluckt habe. Ich überlegte, ob ich ihm ein paar von meinen restlichen Chinin-Tabletten geben sollte, entschloß mich dann aber, es erst einmal bleiben zu lassen. Bei mir war nämlich wieder ein Malaria-Anfall fällig, und ich wollte nicht mein einziges wirksames Heilmittel weggeben.

Der Mittag kam und ging vorüber, und unser Optimismus begann allmählich zu schwinden. Wir hängten unsere Hängematten wieder auf und legten uns hinein. Später ging ich dann hinunter zum Fluß und unterhielt mich ein paar Stunden mit Ernesto, während er schwamm, seine Haare wusch und ein Sonnenbad nahm. Er hatte nach seiner Malaria einige Kilo an Gewicht verloren, aber das störte ihn nicht, ganz im Gegenteil, er war darüber sehr erfreut.

„Es ist phantastisch", grinste er und fuhr sich mit der Hand über den flachen Bauch. „Ich hab ungefähr zwanzig Paar Hosen, die mir vorher zu eng waren. Jetzt seh ich wieder wie ein Teenager aus. Malaria ist einfach die allerbeste Schlankheitsdiät."

Er hatte vor, Weihnachten hier zu verbringen – er verspürte

nicht den Wunsch, das Fest in der Zivilisation zu verleben, wollte eine Zeitlang alleine sein. Er überlegte auch, ob er nicht den Job ganz aufgeben sollte.

„Diese ganze Goldsucherei ist nur dann interessant, wenn du eine Menge Geld dabei verdienst. Damit meine ich wirklich viel Geld – sechs oder siebenmal soviel, wie du hier verdienst. Es hat keinen Wert, für weniger zu arbeiten. Denk nur an all die Dinge, die du hier entbehren mußt – Mädchen, Unterhaltung, gutes Essen, Musik, Komfort – und zwar jedesmal sechs Monate an einem Stück. Wenn du dabei ein Vermögen verdienst, hat es einen Sinn, diese Opfer zu bringen." Er tauchte unter, um sich das Shampoo aus dem Haar zu waschen. „Hier in der Gegend gibt es Gold – aber nicht in großen Mengen. Keiner von uns hat viel verdient, und ich glaube auch nicht, daß wir hier jemals reich werden. Wenn man also einmal als *garimpeiro* gelebt und seine Abenteuer gehabt hat, ist es das beste, wieder nach Hause zu fahren. Jedenfalls ist das meine Meinung."

Das Flugzeug kam weder an diesem Tag noch am nächsten, noch am übernächsten. Die Männer waren wegen der Verspätung ziemlich wütend. Sie hatten ein Flugzeug für die kranken Leute angefordert, und offensichtlich konnte man nicht darauf vertrauen, daß die Piloten auch sofort kamen, wenn man sie brauchte.

„Was wäre, wenn wir ernsthafte Probleme hätten?" fragten sie. „Ein gebrochenes Bein oder einen akuten Blinddarm? Nur weil der Pilot bei einem anderen Flug vielleicht mehr Geld verdienen kann, lassen sie uns hier sitzen."

Am 21. Dezember, eine Woche nach unserer Ankunft, sahen wir endlich das erste Flugzeug über dem Camp kreisen, ehe es auf der Landebahn aufsetzte. Würden wir einen Platz bekommen und diesem langweiligen Ort entfliehen können?

Der Pilot war ein mürrischer Bursche. Seine Augen waren hinter einer verspiegelten Sonnenbrille, wie sie von einer gewissen

Sorte von Südamerikanern bevorzugt wird, nicht zu sehen. Er sagte, daß er nur sechs Personen an Bord nehmen und in Belem nicht mit mehr Passagieren ankommen dürfe. Das sei gegen die Vorschriften. Wir hatten schon davon gehört, deshalb fragte ich, ob er uns nicht wenigstens bis Macapa mitnehmen könne, wo er sowieso tanken müsse und wo die Kontrollen nicht so streng seien. Er lehnte ab. Auch als ich ihm, um ihn umzustimmen, etwas über unseren schlechten Gesundheitszustand vorjammerte, blieb er hart: „Ihr seid aus eigenem Willen hierhergekommen. Jetzt könnt ihr auch wieder so zurückfahren, wie ihr hergekommen seid."

In seiner spiegelnden Sonnenbrille konnte ich mich selbst dabei beobachten, wie ich mit dem Wunsch kämpfte, ihm eins auf die Nase zu hauen, ihm dieses blöde, affektierte, angeberische Ding herunterzureißen und es in den Staub zu trampeln. Die Vernunft siegte. Es konnte ja sein, daß er in ein oder zwei Tagen zurückkam, und wir konnten es uns nicht leisten, ihn zu verstimmen. Ich drehte mich auf dem Absatz um, ging ins Lager zurück und ließ meine Wut an einer Blechkanne aus.

Ernesto sah unsere Ungeduld und unsere Enttäuschung und entschuldigte sich dafür, daß auch er bei dem Piloten kein gutes Wort für uns einlegen konnte. Es sei der Besitzer des Luft-Taxi-Unternehmens gewesen und keiner der gewöhnlichen Piloten, mit denen man eher reden konnte. Immerhin war er davon überzeugt, daß wir noch vor Weihnachten hier wegkämen. Nur noch zwei Tage!

In der Nacht beobachteten wir, sehr zu unserem Mißfallen, daß ein weiteres Kanu mit Männern ankam. Dadurch stieg die Anzahl der Passagiere wieder. Viele der Männer waren krank. Sie hatten eine unangenehme Zwei-Tages-Fahrt hinter sich, und in einer der Stromschnellen war ihr Kanu sogar gekentert. Das gehörte zu den schrecklichsten Dingen, die ich mir vorstellen konnte: während eines Malaria-Anfalls mit Schüttelfrost in kaltes Wasser zu fallen und um sein Leben schwimmen zu müssen. Die Männer hatten dadurch eine ganze Menge Proviant verloren, was die allgemeine Situation kaum verbesserte.

Den ganzen Morgen des 22. Dezember über hofften wir vergebens, und als bis drei Uhr nachmittags kein Flugzeug aufgetaucht war, stieg ich in unser altes Kanu und ging mit dem Brasilianer fischen, dem ich es für 10 Dollar verkauft hatte. Ich hatte es inzwischen fast schon bedauert, daß ich dem Typen so viele unserer Dinge geschenkt hatte – habgierig hatte er sich beim Auspacken auf alles gestürzt. Später stellte ich fest, daß er viele der Sachen verkauft hatte, die eigentlich für alle gedacht gewesen waren. Er war unbeliebt, und in der vergangenen Woche hatten wir auch gemerkt, warum: Er war faul, ging nie auf die Jagd oder zum Fischen, beteiligte sich nicht am Kochen, sondern sprang nur hastig aus seiner Hängematte, wenn das Essen fertig war. Dann schaufelte er die besten Stücke auf seinen Teller, bis der fast überquoll.

Dieser Mann war jetzt zum ersten Mal dazu überredet worden, zum Fischen zu gehen, und da ich das Gefühl hatte, daß mir ein bißchen körperliche Betätigung guttun würde, und ich außerdem noch einmal in unserem Kanu paddeln wollte, schloß ich mich ihm an. Wir paddelten die drei Kilometer bis zu einer Stromschnelle stromabwärts, doch nach einer halben Stunde bedauerte ich bereits meinen Entschluß. Während ich mich abrackerte, paddelte der Brasilianer praktisch überhaupt nicht. Ich war sauer, besonders nachdem der Typ den Nerv gehabt hatte, mir zu erzählen, daß er das Kanu gerade an Ernesto zu dem doppelten Preis verkauft hatte, den er mir bezahlt hatte. Ich war wütend. Er hatte mir weisgemacht, daß er unbedingt ein Kanu brauchte, und dabei hatte er es die ganze Zeit nur gewollt, um es gewinnbringend weiterverkaufen zu können. Die ganze Frustration dieser vergeudeten Woche brach aus mir hervor. Ich schrie ihn an und beschimpfte ihn, und er gab mit gleicher Münze zurück. „Keiner darf mit mir so reden", brüllte er, „nicht einmal mein Vater!"

„Wenn dein Vater öfter so mit dir gesprochen hätte, dann wärst du vielleicht nicht so ein unerfreulicher, fauler, selbstsüchtiger Mistkerl geworden", schrie ich zurück.

Wir erreichten die Stromschnelle, und aus dem primitiven Bedürfnis heraus, ihm ein wenig Angst einzujagen, vielleicht auch, um nach so vielen Tagen etwas Aufregendes zu erleben, hielt ich auf den reißendsten Teil zu. Außer der Flinte hatten wir nichts im Kanu, und die war angebunden, also konnte uns beim Kentern nicht viel passieren. Mir machte es einfach Spaß, den ängstlichen Blick aus seinen weitaufgerissenen Augen zu sehen, ehe wir bokkend und klatschend durch die Wellen schossen. Danach war er friedlicher.

„Verrückter *gringo bastard*", hörte ich ihn nur knurren, als wir zum Ufer paddelten und anlegten. Wir fischten zwei Stunden lang, fingen aber nichts. Als wir mühselig gegen die Strömung ankämpfend wieder nach Hause fuhren, fragte er mich, ob ich irgendein Mittel gegen Epilepsie hätte; ihm seien die Tabletten ausgegangen, die er seit fünfzehn Jahren einnähme. Er hätte schon alles aus unserer Reiseapotheke probiert und auch Tabletten gefunden, die bitter schmeckten. Seine Tabletten hätten auch bitter geschmeckt, und so war er überzeugt, daß sie ihm helfen würden. Als ich ins Lager zurückkam, stellte ich fest, daß etliche Chinin- und Cloroquine-Tabletten fehlten. Peter vermißte auch sein Schweizer Armee-Messer, und mein Dolch war ebenfalls verschwunden. Peter marschierte daraufhin sofort zu dem Typen hin und bezichtigte ihn rundheraus des Diebstahls. Das zeigte mir, daß die Spannung auch an seinen Nerven zerrte. Bald danach tauchten Messer und Dolch merkwürdigerweise wieder auf – an einem Ort, an dem wir sie nie benutzt hatten.

Gutgelaunt standen wir am 23. Dezember früh auf. Zwei Flugzeuge wurden heute erwartet. Wir würden alle nach Santarem fliegen und noch an diesem Abend richtig einen draufmachen. Cabeca

Branca komponierte ein witziges Liedchen über uns alle, und wir waren aufgeregt wie die Schulkinder. Die abgerissenen Goldsucher zogen kleine Spiegelstücke und rostige Rasierklingen heraus und zogen sich zum Toilettemachen an den Fluß zurück. Abstehendes Haar wurde naß gemacht und an den Kopf geklatscht, Schnurrbärte wurden sorgfältig gestutzt, Fingernägel geschnitten und Hüte hervorgeholt. Im allgemeinen trugen die Leute im Lager alte Strohhüte oder gar keine Kopfbedeckung, aber für die Rückkehr in die Stadt brauchte man natürlich eine angemessene Kopfbedeckung. Offensichtlich waren diese wertvollen Stücke in Plastikbeuteln mit Mottenkugeln aufbewahrt worden, und heute war der Tag: Stetsons, Homburgs, Fedoras wurden liebevoll ausgebürstet und in einem kecken Winkel aufgesetzt. Die *garimpeiros* waren auf dem Weg in die Stadt!

Um neun Uhr morgens hörten die Männer schon, Minuten, ehe Peter und ich etwas vernahmen, das Dröhnen einer Maschine. Wir packten hastig unser Gepäck und rannten zur Landebahn, um einen Platz zu ergattern. Es war nicht allzu wichtig, bereits mit dem ersten Flugzeug mitzukommen, aber ein Mittagessen im Restaurant und ein paar kalte Bierchen wären schon ganz nett gewesen. Die Maschine rollte langsam aus. Der Pilot kletterte heraus – es war offensichtlich der Sieben-Tage-Adventist –, ein junger Mann, ungefähr Ende Zwanzig, und wir umringten ihn aufgeregt.

Er sagte, daß er neun Leute mitnehmen könne, eine volle Ladung also, doch dann ließ er die Bombe platzen: „Ich werde heute keinen zweiten Flug mehr machen", verkündete er. „Tut mir leid, aber der Rest von euch muß bis zum fünften Januar warten. Dann werde ich wiederkommen."

Wir starrten ihn entsetzt an. Noch weitere zwölf Tage hier? Weihnachten hier? Silvester hier?

Peter und ich hatten Fernando zur Landebahn geschleppt. Er hatte seine Arme um unsere Schultern gelegt, war einfach zu schwach, um allein gehen zu können.

„Wollen Sie nicht wenigstens diesen Mann hier mitnehmen?" fragte ich den Piloten. „Er ist ziemlich krank."

„Der hat nicht genügend Geld", kam die knappe Antwort. „Außerdem bin ich schon voll."

Langsam senkte sich ein roter Schleier über meine Augen. „Alle diese Männer wollen das Weihnachtsfest mit ihren Frauen und Familien oder Freundinnen verbringen", sagte ich mühsam beherrscht. „Sie sind seit sechs Monaten im Dschungel. Die meisten von ihnen sind krank, besonders aber dieser Mann. Er könnte sterben, bevor Sie zurückkommen."

Von den anderen sagte keiner ein Wort. Vielleicht betrachteten sie es als unabänderliches Schicksal oder gaben der Mitleidlosigkeit der Mächtigen die Schuld daran. Ich kam mir wie der einsame Rufer in der Wüste vor, aber ich gab nicht auf.

„Sie haben mir gesagt, daß Sie ein Adventist vom Siebenten Tag sind", fuhr ich fort und wurde dabei immer wütender, als er unbeeindruckt die Achseln zuckte. „Sie sollten wissen, daß Weihnachten mehr bedeutet, als nur zu beten und in die Kirche zu gehen und in der Bibel zu lesen. Es ist eine Zeit, in der man die Hand ausstrecken, den Kranken helfen und Familien zusammenführen sollte. Und in der man den Gedanken an Profit beiseite schieben und selbstlos und hilfsbereit sein sollte."

Er stieg in das Flugzeug, aber ich hatte in seinen Augen zumindest einen Anflug von schlechtem Gewissen wahrnehmen können. Die Männer, die mitfliegen durften, schüttelten uns verlegen die Hand: Die Geretteten verließen die Verdammten.

Peter und ich brachten Fernando ins Lager zurück, legten ihn in seine Hängematte und versuchten, nicht zum Flugzeug hinaufzublicken, als es über unsere Köpfe in Richtung Süden dröhnte. Uns war zum Heulen zumute.

Weihnachten

Zwölf Tage! Nochmals zwölf Tage, an denen wir nichts zu tun und fast nichts zu essen hatten. Es war die quälende Langeweile, die uns in der letzten Woche fast um den Verstand gebracht hatte. Dieses Warten, diese unausgefüllten Stunden, in denen wir in unseren Hängematten schaukelten und unsere Ungeduld zügeln mußten, diese plötzliche Inaktivität nach all den abenteuerlichen Monaten. Der Dschungel hatte uns so verrückt gemacht, uns derartig die Luft abgeschnürt, daß wir kurz vor dem Ausflippen standen. Wie sollten wir nur diese zusätzlichen zwölf Tage überstehen?

Ernesto und drei andere Männer beschlossen, die nächsten elf Tage auf den Goldfeldern zu verbringen. Sie drängten uns mitzukommen.

„Dort gibt es wenigstens was zu essen", versuchte Ernesto mich zu überreden. „Und dort kann man auch viel einfacher jagen und fischen. Wir können euch nicht viel Proviant dalassen, und ihr werdet ganz schön Magenknurren kriegen."

Aber wir wollten lieber hierbleiben, teils, weil wir froh waren, endlich wieder allein zu sein, wenn wir schon weitere zwölf Tage hier herumhängen mußten; teils, weil der nächste Malaria-Anfall nicht mehr allzu lange auf sich warten lassen würde. Außerdem hofften wir auf die unwahrscheinliche Chance, daß noch vor dem 5. Januar das nächste Flugzeug kommen würde.

„Ihr werdet nicht einmal ein fahrtüchtiges Kanu haben", beschwor uns Ernesto. „Wir müssen alle mitnehmen, außer dem da drüben, und das hat ein großes Loch."

Das war uns egal. Wir hatten zwei Flinten mit genügend Patronen, Fischereigerät, und dann gab es immer noch die Cashew-Bäume, die uns vor dem Verhungern bewahren würden. Ernesto ließ uns 2 Kilo Nudeln da, 2 Kilo *farinha*, 1 Kilo Bohnen, 1 Kilo Weizenmehl und eine kleine Büchse mit Trockenmilch. Wenn wir ihn sorgfältig einteilten, würde dieser Proviant eine Weile reichen.

Aber der kranke Fernando würde bei uns bleiben, und zu unserem Mißfallen hatte auch der miese Typ verkündet, daß er nicht mitgehen wolle. Später erfuhr ich, daß er nur deshalb dageblieben war, weil Ernesto ihn auf keinen Fall hatte mitnehmen wollen.

„Seid ihr ganz sicher, daß ihr hierbleiben wollt?" fragte uns Ernesto noch einmal.

„Ja, ganz sicher. Es wird schon alles gutgehen."

„Wir werden am vierten Januar zurückkommen", sagte er, startete den Motor und fuhr davon.

Ich ging zu den Felsen hinunter, um mich etwas in die Sonne zu legen und zu versuchen, aus meiner Niedergeschlagenheit herauszukommen. Es gelang mir nicht. Wenn wir vorher gewußt hätten, daß wir mehr als drei Wochen in Molocopote warten müßten, hätten wir vielleicht unseren Weg nach Französisch-Guyana fortgesetzt oder wären gleich weiter stromabwärts bis nach Carecaru weitergepaddelt. Beides wäre vollkommen idiotisch gewesen, und wir hatten sicher die richtige Entscheidung getroffen, aber in unserer gedrückten Stimmung schien jede Alternative besser zu sein als diese aufgezwungene Untätigkeit.

Nach ein paar Stunden kehrte ich ins Lager zurück und fand Peter vor, wie er einen Berg von Pfannkuchen zubereitete und dafür eine Menge Milch gekocht hatte. Nur mit großer Anstrengung unterdrückte ich meinen Zorn, aber in mein Tagebuch schrieb ich: „Kaum drei Stunden nach einem üppigen Mittagessen und der Abfahrt von Ernesto verbraucht Peter die Hälfte unseres Mehls und ein Drittel der Milch. Um ehrlich zu sein, ich wäre vor lauter Wut beinahe aus der Haut gefahren."

Am nächsten Morgen wurden wir dadurch geweckt, daß die Hütte bebte und unsere Hängematten zu schwingen begannen. Es

Flugpiste in Molocopote

stellte sich heraus, daß Epi, wie der unangenehme Typ von allen gerufen wurde, in seiner Hängematte einen epileptischen Anfall hatte.

Fernando ging es auch sehr schlecht. Ohne fremde Hilfe konnte er überhaupt nicht mehr aus der Hängematte kommen, und sein Zustand schien sich immer weiter zu verschlechtern. Ich hatte Schuldgefühle, weil ich ihm mein restliches Chinin vorenthielt, aber ich wußte, daß ich es bald selbst brauchen würde. Es war eine schreckliche Entscheidung, die ich da zu treffen hatte, und damit muß ich immer noch leben. Hätten zehn Chinin-Tabletten einen Unterschied gemacht?

Ich ging auf einen langen Jagdausflug, entdeckte ein paar Affen und verbrachte eine Dreiviertelstunde mit ihrer Verfolgung. Inzwischen war ich bei diesem Spielchen schon ganz geschickt. Wie ein richtiger Indianer schlich ich durchs Unterholz. Ich schlängelte mich durch Büsche und benützte Bäume als Tarnung, bis ich direkt unter den Tieren stand. Sie hatten mich noch immer nicht gesehen und stopften sich Beeren in die Mäuler. Ich fühlte mich sehr sicher und legte deshalb eine zweite Patrone bereit – in der Hoffnung, gleich zwei von ihnen zu erlegen. Dann spannte ich den Hahn, zielte auf ein fettes Tier und drückte den Abzug. *Pfff* machte der Blindgänger, eine Rauchwolke stieg auf, die Schrotkörner flogen zwei Meter hoch in die Luft und fielen dann auf mich herunter. Ich wollte den Verschluß öffnen, um die Patrone auszuwerfen, aber es ging nicht. Die Affen kreischten entsetzt und verschwanden. Vor Wut trampelte ich auf dem Boden herum.

Niedergeschlagen kehrte ich zum Lager zurück und entdeckte, daß dort ein großer Topf mit Spaghetti auf dem Feuer kochte. Diesmal konnte ich mich nicht beherrschen. Ich ging auf Peter los. „Wir hatten ein verdammt üppiges Frühstück – warum müssen wir denn schon wieder was essen? Konntest du das nicht für heute abend aufheben?"

„Ich hab die Spaghetti nicht gekocht", antwortete Peter, „es war Epi."

Ich ging zu dem Typen hinüber und fragte ihn mit eisiger Wut, wie er dazu komme, unsere Vorräte so schnell aufzubrauchen.

Er reagierte störrisch: „Ernesto hat uns den Proviant dagelassen. Auch für mich. Ich esse, wenn ich Lust dazu habe."

„O nein, das wirst du nicht tun", erwiderte ich mühsam beherrscht. „Du wirst essen, wenn wir es dir erlauben, und ehe du nicht deinen Teil dazu beiträgst, bekommst du überhaupt nichts mehr. Wir werden alles, was wir jagen oder fischen, mit dir teilen, aber nur, solange du dich auch an der Arbeit beteiligst. Wir schulden dir nichts, wir können dich nicht leiden, und du hängst von unserer Großzügigkeit ab. Wir machen hier die Regeln – merk dir das!"

„Wer zum Teufel bist du denn, daß du mir Befehle gibst?" brüllte er.

Ich brachte mein Gesicht ganz nahe an seines heran. „Ich bin ein großer, verrückter *gringo*", antwortete ich und kam mir dabei lächerlich vor, obwohl ich in diesem Augenblick ganz bestimmt nicht lächerlich aussah. „Ich wiege zwanzig Kilo mehr als du, und ich bin zwölf Zentimeter größer als du. Ich kann dich leicht in den Fluß schmeißen. Und außerdem bist du Epileptiker", setzte ich grausam hinzu. „Wenn du sichergehen willst, daß ich dich aus dem Feuer oder dem Fluß ziehe, wenn du wieder einen Anfall hast, dann gehorchst du mir besser."

In dieser Art ging es eine Weile weiter. Ich war stinkwütend. Das Konzept der Rationierung schien für alle hier fremd zu sein. Man ißt, was man hat, und macht sich erst Sorgen, wenn es zu Ende ist.

Ich wandte mich an Peter: „Ich weiß, daß es eine Schweizer Angewohnheit ist, sich zurückzuhalten und sich in nichts einzumischen. Aber jetzt bist du nicht in der Schweiz, und hier kannst du nicht neutral sein. Wenn du zur Abwechslung mal deinen Arsch hochheben und auf die Jagd gehen würdest, könntest du feststellen, warum wir mit unseren Vorräten sorgsam umgehen müssen."

Ein paar Minuten später nahm Peter eine Flinte und verschwand. Inzwischen tat es mir schon wieder leid, daß ich ihn so angeschrien hatte. Ich schien zur Zeit einfach jeden vor den Kopf zu stoßen. Aber wegen Peter hätte ich mir keine Sorgen zu machen brauchen. Er kam nämlich mit leeren Händen zurück, und von da an änderte sich seine Haltung.

Etwas später fragte auch der Epi, ob er die Flinte haben könne. Er war ungefähr eine halbe Stunde weg, als ich kurz hintereinander zwei Schüsse hörte. Ungeduldig warteten wir darauf, was er mitbringen würde. Es war immerhin der Weihnachtsabend, und ein bißchen Fleisch wäre schön gewesen – ansonsten würde es nur gekochte Nudeln geben. Der Brasilianer trat auf die Lichtung, und das Sonnenlicht ließ das Gefieder der toten Aras aufleuchten, die er in der Hand trug. Er hielt sie an den Beinen, und ihre Flügel hingen herunter und schleiften auf dem Boden. Wieder einmal wurde mir bewußt, wie wunderschön diese Vögel waren. Wie traurig, daß wir derartig wundervolle Geschöpfe töten mußten. Als wir mit dem Rumpf fertig waren, leuchtete der Boden um uns vor blauen, gelben, grünen und roten Federn. Übrig blieben zwei magere, kleine Körper. Brasilianer und Indianer schießen diese Vögel oft, wobei es den Indianern mehr um die Federn als um das Fleisch geht.

Der Goldschürfer trumpfte natürlich auf, daß er so kurz nach meiner Strafpredigt zum Ernährer geworden war, und wurde ziemlich unerträglich. Das Fleisch stellte sich übrigens als so zäh heraus, daß man es kaum von den Knochen nagen konnte, ohne sich einen Zahn auszubeißen. Aber immerhin hatten wir eine Art Weihnachtsessen.

Wir fütterten Fernando mit der Suppe, und ich setzte mich eine Zeitlang zu ihm. Er erzählte mir, daß er verlobt sei und heiraten wolle und daß er in den Dschungel gegangen sei, um das Geld für die Hochzeit zu verdienen. Er war zwanzig Jahre alt und lebte in Santarem. Zittrig langte er in seine Tasche und holte das abgegriffene Foto einer rundlichen Schwarzen heraus, die etwas dümmlich grinste – seine Verlobte. Ihm liefen Tränen über das Gesicht, als er über sie sprach, über die fünf Jahre, die sie sich bereits kannten, über das Haus, in dem sie wohnen, und die sechs oder sieben Kinder, die sie miteinander haben wollten. „Ich glaube nicht, daß ich sie jemals wiedersehen werde", schluchzte er. „Ich werde sterben, ehe das Flugzeug wiederkommt."

„Aber nein, das wirst du nicht", antwortete ich ihm mit erzwungener Fröhlichkeit. Insgeheim hegte ich aber dieselbe Befürchtung. Ich war mehr und mehr davon überzeugt, daß er außer der Malaria noch eine andere Krankheit haben mußte. Da ich jedoch keinerlei medizinische Erfahrung hatte, war ich hilflos. Ich gab ihm zwei Chloroquin-, zwei Chinin- und zwei Fansidar-Tabletten, um zu sehen, ob es ihm daraufhin am nächsten Tag bessergehen würde. Wenn eine Besserung eintreten sollte, würden wir ihm mehr davon verabreichen. Wenn nicht, konnten wir nur noch dafür sorgen, daß er etwas Nahrung zu sich nahm, und hoffen, daß er die nächsten zehn Tage überleben würde.

Ich verzog mich schon gegen acht Uhr abends unter dem Moskitonetz in meine Hängematte, da die Biester hier sehr bösartig waren. Jetzt, wo sie sich nur auf vier statt auf fünfzehn Personen stürzen konnten, wurde Molocopote allmählich ein ziemlich ungesunder Ort.

Der erste Feiertag. Ich machte einen Spaziergang, um die morgendliche Kühle zu genießen und mich am Anblick des Nebels über dem Fluß zu erfreuen, der wie eine weiße Decke über dem Jari lag. Wir wünschten einander fröhliche Weihnachten und versuchten dann krampfhaft, nicht daran zu denken, was heute für ein Tag war. Das gelang uns auch fast, bis wir eine dumme Unterhaltung über Weihnachtsessen in England und der Schweiz anfingen. Daraufhin gingen wir sofort zum Fischen, in der verzweifelten Bemühung, irgend etwas Gutes für unseren Kochtopf zu fangen. Wir benutzten feuchtes *farinha* als Köder, das wir auf ein kleines Rohr steckten. Als Angelhaken diente uns eine aufgebogene Sicherheitsnadel. Damit fingen wir immerhin achtzehn kleine Fische. Wir nahmen sie aus und grillten sie über dem Feuer. Jeder von uns bekam vier und einen halben Fisch. Sie waren mager und voller Gräten – aber es war ein Weihnachtsessen! Während wir aßen, redeten wir über den Piloten.

„Ich wette, daß dieser Mistkerl fast den ganzen Tag in der Kirche verbringt", knurrte ich. „Er wird in der Bibel blättern und sich heiliger als der Heilige Geist aufführen. Vermutlich hat er uns aus seinem Gedächtnis gestrichen, und sein Gewissen ist rein und unschuldig."

Bei Fernando zeigten sich durch die Tabletten, die ich ihm gegeben hatte, keine Anzeichen von Besserung. Als ich ihn fütterte, hörte ich etwas tropfen. Er pinkelte in seine Hängematte, schien es aber nicht zu bemerken – ein Zeichen dafür, wie hinfällig er geworden war. Von da an säuberten und wuschen wir ihn mehrmals am Tag und wechselten jedesmal seine Lage.

Sobald es dunkel wurde, kletterten auch wir in unsere Hängematten und versuchten zu schlafen. Je länger wir schlafen konnten, desto besser. Dadurch wurden die Tage kürzer. Epi hatte neben seinen ganzen anderen Fehlern eine uns störende Angewohnheit: Er liebte es, in seiner Hängematte zu schaukeln und dabei mit der unmelodischsten Stimme, die man sich nur vorstellen kann, die abgedroschensten, rührseligsten Balladen zu singen, die während der letzten zehn Jahre in Brasilien geschrieben worden waren. Peter und ich hatten schon seit langem aufgehört zu singen, und wir sahen bei ihm auch keinen Anlaß dazu – besonders, wenn man eine solche Stimme hatte.

Am nächsten Tag beschäftigten wir uns damit, unsere Rucksäcke, Kleider und Moskitonetze in Ordnung zu bringen. Danach sammelten wir Cashew-Nüsse. Als wir fünfzig oder sechzig Nüsse zusammenhatten, zeigte uns Epi, wie man sie röstete. Er nahm unsere alte, schwere Bratpfanne, legte die Nüsse hinein und erhitzte sie über dem Feuer. Dabei entstanden kleine Rauchwolken, als die Nüsse allmählich ihr Öl ausschwitzten und nach und nach schwarz wurden. Dann ließ er alles vorsichtig Feuer fangen, bis alle Schalen schwarz verbrannt waren und die Nüsse geschält werden konnten. Darunter kamen die köstlichen Kerne zum Vorschein.

Später ging Peter zum Jagen und erlegte einen Affen. Das munterte uns wieder etwas auf. Da wir den Braten erst am Abend verspeisen wollten, saß der Brasilianer den ganzen Nachmittag über wie auf Kohlen.

Als es dann soweit war, gab es wieder die übliche Szene von brüderlicher Nächstenliebe, als unser Freund sich zu beiden Beinen und einem Arm verhelfen wollte. Wir konnten ihn zum Glück dazu bringen, sie wieder in den Topf zurückzulegen, damit das Ganze etwas gleichmäßiger verteilt werden konnte. Diesen Kerl mußte man wirklich mit Argusaugen bewachen. Er verschwand mit seinem Teller auf die andere Seite der Hütte. Wir nahmen an, daß er beleidigt war. Aber am nächsten Morgen stellten wir fest, daß es eine sehr wohlüberlegte Ortsveränderung gewesen war, denn damit war es ihm möglich gewesen, unbemerkt fast unser ganzes *farinha* aufzuessen.

Ich glaube, wir hätten ihn verprügelt, wenn wir den Diebstahl nicht genau in dem Augenblick entdeckt hätten, als er einen Anfall bekam. Strampelnd lag er mit Schaum vor dem Mund auf dem Boden. Sosehr wir den Kerl auch haßten, jetzt war nicht der richtige Augenblick dafür, ihm eine Lektion zu erteilen. Nach seinen Anfällen torkelte er immer wie ein Betrunkener herum, und wie oft wir ihn auch zu seiner Hängematte brachten und ihm zuredeten, sich niederzulegen, er stand jedesmal wieder auf und stolperte auf uns zu.

„Wer seid ihr?" fragte er.

„Ich bin João, und das ist Pedro."

„Ihr seid meine Freunde, und ich bin euer Freund", murmelte er dann und legte seinen Arm wie ein liebes Kind um unsere Schultern.

Am 28. Dezember aßen wir die letzten Reste vom Proviant, den uns Ernesto dagelassen hatte. Unser epileptischer „Freund" hatte sogar die paar Gramm *farinha* verdrückt, die wir als Fischköder zur Seite gelegt hatten. Von nun an waren wir völlig von der Jagd abhängig, von den Cashew-Nüssen und -früchten und von der winzigen Chance, einen Fisch mit dem Blinker zu fangen. Es versprachen hungrige acht Tage zu werden. Peter und ich beschlossen, in dem alten Kanu, das wir mit Lumpen abgedichtet hatten, fischen zu gehen und unser Glück stromaufwärts zu versuchen, wo die Fische einen Blinker vielleicht noch nicht kannten. Aber dann packte mich wieder die Malaria. Ich verbrachte eine so schreckliche Nacht, daß ich mich am anderen Morgen nicht zu diesem anstrengenden Ausflug aufraffen konnte. Peter mußte allein losziehen. Der Brasilianer hatte sich wieder einmal mit Erfolg gedrückt.

Das Fieber blieb mir den ganzen Tag über treu und stieg am Abend sogar noch an. Zumindest hatte ich dadurch keinen Hunger, und es war mir egal, als Peter am Nachmittag zurückkehrte, ohne etwas gefangen zu haben. Jeder von uns aß drei Cashew-Früchte, und Peter zerdrückte eine für Fernando und fütterte ihn damit.

„Er sieht sehr schlecht aus", sagte er zu mir, als er wieder zurückkam. „Er ist fast nicht mehr bei Bewußtsein, und seine Temperatur ist auf weit über vierzig Grad gestiegen."

In der folgenden Nacht bekam auch Epi einen Malaria-Anfall. Theatralisch und lautstark jammernd hielt er uns beide wach, erntete aber nicht sonderliches Mitleid. Unsere ganze Sorge galt dem armen Fernando, dem Peter, der als einziger von uns noch einigermaßen fit war, alle paar Stunden etwas warme Milch einflößte.

Molocopote war nun endgültig zu einem Camp der Verzweifelten geworden.

Die letzten Tage

Es war der 30. Dezember, das Jahr würde bald zu Ende sein. Ich hatte auf die Rückseite meines Notizbuches eine Strichliste der noch verbleibenden Tage bis zum Abflug gemacht, und jeden Morgen gönnte ich mir das kleine Vergnügen, einen weiteren Tag auszustreichen. Noch eine Woche! Wir richteten unsere ganze Hoffnung auf den 5. Januar, aber es gab berechtigte Zweifel, ob das Flugzeug an diesem Tag dann wirklich kommen würde. Schließlich waren die meisten der Männer mit Malaria abgeflogen, und zwei Wochen waren eventuell nicht genug, um die Krankheit auszukurieren. Es konnte durchaus sein, daß sie beschlossen, ihren Urlaub um ein paar Tage zu verlängern. In diesem Fall würde der Pilot ganz bestimmt nicht leer nach Molocopote fliegen, nur um uns abzuholen. Geld war alles, was zählte, und so ein Flug wäre ganz einfach unrentabel. Aber schließlich mußten wir ja auf irgend etwas hoffen...

Am Abend brachte ich Fernando unsere letzte Milch. Ich fand ihn auf dem Rücken liegend, seine Augen waren geschlossen, und sein Atem kam kratzend aus dem geöffneten Mund. Sein schmales Gesicht mit dem jugendlichen Flaum war ausgemergelt und schweißnaß, seine Lippen und die Mundwinkel waren mit trockenem, weißem Speichel verklebt. An den Seilen seiner Hängematte hatten Ameisen eine Straße eingerichtet. Sie marschierten über seine Wangen und verschwanden in seinem Mund. Ich prallte entsetzt zurück und rief nach Peter. Wir wischten die Ameisen weg, wuschen das Gesicht des Jungen und träufelten etwas Wasser auf seine Lippen. Aber abgesehen von einem gelegentlichen Stöhnen gab er kein Lebenszeichen von sich. Hilflos saßen wir die nächsten Stunden neben seiner Hängematte. Sein Atem wurde immer geräuschvoller, rasselte tief in seiner Brust. Gegen zehn Uhr setzte er aus, ein Zucken lief über Fernandos Körper, dann entspannte er sich. Er war tot. Wir zogen die Decke über sein Gesicht und gingen zu unseren Hängematten. Der arme Junge. Wir hofften, daß Gott neben dem Namen des Piloten eine kleine Notiz für den Tag der Abrechnung gemacht hatte, damit er ihn entsprechend empfangen konnte, wenn der Kerl prahlerisch auftauchte – sicher, einen guten Platz im Himmel verdient zu haben.

Als wir am nächsten Morgen aufwachten, sahen wir, daß Epi schon fleißig gewesen war. Irgendwie hatte er Fernando aus der Hängematte gehievt und ihn auf ein Brett gelegt. Zu Füßen und zu Häupten der Leiche brannten Kerzen, die Hände waren auf der Brust gefaltet, und er hatte ein Tuch um den Kiefer des Jungen gebunden, damit der Mund geschlossen blieb. Das Gesicht war erschreckend gelb, und die Ameisen waren auch wieder da. Schaudernd wischte ich sie von der kalten Haut.

In diesem Klima konnten wir ihn nicht lange liegenlassen, und wir machten uns nach einer Stunde daran, ein Grab zu schaufeln. Vorher hatten wir nach einer Stelle mit einem schönen Rundblick Ausschau gehalten und sie in der Nähe der Indianergräber gefunden. Also begannen wir dort unser Werk. Es war harte Knochenarbeit, besonders als die Sonne später hoch am Himmel stand. Wir waren sehr schwach nach den drei Tagen, in denen wir uns ausschließlich von Cashewfrüchten ernährt hatten. Nachdem wir einen Meter tief gegraben hatten, meinten Peter und ich, das sei tief genug.

„Nein", widersprach Epi, „ein richtiges Grab muß mindestens zwei Meter tief sein, sonst können die Tiere die Knochen ausgraben, und das wäre respektlos dem Toten gegenüber."

Typisch, dachte ich mir. Als Fernando noch am Leben war, hatte er sich überhaupt nicht um ihn gekümmert. Jetzt, wo er tot war, mußte alles nach Vorschrift geschehen.

Am späten Nachmittag waren wir dann alle fertig. Das Grab war zwei Meter tief und zweieinhalb Meter lang. Wir gingen zum Fluß hinunter, um uns den Schweiß und den Staub abzuwaschen, und eine Stunde später, bei Sonnenuntergang, trugen wir Fernando auf den Hügel. Peter pflückte noch ein paar Blumen, die er auf das Grab legte, dann war die Sache erledigt.

Es war ein sehr stiller Silvesterabend. Wir aßen ein paar Cashew-Nüsse und gingen dann schlafen. Wir warteten nicht bis Mitternacht, verschwendeten nicht einmal Gedanken daran, wie es wohl zu Hause zuging – an diesem letzten Abend des Jahres.

Die nächsten vier Tage standen wir nur auf, um Wasser zu trinken oder uns zu den Cashew-Bäumen zu schleppen. Es gab jetzt nur noch wenige Früchte – nur noch zwei oder drei pro Tag für jeden. Aber inzwischen fühlten wir auch nicht mehr diesen nagenden Hunger; es war nur noch eine Leere in uns, und wir fühlten uns kraftlos.

Epi bekam jetzt jeden Tag einen Anfall, und wir mußten ihn im Auge behalten, wenn er dem Feuer oder dem Wasser zu nahe kam. Ansonsten wurde auch er immer ruhiger, und wir lagen alle stundenlang in unseren Hängematten, ohne ein Wort miteinander zu sprechen. Es regnete sehr häufig, und es gab, wie üblich während der Regenzeit, jeden Abend ein heftiges Gewitter. Der Fluß stieg weiter an. Er war jetzt über einen Meter höher als bei unserer Ankunft.

Am Abend des 4. Januar kam Ernesto mit drei anderen Männern zurück. „Mein Gott, ihr seht ja beschissen aus“, sagte er zur Begrüßung, dann schaute er sich um und bemerkte, daß Fernando fehlte. „Hat es nicht geschafft, hm?“ Er nahm mich am Arm und flüsterte mir zu, daß der Vater des Jungen gerade mit ihm hier angekommen sei. Er führte einen der Männer zum Fluß hinunter und redete mit ihm. Ich sah, wie der Mann in Tränen ausbrach, sich ans Ufer setzte, wo er schluchzend sitzen blieb, nachdem Ernesto schon lange zu uns zurückgekehrt war.

„Gehen wir ein Stück, John", sagte Ernesto. „Ich möchte mit dir sprechen und eine Cashew essen."

„Da mußt du schon Glück haben, wenn du noch eine finden willst", antwortete ich ihm, aber wir machten uns langsam auf den Weg. Der Hügel zur Landebahn hinauf schien jeden Tag steiler zu werden, und mein Herz hämmerte wie wild. Ernesto verlangsamte seinen Schritt, um sich dem meinen anzupassen, und ich erzählte ihm, was passiert war.

„Ich hab noch ein bißchen Proviant vom Goldfeld mitgebracht", sagte er endlich. „Aber es ist nur sehr wenig. Und es kann noch zehn Tage dauern, ehe das Flugzeug kommt ..."

„Was?" schrie ich. „Zehn Tage! Aber morgen soll doch eines kommen, oder nicht?"

„Nun, durchaus möglich, daß es morgen kommt. Aber ich kann mir vorstellen, daß die kranken Männer einfach noch nicht gesund genug sind, um zurückzukehren. Aber selbst, wenn es so wäre ...", er grinste mich an, „... wenn der ‚fromme' Pilot kommt, könntet ihr Schwierigkeiten haben, mitgenommen zu werden, nach all den Sachen, die du ihm an den Kopf geworfen hast. Du hast zwar die Wahrheit gesagt, und ich hab diese Predigertypen noch nie leiden können – aber du hast ihn beleidigt, und er hat schließlich das Sagen."

Mir standen die Tränen in den Augen, und meine Stimme zitterte. „Mein Gott, Ernesto! Ich glaube nicht, daß Peter und ich noch zehn Tage länger hier warten können. Wir würden langsam, aber sicher verrückt werden. Wir sind zwar jetzt auch nicht besonders gut drauf, aber wir haben uns immer an der Hoffnung festgeklammert, daß wir morgen hier rauskommen. Zum Teufel, wir kaufen das Kanu von dir zurück und paddeln stromabwärts – alles ist besser, als noch länger hierzubleiben!"

Ernesto sah mich halb besorgt und halb belustigt an. „Das wäre sehr dumm. Wir haben doch wenigstens etwas zum Essen hier,

240

also wird es schon nicht so schlimm für euch werden. Es wären doch nur zehn Tage."

„Es geht nicht um den Hunger, Ernesto – verstehst du das denn nicht? Wir sind schon seit dreiundzwanzig Tagen hier, und zehn Tage mehr wären einfach zuviel, verdammt noch mal!"

Ernesto stand auf und legte seinen Arm um meine Schultern. „Na komm, warten wir erst einmal ab, ob der Pilot morgen kommt oder nicht, ehe du so heroisch den Fluß hinunterpaddeln oder die Flinte in den Mund stecken willst, okay?"

Zum Abendessen hatten wir eine Suppe aus Paka-Fleisch. Die Männer hatten das Tier auf ihrer Fahrt hierher geschossen. Zum ersten Mal seit zehn Tagen gingen Peter und ich mit vollem Magen ins Bett.

Am nächsten Morgen waren wir nervös, und wir mußten uns gewaltsam zur Ruhe zwingen. Wir banden unsere Hängematten ab, verschenkten unsere Moskitonetze und unsere Decken, polierten noch einmal unsere Flinten und packten alles zusammen. Wir sagten uns immer wieder voller Optimismus, daß wir heute wegfliegen würden. „Heute abend gibt es ein schönes Steak mit Spiegeleiern, Kartoffeln und Salat, sechs kalte Bierchen für jeden und Schokoladencreme als Nachspeise."

Dann saßen wir vier Stunden lang herum, bis einer der Männer den Kopf hob und sagte: „Das Flugzeug kommt." Wir hatten noch nichts gehört, aber wir stießen einen Begeisterungsschrei aus, rafften unser Gepäck zusammen und begannen zur Landebahn hinaufzuklettern, als hinter uns eine Gestalt mit einer Flinte angerannt kam. Es war Fernandos Vater.

„Haltet ihn auf!" schrie ich, ließ mein Gepäck fallen und jagte ihm entgegen. »Er will den Piloten erschießen!«

Genau das hatte der Mann offensichtlich vor. Von mir aus konnte er das in Santarem jederzeit machen, wenn es ihn überkam, aber er durfte uns hier nicht mit einem Flugzeug ohne Piloten sitzenlassen. Ich warf ihn mit einem Rugby-Rempler zu Boden. Die Waffe fiel ihm aus der Hand.

„Laß mich los, *gringo*!" kreischte der Mann und versuchte sich zu befreien. „Ich werde diesen Schweinehund töten. Er hat meinen Jungen auf dem Gewissen!"

Peter und Ernesto kamen jetzt auch heran und halfen mir, den Mann zu bändigen. „Das kannst du nicht machen", redete Ernesto ihm zu. „Das bringt dir weder deinen Sohn zurück, noch ändert es sonst irgend etwas. Es würde dich nur für zehn oder fünfzehn Jahre ins Gefängnis bringen. Denk an deine anderen Kinder – diejenigen, die noch am Leben sind und die dich brauchen." Allmählich wurde seine Gegenwehr schwächer. Bald schluchzte er nur noch, und wir konnten ihn wieder loslassen.

Das Flugzeug rollte auf uns zu. Zu unserer Erleichterung war es ein anderer Pilot, und wir konnten mit dieser Mitteilung Fernandos Vater weiter besänftigen.

„Ihr seid die *gringos*, von denen mir Cabeca Branca erzählt hat", sagte der Pilot grinsend, noch ehe wir uns vorgestellt hatten. „Er ist mir jeden Tag damit auf die Nerven gegangen, euch unter allen Umständen mitzunehmen. Mit ihm habt ihr einen Freund auf Lebenszeit gewonnen."

„Werden Sie uns mitnehmen?" fragte ich ihn nervös.

„Ja, natürlich." Peter und ich führten einen Freudentanz auf. „Er sagte mir, daß ihr mit zwei Flinten bezahlen wollt", fuhr der Pilot fort. „Habt ihr sie noch?"

Wir zeigten ihm die Waffen, und er schien damit einigermaßen einverstanden zu sein, obwohl er in seinen Bart brummte: „Unter all den reichen *gringos*, die es in Brasilien gibt, hab ich das Glück, die beiden einzigen armen zu treffen."

Wir luden unser Gepäck ein und hörten, wie Epi den Piloten anflehte, ihn mitzunehmen.

„Hast du Geld?" fragte ihn der Pilot.

„Nein."

„Ich bin kein Wohlfahrtsunternehmen", fuhr ihn der Pilot an.

„Wenn du in einen Bus steigst, bezahlst du doch auch dafür, oder? Warum soll das bei einem Flugzeug anders sein?"

„Es geht ihm nicht gut", sagte ich. „Er hat Malaria, und die Tabletten für seine...", ich unterbrach mich kurz, „...Krankheit sind ihm ausgegangen." Mir war plötzlich bewußt geworden, was ein epileptischer Anfall in einem kleinen, vollbesetzten Flugzeug bedeuten konnte. Wenn unser „Freund" mitgenommen wurde, wollte ich nicht unbedingt in seiner Nähe sitzen.

„Kein Geld, kein Flug, das sind meine Grundsätze", sagte der Pilot, schlug die Tür zu und startete die Maschine... Peter und ich, aber auch die anderen Männer wandten die Augen von Epi ab, der jetzt verloren im Gras stand. Unsere Abneigung gegen ihn verwandelte sich in Mitleid.

Das Flugzeug rollte an das äußerste Ende der Piste, der Pilot ließ die Maschine zu einem ohrenbetäubenden Crescendo aufheulen, löste die Bremsen, hoppelte die Startbahn hinunter, und wir erhoben uns in die Lüfte. Als die Maschine sich in die Kurve in Richtung Süden legte, sahen wir noch einmal die Hütte, in der wir so viele Tage verbracht hatten, und die kleine Gestalt von Epi, der mit hängendem Kopf den roten, morastigen Pfad hinuntertrottete.

Reisetips

Wie man nach Brasilien kommt

Das Angebot billiger Flüge ändert sich von Jahr zu Jahr, deshalb ist es am besten, ein Reisebüro zu konsultieren, das sich auf Südamerika-Flüge spezialisiert hat. Bei einigen Fluglinien bekommt man als Jugendlicher oder Student verbilligte Flüge. In Brasilien selbst ist ein brasilianischer Flugpaß mit zweiwöchiger Gültigkeit zum Preis von 250 US-Dollar eine gute Geldanlage. Dieser Paß erlaubt es, in der Zeit seiner Gültigkeit vier Städte in Brasilien anzufliegen.

Natürlich haben Kolumbien, Venezuela, Ecuador, Peru und Bolivien auch Amazonas-Provinzen. Sie können sich also auch für eine Flußreise in einem von diesen Ländern entscheiden, vor allem, da man in einige dieser Länder billiger kommt als nach Brasilien. Obwohl ich recht viel Erfahrung mit südamerikanischen Flüssen habe, kann ich nur über Brasilien zuverlässig Auskunft geben.

Visa-Formalitäten

Touristen aus Westeuropa benötigen kein Visum – ausgenommen Franzosen. Bei der Einreise bekommt man eine Aufenthaltsgenehmigung für 90 Tage, die ohne Schwierigkeiten von der *Policia Federal* um weitere 90 Tage verlängert wird. Wenn Sie allerdings noch länger bleiben wollen, müssen Sie das Land verlassen und noch einmal einreisen, um die Genehmigung für weitere 90 Tage zu bekommen. Das Überschreiten der jeweiligen Frist wird unnachgiebig bestraft.

Diplomatische Vertretungen

Botschaften in Brasilien
BRD: Av. das Nações, Lote 25, 70 415 Brasilia
Österreich: Av. das Nações, Lote 40, 70 000 Brasilia
Schweiz: SHI-Sul QI 11, Conj. 5, Casa 13, 71 600 Brasilia

Botschaften in D, AU, CH
BRD: Kennedyallee 74, 5300 Bonn, Telefon 37 69 76
Österreich: Kärntner Ring 5/V, 1010 Wien, Telefon 5 12 06 31-35
Schweiz: Habsburgerstraße 6, 3006 Bern, Telefon 44 42 51-53

Reisezeit

Die einzige Jahreszeit, die man für einen Besuch im Amazonasgebiet von Brasilien guten Gewissens empfehlen kann, ist die Trokkenzeit, die von Mai bis Ende November dauert.

Gesundheit

Es gibt keine Impfvorschriften, außer für Gelbfieber, wenn Sie aus bestimmten südamerikanischen Ländern einreisen. Sich auf jeden Fall vorher erkundigen! Angeraten ist aber, Vorsorge gegen Hepatitis und Malaria zu treffen. Nachdem Sie dieses Buch gelesen haben, kennen Sie allerdings meine schlechte Meinung über Malaria-Prophylaxe. Aber wie auch immer, informieren Sie sich bei Ihrem Arzt über vorbeugende Maßnahmen, besonders, da in weiten Dschungelgebieten die Malaria-Überträger Chloroquin-resistent sind.

Wenn Sie eine Flußreise vorhaben, ist es ungemein wichtig, Arzneimittel dabeizuhaben, um eine eventuell auftretende Malaria unter Kontrolle zu halten. Die Symptome sind hohes Fieber, Schüttelfrost, Kopfschmerzen und manchmal Erbrechen. *Malaria tropica* kann ohne Behandlung tödlich sein, deshalb habe ich immer ausreichend Chloroquin (*Resochin, Quenzyl*) und Chinin dabei. Die Malaria-Empfehlungen ändern sich ständig. Erkundigen Sie sich daher bei einem Tropenarzt über die neuesten Erkenntnisse! Vermeiden Sie es am besten, überhaupt von Moskitos gestochen zu werden. Das ist nicht einfach, aber eine Kombination aus dicker Kleidung, Moskitonetzen und Insektenspray wird die Stiche auf ein Minimum reduzieren. Denken Sie immer daran, daß der einzige sichere Weg, von der Malaria verschont zu bleiben, der ist, nicht gestochen zu werden.

Bei einer Kanufahrt im Amazonasgebiet sind Unfälle und Erkrankungen nie auszuschließen. Ein Arzt wird dann selten erreichbar sein. Deshalb ist es notwendig, ein umfangreiches Sortiment an Medikamenten aller Art dabeizuhaben, um möglichst gegen alle vorhersehbaren Krankheiten geschützt zu sein. Mit Infektionen, gebrochenen Gliedmaßen, Verbrennungen, Schnittverletzungen, Malaria, Allergien usw. muß immer gerechnet werden. Lassen Sie sich von Ihrem Hausarzt oder einem tropenmedizinischen Institut beraten.

Wichtig ist es auch, eine gewisse Wachsamkeit zu entwickeln: Passen Sie ständig auf Ihren Begleiter auf, und sorgen Sie dafür, daß er oder sie das gleiche für Sie tut. Vermeiden Sie es, unnötige Risiken einzugehen, zum Beispiel auf Bäume zu steigen oder mit dem Kanu durch Stromschnellen zu fahren, wenn es sicherer ist, sie zu umgehen.

Schlangen und andere giftige Tiere

Schlangen kommen lange nicht so häufig vor, wie gemeinhin angenommen wird. Aber achten Sie auf alle Fälle darauf, wo Sie Ihre Füße hinsetzen, und seien Sie vorsichtig, wenn Sie große Holzstücke aufheben!

Ein Serum gegen Schlangenbisse müssen Sie nicht unbedingt mitnehmen. Aber versuchen Sie festzustellen, von welcher Art Schlange Sie gebissen wurden, bevor Sie sich in ärztliche Behandlung begeben.

Stachelrochen gibt es in den Flüssen sehr oft, besonders in sehr schlammigen Gewässern. Die Rochen vergraben sich im Schlamm auf dem Flußgrund und können ekelhafte Wunden verursachen, wenn man auf sie tritt. Bevor man aus dem Kanu ins Wasser steigt, sollte man erst mit dem Paddel im Boden herumstochern. Beim Waten ist es zu empfehlen, durch Scharren mit den Füßen die Fische zu vertreiben.

*Hornissen*stiche sind nicht nur sehr schmerzhaft, sie können auch gefährlich sein. Ihr Überlebensinstinkt wird Ihnen sagen, was Sie tun müssen, wenn Sie die Biester im Anflug sehen oder hören: Laufen Sie um Ihr Leben!

Schütteln Sie immer Ihre Stiefel oder Kleidungsstücke aus, ehe Sie sie anziehen. *Skorpione* und *Ameisen* verstecken sich mit Vorliebe darin.

Die Wahl des Flusses

Wenn Sie eine Fahrt auf dem Fluß machen wollen, dann ist es wichtig, daß Sie Ihre Wahl sehr überlegt treffen. Versuchen Sie sich bei Ihrem ersten Trip nicht an einem schwierigen Fluß wie dem Jari. Suchen Sie sich einen mit wenigen Stromschnellen aus und einen, an dem wenigstens ein paar Menschen leben. Die Landkarten von Amazonien sind meist sehr ungenau, aber versuchen sie zumindest die beste, die zu haben ist, zu bekommen. Die Karten, die im Maßstab 1:1 000 000 nach Satelliten-Aufnahmen angefertigt wurden, werden gewöhnlich die größeren Stromschnellen zeigen.

Von den großen, breiten Nebenflüssen des Amazonas wie zum

Beispiel dem Purus, Madeira, Jurua würde ich abraten. Probieren Sie es auf einem schmalen Fluß mit vielen Biegungen, das ist wesentlich interessanter.

Genehmigungen

Die muß man bei Flußbefahrungen vermutlich immer haben, aber ich wurde niemals danach gefragt. Wenn Sie mit Ihrem Kanu eine Grenze oder ein Indianer-Reservat überqueren, wird man Sie mit großer Sicherheit aufhalten. Wählen Sie sich von vornherein andere Flüsse aus.

Welches Kanu?

Einbäume: Wenn Sie vorhaben, nur einen kurzen Trip von ein paar Wochen zu machen, und Sie sicher sein können, daß Ihr Fluß keine Stromschnellen hat, dann ist der Eingeborenen-Einbaum unbedingt zu empfehlen. Gewöhnlich zahlen Sie dafür um 25 US-Dollar. Aber die Fahrzeuge sind sehr schwer, und es ist sehr mühselig, sie um Stromschnellen herumzutragen.

Faltboote: Sie sind gut für kurze Fahrten geeignet. Man kann sie mit einer Menge Proviant beladen, außerdem sind sie problemlos im Flugzeug nach Brasilien mitzunehmen.

Kanadier: Das Boot, das wir bei unserer Jari-Fahrt benutzt haben, wurde von Granta Boats Ltd. in Huntington, England, angefertigt und hat das Vertrauen, das wir in es gesetzt haben, voll gerechtfertigt. Wie Sie in dem Buch erfahren haben, hat es eine ganze Menge mitmachen müssen, aber es hat uns nie im Stich gelassen.

Ausrüstung

Kaufen Sie sich eine Hängematte und ein Moskitonetz in Brasilien. Außerdem brauchen Sie eine Plastikplane, um sich vor Regen zu schützen, eine Decke, Machete, Taschenlampe, Seil, Schnur, Draht, Messer, Töpfe und Pfannen.

Da Fisch einfach zu fangen ist und zu Ihrer Hauptnahrungsquelle für Protein werden kann, ist praktisches Fischereigerät von Nutzen. Anspruchsvolle Angler können Angelrute und Roller nehmen, aber eine einfachere Leine genügt auch. Nehmen Sie starke Schnüre und große Haken. Die Angelrute hat den Vorteil, daß Sie künstliche Köder benutzen können.

Seit der Zeit dieser Reise haben die brasilianischen Behörden die Kontrollen für den Verkauf von Waffen verschärft, und es dürfte kaum noch möglich sein, ein Gewehr zu erwerben. Man kann eine Kanufahrt aber auch genausogut ohne Waffe unternehmen.

Fotografische Ausrüstung: Die Kombination von hohen Temperaturen und Luftfeuchtigkeit ist für moderne Kameras katastrophal. Es ist sehr schwierig, sie und das Filmmaterial ausreichend zu schützen, besonders wenn der Apparat immer schußbereit sein soll. Da auch die Nächte sehr feucht sind, sollte man ihn am Abend in ein dichtes Behältnis packen. Auf meiner nächsten Expedition werde ich eine wasserdichte Kamera mitnehmen.

Nahrungsmittel

Der Proviant-Einkauf ist eine sehr wichtige Sache, die mit viel Überlegung angegangen werden sollte. Ich nehme gewöhnlich als Hauptnahrungsmittel Reis, Bohnen, Haferflocken, Teigwaren und Mehl mit. Zusammen mit viel frischem Fisch hält das ganz gut bei Kräften (zusätzlich mit ein paar guten Vitamin-Tabletten). Zukker, Sacharin, Öl, Kaffee, Tee, Gewürze, Knoblauch, Zwiebeln und Trockenmilch stehen ebenfalls auf meiner Einkaufsliste. Leider werden Ihnen nach ungefähr vier Wochen all diese Dinge zum Hals heraushängen. Es ist daher die Mühe wert, ein paar Dutzend Trockenmahlzeiten mitzunehmen, um ab und zu Abwechslung in den Speiseplan zu bringen. Ich packe auch immer Trinkschokolade, Süßigkeiten und etwas Alkohol ein.

Trinkwasser

In meinem Buch habe ich geschrieben, daß ich das pure Flußwasser getrunken habe, sobald ich die Städte und Dörfer hinter mir gelassen hatte. Ärzten werden bei diesem Gedanken die Haare zu Berge stehen. Sie pochen darauf, daß das Wasser gefiltert und sterilisiert werden muß. Es wäre unverantwortlich von mir, diese Warnung nicht weiterzugeben. Jod eignet sich übrigens gut zum Sterilisieren des Wassers: Ein paar Tropfen auf einen Liter schmecken besser als mit Chlor versetzt.

Die Menschen von Amazonien

Sie werden sehr wahrscheinlich auf keine wilden Indianer treffen, aber Sie werden vielen Siedlern begegnen, die entlang der Flüsse leben. Bevor Sie Ihre Hängematte im Dschungel aufhängen, sollten Sie die Leute fragen, ob Sie Ihr Quartier bei ihnen aufschlagen können. Das ist ein ganz normales Anliegen und wird fast schon erwartet. Die Menschen dort sind im allgemeinen gutmütig und gastfreundlich, und Sie können durch sie eine ganze Menge über Amazonien erfahren. Sie sollten sich mit ein paar Fischhaken oder ähnlich Nützlichem für die Gastfreundschaft bedanken.

Ein Schlußwort

Die Flüsse von Amazonien werden wahrscheinlich immer existieren – der wunderbare Dschungel, der sie umgibt, vermutlich nicht. Die amazonischen Regenwälder werden mit alarmierender Geschwindigkeit abgeholzt, und wenn das in diesem Tempo weitergeht, wird Ende dieses Jahrhunderts nichts mehr davon übrig sein. Ich hege zwar die Hoffnung, daß die Menschen zur Vernunft kommen, bevor diese wundervolle und unwiederbringliche Landschaft für immer zerstört wird. Dennoch rate ich Ihnen, eine Reise dorthin nicht allzu lange aufzuschieben ...

(Stand: Sommer 1988)

ALLE TITEL DER REIHE
REISEN · MENSCHEN · ABENTEUER

Aubert · Müller Panamericana

Biedermann Im Land der aufgehenden Sonne

Černy Von Senegal nach Kenia

Colombel Der siegreiche Berg

Crane Kilimandscharo per Rad

Cropp Alaska-Fieber

Cropp Schwarze Trommeln

Cropp Im Herzen des Regenwaldes

Dodwell Im Land der Paradiesvögel

Dodwell Globetrotter-Handbuch

Dodwell Wo China noch unentdeckt ist

Franceschi Vier Männer gegen den Dschungel

Gallei · Hermsdorf Blockhaus-Leben

Harrison Piranhas zum Frühstück

Hermann Von Thailand nach Tahiti

Hermann Heiße Tour Afrika

Höppner Cowboys der Wüste

Jeier Am Ende der Welt

Jenkins Das andere Amerika

Jones Sturzfahrt vom Everest

Keiner Quer durch den roten Kontinent

Kreutzkamp Mit dem Kanu durch Kanada

Kühnel Motorrad-Odyssee

Kühnel Rätselhaftes Indien

Look Auf Tramptour bis Pakistan

Look Wo der Mond auf dem Rücken liegt
Möbius · *Ster* Dschunke, Jeep und Bambusfloß
Möbius · *Ster* Inselträume in Indonesien
Pilkington Am Fuß des Himalaja
Ricciardi Auf Sindbads Spuren
Rohrbach Inseln aus Feuer und Meer
Roos Segeln in der Arktis
Stejskal Ich lebte bei den Wayapi-Indianern
Stejskal Malediven – Das Mädchen Robinson
Swale Zu Pferd durch Chile
Tasker Eishölle am Everest
Thoma Gute Tage unter dem Halbmond
Thorer Endstation Dschungel
Tin · *Rasmussen* Motorradtour Singapur – Australien
Tin · *Rasmussen* Traumfahrt Südamerika
Troßmann Wüstenfahrer
Veszelits Brasilien, Land der Gegensätze
Walls · *Martin* Drei Jahre in einem Kampong in Malaysia
Zierl Highway-Melodie

WEITERE TITEL ZUM THEMA NORDAMERIKA

Hans-J. Aubert/Ulf-E. Müller
Panamericana
Zwei Jahre auf der Traumstraße der Welt
224 Seiten, 85 s/w Fotos, 4 Karten,
Reisetips, DM 15,80
ISBN 3-89405-002-0

Wolf-Ulrich Cropp
Alaska-Fieber
287 Seiten, 78 s/w Fotos, 3 Karten,
2 Skizzen, Reisetips, DM 15,80
ISBN 3-89405-007-1

Konrad Gallei/Gabi Hermsdorf
Blockhaus-Leben
Ein Jahr in der Wildnis von Kanada
224 Seiten, 32 s/w Fotos, 2 Karten,
Reisetips, DM 15,80
ISBN 3-89405-014-4

Thomas Jeier
Am Ende der Welt
Bei den Eskimos am Polarkreis
224 Seiten, 44 s/w Fotos, 2 Karten,
Reisetips, DM 15,80
ISBN 3-89405-018-7

Peter Jenkins
Das andere Amerika
Zu Fuß durch die Vereinigten Staaten
288 Seiten, 58 s/w Fotos, 3 Karten,
Reisetips, DM 15,80
ISBN 3-89405-019-5

Dieter Kreutzkamp
Mit dem Kanu durch Kanada
Auf den Spuren der Pelzhändler
ca. 224 Seiten, 35 s/w Fotos, 1 Karte,
Reisetips, DM 15,80
ISBN 3-89405-045-4

Oluf Zierl
Highway-Melodie
Mit dem Motorrad 20 000 km querdurch die USA
256 Seiten, 78 s/w Fotos, 4 Karten,
Reisetips, DM 15,80
ISBN 3-89405-037-3

REISEN · MENSCHEN · ABENTEUER

WEITERE TITEL ZUM THEMA ASIEN

Stefan Biedermann
**Im Land der aufgehenden
Sonne**
Meine Zeit in Japan
224 Seiten, 33 s/w Fotos, 1 Karte,
Reisetips, DM 15,80
ISBN 3-89405-003-9

Christine de Colombel
Der siegreiche Berg
Eine Zweier-Mannschaft kämpft
um den Berggiganten Masherbrum
im Himalaja
256 Seiten, 58 s/w Fotos, 2 Karten,
Reisetips, DM 15,80
ISBN 3-89405-005-5

Christina Dodwell
Wo China noch unentdeckt ist
Erlebnisbericht einer
ungewöhnlichen Frau
224 Seiten, 38 s/w Fotos, 1 Karte,
Reisetips, DM 15,80
ISBN 3-89405-012-8

Mike Jones
Sturzfahrt vom Everest
Mit dem Kajak durch Wildwasser
und ewiges Eis
224 Seiten, 48 s/w Fotos, 1 Karte,
Reisetips, DM 15,80
ISBN 3-89405-020-9

Dieter Kühnel
Rätselhaftes Indien
Mit dem Motorrad durch das Land
der Bettler und Maharadschas
220 Seiten, 66 s/w Fotos, 2 Karten,
Reisetips, DM 15,80
ISBN 3-89405-022-5

Ulrich Look
Auf Tramptour bis Pakistan
Per Daumen durch die Weiten
Asiens
320 Seiten, 48 s/w Fotos, 2 Karten,
Reisetips, DM 17,80
ISBN 3-89405-024-1

Ulrich Look
**Wo der Mond auf dem
Rücken liegt**
Auf eigene Faust von Nepal bis
Malaysia
224 Seiten, 29 s/w Fotos, 2 Karten,
Reisetips, DM 15,80
ISBN 3-89405-038-1

John Pilkington
Am Fuß des Himalaja
Nepal-Trekking im Alleingang
256 Seiten, 31 s/w Fotos, 9 Karten,
Reisetips, DM 15,80
ISBN 3-89405-026-8

Lorenzo Ricciardi
Auf Sindbads Spuren
Dhau-Fahrt durch arabische
Gewässer
192 Seiten, 35 s/w Fotos, 1 Karte,
DM 15,80
ISBN 3-89405-044-6

Elfie Stejskal
**Malediven – Das Mädchen
Robinson**
Ich wählte die Ursprünglichkeit
288 Seiten, 45 s/w Fotos, 2 Karten,
Reisetips, DM 17,80
ISBN 3-89405-029-2

Joe Tasker
Eishölle am Everest
Durch Winterstürme zum Gipfel
der Welt
256 Seiten, 52 s/w Fotos, 2 Karten,
Reisetips, DM 15,80
ISBN 3-89405-031-4

Christoph Thoma
**Gute Tage unter dem
Halbmond**
Durch die Türkei bis zum Bibel-
Berg Ararat
224 Seiten, 39 s/w Fotos, 1 Karte,
Reisetips, DM 15,80
ISBN 3-89405-034-9

 REISEN · MENSCHEN · ABENTEUER